编委名单

编写组

主　　编：戴雪丽

副 主 编：郭士民　聂爱华　李　瑾　岳　伟

编　　委：陈　乐　李　霞　赵青霞　张湘钧

　　　　　宋　佳　郭欣雨　管晓晖　李鑫如

马克思主义基本原理导学教程

戴雪丽 等◎编著 ——————

上海人民出版社

序

————

　　这本导学教程是现行高等学校《马克思主义基本原理》（2023 年版）的配套辅导教程。与您见面的是青岛科技大学马克思主义学院马克思主义基本原理教研室的教学团队。编写本教材的初衷在于解决实际教育教学环境中遇到的现实问题。

　　首先，学生对高校思政课，尤其是对马克思主义基本原理课程存在刻板印象，没有认识到初高中政治教材与大学必修马克思主义基本原理课程有着质的差别。初高中政治教材更侧重于对理论的感性理解和初步认知，高校思政课更加重视对原理本身的讲解和应用，其重点在于对学生感性认识和思维能力的培养。由此，产生了部分学生满足于对高中原有知识点的认识，对课程重视度不够的情况。

　　其次，由于本课程是高等学校本科必修课程，学生分属于理科、工科、文科、艺术、体育等多学院多专业学生，学生对课程的认识程度千差万别、学生对课程的学习态度各有不同、学生对课程的预期差异性较大，致使本课程传统大班讲授式为主的教学不能满足学生个性化的需求，也就很难调动学生的学习积极性和主动性，学生学习仅限于单纯知识层面，在能力和情感维度效果较小。

　　最后，从教学效果方面看，我们高校思政课肩负着为党育人、为国育才的使命。真正考察和检验教学效果的不是学生的平时成绩，也不是期末一张考卷，而是学生离开学校、步入社会之后所展现出来的世界观、人生观和价值观。确切地说，课程要解决的问题不仅仅是知识的理解、能力的提升，更重要的是价值维度和情感认同，是学生对于所学内容的延续和保持。

由此，笔者针对在实际教学过程中存在的上述三个方面的突出问题设计本导学教程。

导学教程尝试从学生学习视角来展开内容构建，真正解决学生学习本课程过程中遇到的问题和存在的疑惑。作为统编教材的配套导学教程，本书通过经典阅读、内容精要、难点释惑、典型案例和知识点自测五个部分，帮助同学在学习过程中建立对于马克思主义基本理论的整体性、系统性认知。

第一，深化理论性。通过经典阅读引导同学回归原著，了解原理产生的社会历史背景和要解决的实际问题。让读者能够知其然且知其所以然。真正把理论学深、学真！通过内容精要部分梳理课程知识点、原理内容及相互关系，帮助同学从整体上搭建教材框架，真正实现马克思主义三个组成部分"一整块钢"的特点。通过难点释惑部分重点解决学生学习过程中遇到的实际困惑和真实问题。

第二，突出实效性。借助经典案例中的讨论题和点评进一步引导学生能够正确理解和掌握相关原理，并能够有意识地运用所学原理分析社会热点问题，逐步提升学生发现问题、分析问题和解决问题的能力和途径。通过第五部分的知识点自测环节，辅助同学进一步检测对知识点内容的理解和掌握情况，实现知识点和测试题有机融合和有效互补。

第三，强化问题意识。为了提升辅助学生学习效果，还在每章后提出参考项目式学习单，供学有余力的同学继续探讨学习，拓宽视野，提升理论联系实际的能力。希望我们都能在马克思主义理论学习过程中多尝试、勤思考，学懂、弄通、悟透、践行！

本导学教程由教研室老师集中讨论编著初稿。具体分工如下：导论陈乐、第一章岳伟、李瑾、戴雪丽、第二章赵青霞、第三章李霞、第四章聂爱华、戴雪丽，第五章戴雪丽、第六章郭士民，第七章张湘钧。全书最后由戴雪丽统稿。

由于团队教师能力有限，欢迎大家关注课程教学，多提宝贵意见。

戴雪丽

2023 年 11 月 17 日

目　录

第三章　人类社会及其发展规律　/ 078

学习目标

学习要点

知识坐标

导　论

学习目标

从整体上理解和把握什么是马克思主义，了解马克思主义产生的历史过程和发展阶段，掌握马克思主义的基本特征，深刻认识马克思主义的当代价值，树立科学的马克思主义观，增强学习和运用马克思主义的自觉性。

学习要点

○马克思主义的含义

○马克思主义的创立

○马克思主义的发展

○马克思主义的基本特征

○马克思主义的当代价值

○学习马克思主义的态度与方法

在人类悠长的历史进程中，曾有无数辉煌的创造和惊人的发现都丰富了人类文明的宝库，但马克思和恩格斯共同创立的思想体系，却彻底改变了人类认识世界和改变世界的方式，为人类思想史揭开了一个全新的篇章。

在马克思主义指引下，中国共产党领导中华民族伟大复兴事业，中国共产党团结带领中国人民不懈奋斗，从根本上扭转了近代以后中国人民和中华民族的历史命运。新时代广大青年大学生要关心国家的发展、民族的前途和人类的命运，成为担当民族复兴重任的时代新人，就必须具有宽广的视野、开阔的胸襟和远大的理想，为此就必须学懂、弄通、悟透马克思主义科学的世界观和方法论。

知识坐标

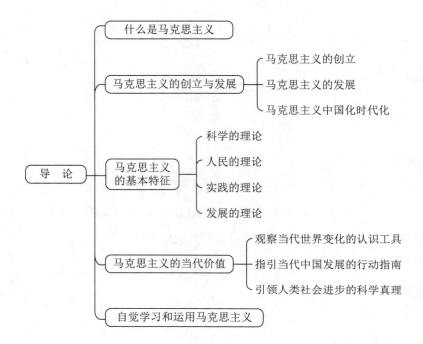

一、经典阅读

（一）什么是马克思主义

马克思主义是马克思的观点和学说的体系。马克思是 19 世纪人类三个最先进国家中的三种主要思潮——德国古典哲学、英国古典政治经济学以及同法国所有革命学说相联系的法国社会主义——的继承者和天才的完成者。马克思的观点极其彻底而严整，这是马克思的对手也承认的，这些观点总起来就构成作为世界各文明国家工人运动的理论和纲领的现代唯物主义和现代科学社会主义。

列宁：《卡尔·马克思》（1914 年 11 月），《列宁选集》第 2 卷，

人民出版社 2012 年版，第 418 页。

马克思给我们留下的最有价值、最具影响力的精神财富，就是以他名字命名的科学理论——马克思主义。这一理论犹如壮丽的日出，照亮了人类探索历史规律和寻求自身解放的道路。

……马克思主义主要由哲学、政治经济学、科学社会主义三大组成部分构成。这三大组成部分分别来源于德国古典哲学、英国古典政治经济学、法国空想社会主义，然而，最终升华为马克思主义的根本原因，是马克思对所处的时代和世界的深入考察，是马克思对人类社会发展规律的深刻把握。

习近平：《在纪念马克思诞辰 200 周年大会上的讲话》，

人民出版社 2018 年版，第 6—7 页。

（二）马克思主义的创立与发展

一切重要历史事件的终极原因和伟大动力是社会的经济发展，是生产方式和交换方式的改变，是由此产生的社会之划分为不同的阶级，是这些阶级彼此之间的斗争。

恩格斯：《社会主义从空想到科学的发展》

（1892 年英文版导言，1892 年 4 月 20 日），

《马克思恩格斯文集》，第 3 卷，

人民出版社 2009 年版，第 509 页。

哲学史和社会科学史都十分清楚地表明：马克思主义同"宗派主义"毫无相似之处，它绝不是离开世界文明发展大道而产生的一种故步自封、僵化不变的学说。恰恰相反，马克思的全部天才正是在于他回答了人类先进思想已经提出的种种问题。他的学说的产生正是哲学、政治经济学和社会主义极伟大的代表人物的学说的直接继续。

列宁：《马克思主义的三个来源和三个组成部分》
（1913年3月），《列宁选集》第2卷，
人民出版社2012年版，第309页。

在欧洲，资产阶级初期的唯物论，也是形而上学的。由于欧洲许多国家的社会经济情况进到了资本主义高度发展的阶段，生产力、阶级斗争和科学均发展到了历史上未有过的水平，工业无产阶级成为历史发展的最伟大的动力，因而产生了马克思主义的唯物辩证法的宇宙观。

毛泽东：《矛盾论》（1937年8月），
《毛泽东选集》第1卷，
人民出版社1991年版，第300页。

只有在整个人类发展的历史长河中，才能透视出历史运动的本质和时代发展的方向。马克思的科学研究，就像列宁所说的那样，"凡是人类社会所创造的一切，他都有批判地重新加以探讨，任何一点也没有忽略过去。凡是人类思想所建树的一切，他都放在工人运动中检验过，重新加以探讨，加以批判，从而得出了那些被资产阶级狭隘性所限制或被资产阶级偏见束缚住的人所不能得出的结论。"马克思的思想理论源于那个时代又超越了那个时代，既是那个时代精神的精华又是整个人类精神的精华。

习近平：《在纪念马克思诞辰200周年大会上的讲话》，
人民出版社2018年版，第7页。

（三）马克思主义的基本特征

达尔文推翻了那种把动植物物种看做彼此毫无联系的、偶然的、"神造的"、不变的东西的观点，探明了物种的变异性和承续性，第一次把生物学放在完全科学的基础之上。同样，马克思也推翻了那种把社会看做可按长官意志（或者说按社会意志和政府意志，反正都一样）随便改变的、偶然产生和变化的、机械的个人结合体的观点，探明了作为一定生产关系总和的社会经济形态这个概念，探明了这种形态的发展是自然历史过程，从而第一次把社会学放在科学的基础之上。

列宁：《什么是"人民之友"以及他们如何攻击社会民主党人？》

（1894 年春夏），《列宁选集》第 1 卷，

人民出版社 2012 年版，第 10 页。

不管最近 25 年来的情况发生了多大的变化，这个《宣言》中所阐述的一般原理整个说来直到现在还是完全正确的。某些地方本来可以作一些修改。这些原理的实际运用，正如《宣言》中所说的，随时随地都要以当时的历史条件为转移。

马克思、恩格斯：《共产党宣言》

（1872 年德文版序言，1872 年 6 月 24 日），

《马克思恩格斯文集》第 2 卷，

人民出版社 2009 年版，第 5 页。

马克思主义是科学的理论，创造性地揭示了人类社会发展规律。在马克思提出科学社会主义之前，空想社会主义者早已存在，他们怀着悲天悯人的情感，对理想社会有很多美好的设想，但由于没有揭示社会发展规律，没有找到实现理想的有效途径，因而也就难以真正对社会发展发生作用。马克思创建了唯物史观和剩余价值学说，揭示了人类社会发展的一般规律，揭示了资本主义运行的特殊规律，为人类指明了从必然王国向自由王国飞跃的途径，为人民指明了实现自由和解放的道路。

习近平：《在纪念马克思诞辰 200 周年大会上的讲话》，

人民出版社 2018 年版，第 7—8 页。

马克思主义是人民的理论，第一次创立了人民实现自身解放的思想体系。马克思主义博大精深，归根到底就是一句话，为人类求解放。在马克思之前，社会上占统治地位的理论都是为统治阶级服务的。马克思主义第一次站在人民的立场探求人类自由解放的道路，以科学的理论为最终建立一个没有压迫、没有剥削、人人平等、人人自由的理想社会指明了方向。马克思主义之所以具有跨越国度、跨越时代的影响力，就是因为它植根人民之中，指明了依靠人民推动历史前进的人间正道。

习近平：《在纪念马克思诞辰 200 周年大会上的讲话》，
人民出版社 2018 年版，第 8 页。

马克思主义是实践的理论，指引着人民改造世界的行动。马克思说，"全部社会生活在本质上是实践的"，"哲学家们只是用不同的方式解释世界，问题在于改变世界"。实践的观点、生活的观点是马克思主义认识论的基本观点，实践性是马克思主义理论区别于其他理论的显著特征。马克思主义不是书斋里的学问，而是为了改变人民历史命运而创立的，是在人民求解放的实践中形成的，也是在人民求解放的实践中丰富和发展的，为人民认识世界、改造世界提供了强大精神力量。

习近平：《在纪念马克思诞辰 200 周年大会上的讲话》，
人民出版社 2018 年版，第 9 页。

马克思主义是不断发展的开放的理论，始终站在时代前沿。马克思一再告诫人们，马克思主义理论不是教条，而是行动指南，必须随着实践的变化而发展。一部马克思主义发展史就是马克思、恩格斯以及他们的后继者们不断根据时代、实践、认识发展而发展的历史，是不断吸收人类历史上一切优秀思想文化成果丰富自己的历史。因此，马克思主义能够永葆其美妙之青春，不断探索时代发展提出的新课题、回应人类社会面临的新挑战。

习近平：《在纪念马克思诞辰 200 周年大会上的讲话》，
人民出版社 2018 年版，第 9—10 页。

（四）马克思主义的当代价值

实践证明，马克思主义的命运早已同中国共产党的命运、中国人民的命运、中华民族的命运紧紧连在一起，它的科学性和真理性在中国得到了充分检验，它的人民性和实践性在中国得到了充分贯彻，它的开放性和时代性在中国得到了充分彰显！

实践还证明，马克思主义为中国革命、建设、改革提供了强大思想武器，使中国这个古老的东方大国创造了人类历史上前所未有的发展奇迹。历史和人民选择马克思主义是完全正确的，中国共产党把马克思主义写在自己的旗帜上是完全正确的，坚持马克思主义基本原理同中国具体实际相结合、不断推进马克思主义中国化时代化是完全正确的！

习近平：《在纪念马克思诞辰 200 周年大会上的讲话》，

人民出版社 2018 年版，第 14—15 页。

马克思主义奠定了共产党人坚定理想信念的理论基础。我们要全面掌握辩证唯物主义和历史唯物主义的世界观和方法论，深刻认识实现共产主义是由一个一个阶段性目标逐步达成的历史过程，把共产主义远大理想同中国特色社会主义共同理想统一起来、同我们正在做的事情统一起来，坚定中国特色社会主义道路自信、理论自信、制度自信、文化自信，坚守共产党人的理想信念，像马克思那样，为共产主义奋斗终身。

习近平：《在纪念马克思诞辰 200 周年大会上的讲话》，

人民出版社 2018 年版，第 16—17 页。

自然是生命之母，人与自然是生命共同体，人类必须敬畏自然、尊重自然、顺应自然、保护自然。我们要坚持人与自然和谐共生，牢固树立和切实践行绿水青山就是金山银山的理念，动员全社会力量推进生态文明建设，共建美丽中国，让人民群众在绿水青山中共享自然之美、生命之美、生活之美，走出一条生产发展、生活富裕、生态良好的文明发展道路。

习近平：《在纪念马克思诞辰 200 周年大会上的讲话》，

人民出版社 2018 年版，第 21—22 页。

二、内容精要

导论部分应重点理解和掌握：什么是马克思主义、马克思主义的基本特征和马克思主义的当代价值。其中"什么是马克思主义"是重点也是难点内容，一方面要澄清学生对马克思主义课程的刻板印象，提升其感性认识；另一方面要对马克思主义有整体性理解和理性认知。

（一）什么是马克思主义

马克思主义是一个博大精深的理论体系。马克思主义哲学、马克思主义政治经济学和科学社会主义是其三个基本组成部分，它们有机统一并共同构成了马克思主义理论的主体内容。

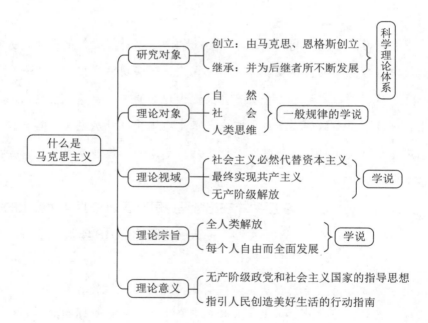

（二）马克思主义的基本特征

马克思主义具有鲜明的科学性、人民性、实践性、发展性，这些特征体现了马克思主义的本质和使命，也展现出马克思主义的理论形象。

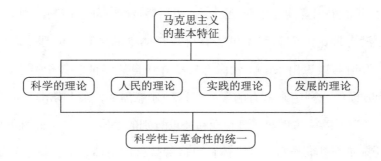

（三）马克思主义的当代价值

马克思主义自诞生之日起就深刻地改变着世界，为无产阶级解放运动提供理论支持，为人类社会发展指明了方向。这一理论体系以其科学的世界观和方法论，揭示了社会发展的客观规律，指导着无产阶级和劳动人民争取自由、平等和解放的斗争。时至今日，马克思主义仍然闪烁着真理的光芒，展现出旺盛的生命力。

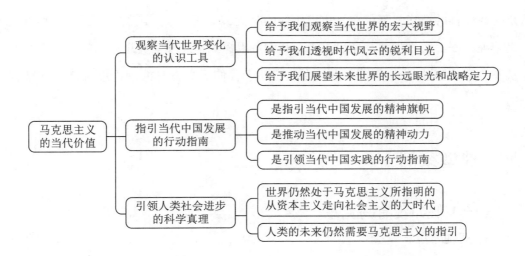

三、难点释惑

为什么学习马克思主义

学习马克思主义，不仅是时代的需要、巩固马克思主义在意识形态领域指导地位的需要，更是当代大学生提高理论思维能力和精神境界的需要。

恩格斯曾指出："一个民族要想站在科学的最高峰，就一刻也不能没有理论思维。"① 现在我们提出要建立创新型国家，包括科技的创新、体制的创新、理论的创新等，其中没有理论的创新就不可能有科技与体制的创新。但理论思维不是天生的，而是后天培养锻炼出来的。就像恩格斯在《自然辩证法》中所说："理论思维无非是才能方面的一种生来就有的素质。这种才能需要发展和培养，而为了进行这种培养，除了学习以往的哲学，直到现在还没有别的手段。"② 由此可以推出：学习哲学可以锻炼理论思维能力。就像体育可以锻炼人的身体，而哲学能够锻炼人的理论思维、提高分析问题和解决问题的能力。

理论思维能力的提升对当代大学生而言很重要，但是精神境界的提升也同样重要。人除了满足自身生存所需的物质需求外，终其一生都在求索活着的目的、意义、价值等问题。这就是一种对于精神的追求。哲学不是学院中学者们的一门枯燥的学科，不是一种文化精英在哲学沙龙中奢侈的文化消费，他是所有人，都需要的一种精神的必需品。马克思主义哲学作为整个马克思主义理论体系的方法论基石，是时代精神的精华，不仅在马克思所处的时代，即使在今天，也当之无愧地称得上是博大精深。通过学习马克思主义，我们可以深刻地感知马克思主义的真理性力量及马克思、恩格斯自身的人格魅力，有助于我们提高自身的理论思维能力和精神境界。

四、典型案例

（一）假如没有马克思

1. 案例内容：

马克思的一生，是胸怀崇高理想、为人类解放不懈奋斗的一生。1835 年，17 岁的马克思在他的高中毕业作文《青年在选择职业时的考虑》中这样写道："如果我们选择了最能为人类而工作的职业，那么，重担就不能把我们压倒，因为这是为大家作出的牺牲；那时我们所享受的就不是可怜的、有限的、自私的乐趣，我们的

---

① 《马克思恩格斯文集》（第 9 卷），北京：人民出版社 2009 年版，第 437 页。

② 同上书，第 435—436 页。

幸福将属于千百万人，我们的事业将悄然无声地存在下去，但是它会永远发挥作用，而面对我们的骨灰，高尚的人们将洒下热泪。"马克思一生饱尝颠沛流离的艰辛、贫病交加的煎熬，但他初心不改、矢志不渝，为人类解放的崇高理想而不懈奋斗，成就了伟大人生。

马克思的一生，是不畏艰难险阻、为追求真理而勇攀思想高峰的一生。马克思曾经写道："在科学上没有平坦的大道，只有不畏劳苦沿着陡峭山路攀登的人，才有希望达到光辉的顶点。"马克思为创立科学理论体系，付出了常人难以想象的艰辛，最终达到了光辉的顶点。他博览群书、广泛涉猎，不仅深入了解和研究哲学社会科学各个学科知识，而且深入了解和研究各种自然科学知识，努力从人类创造的一切文明成果中汲取养料。马克思毕生忘我工作，经常每天工作 16 个小时。马克思在给友人的信中谈到，为了《资本论》的写作，"我一直在坟墓的边缘徘徊。因此，我不得不利用我还能工作的每时每刻来完成我的著作"。即使在多病的晚年，马克思仍然不断迈向新的科学领域和目标，写下了数量庞大的历史学、人类学、数学等学科笔记……

马克思的一生，是为推翻旧世界、建立新世界而不息战斗的一生。恩格斯说，"马克思首先是一个革命家"，"斗争是他的生命要素。很少有人像他那样满腔热情、坚韧不拔和卓有成效地进行斗争"。马克思毕生的使命就是为人民解放而奋斗。为了改变人民受剥削、受压迫的命运，马克思义无反顾投身轰轰烈烈的工人运动，始终站在革命斗争最前沿。他领导创建了世界上第一个无产阶级政党——共产主义者同盟，领导了世界上第一个国际工人组织——国际工人协会，热情支持世界上第一次工人阶级夺取政权的革命——巴黎公社革命，满腔热情、百折不挠推动各国工人运动发展……

马克思给我们留下的最有价值、最具影响力的精神财富，就是以他名字命名的科学理论——马克思主义。这一理论犹如壮丽的日出，照亮了人类探索历史规律和寻求自身解放的道路……

习近平：《在纪念马克思诞辰 200 周年大会上的讲话》，
人民出版社 2018 年版，第 3—6 页。

2. 讨论题：

（1）马克思的伟大人格和崇高品质表现在什么地方？

（2）假如没有马克思，会有当今世界的巨大变化和进步吗？

3. 案例点评：

马克思主义的产生除了具有深刻的社会根源、阶级基础和思想渊源外，也与马克思自觉的历史担当，无私而忘我的伟大人格，造福全人类的崇高品质密不可分。马克思以自觉的历史担当，迎接时代的挑战，成为新理论的创立者。在家庭、学校和社会的影响下，他通过不倦地理论求索和实践体验，特别是通过对工人生活和斗争的考察和总结，马克思实现了世界观和政治立场的彻底转变。

历史的车轮不会为谁而暂时停歇，但它却向世人证明了：在人类的思想宝库中，没有哪一种思想理论能够像马克思主义那样对人类产生如此广泛而深刻的影响。在马克思主义的指导下，无产阶级政党在世界范围内如雨后春笋般建立和发展起来，人民第一次成为自己命运的主人，成为实现自身解放和全人类解放的根本政治力量，并朝着这一目标有序推进。

4. 使用说明：

本案例的教学目的和用途

本案例的教学目的是：通过阅读习近平《在纪念马克思诞辰 200 周年大会上的讲话》的片段，使学生了解马克思的一生，是不畏艰难险阻、为追求真理而勇攀思想高峰的一生。马克思为创立科学理论体系，付出了常人难以想象的艰辛，最终达到了光辉的顶点。激发学生的好奇心和求知欲，进而去思考马克思主义的含义、马克思主义的创立与发展、马克思主义的鲜明特征、当代价值、学习马克思主义的态度与方法等本章需要解决的主要问题。激励青年学生勇立时代潮头，在新时代有新作为、新使命、新担当。

本案例的用途是：可用于导论部分的引入，激发青年学生对马克思主义的好奇心，增强其学习马克思主义的急迫感和认同感，强化学生对学习马克思主义的必要性和重要性，以及当代价值的认识。

（二）视频《追寻马克思的足迹》微视频｜200 年后 习近平这样讲述马克思的传奇一生 _ 央视新闻客户端 _ 央视网（cctv.com）

1. 案例内容：

这是一部在马克思诞辰 200 周年的重要时间节点拍摄的电视纪录片，讲述了马克思波澜壮阔的一生，包括他的人生经历、思想著作、革命活动、友情爱情，以及他高尚的品格与个人魅力等等。

2. 讨论题：

马克思主义之于当今世界的重要意义？

3. 案例点评：

电视纪录片《不朽的马克思》开篇就引用习近平总书记的话开门见山地回答了"人类进入 21 世纪、中国特色社会主义进入新时代的今天，我们为什么要隆重纪念马克思？"这个问题。总书记指出："在人类思想史上，就科学性、真理性、影响力、传播面而言，没有一种思想理论能达到马克思主义的高度，也没有一种学说能像马克思主义那样对世界产生了如此巨大的影响。""尽管我们所处的时代同马克思所处的时代相比发生了巨大而深刻的变化，但从世界社会主义 500 年的大视野来看，我们依然处在马克思主义所指明的历史时代。"因此，广大青年一代必须进一步增进对马克思主义理论及其发展历程的认识，增进对党带领中国人民走社会主义道路的历史必然性的认识，进一步坚定共产主义理想信念，坚定中国特色社会主义道路自信、理论自信、制度自信、文化自信，深刻认识我们所处的新时代，不忘初心、牢记使命。希望通过纪录片，使大家感受到一个丰满的、有血有肉的马克思，更希望能唤起感动和认同，激起大家对马克思和马克思主义课程的兴趣，进一步深入了解马克思主义。

4. 使用说明：

本案例的教学目的是：通过视频，了解马克思的生平、体会马克思的伟大人格、理解马克思主义理论的博大精深。

本案例的用途是：可用于导论部分的课程导入，以"心灵的撞击—思想的改造—境界的提升"为设计主线，通过对马克思坎坷生平的深入了解、伟大人格的深切体会，达到情感上的认同和共鸣，进而提升广大大学生学习马克思主义理论的兴趣、坚定其探索马克思主义理论的信心，从而使广大学生树立、形成马克思主义科学的世界观和方法论。

小　结

马克思主义是时代发展的必然产物。它产生于资本主义社会化大生产已经成为主导趋势，资本主义社会内部各种社会矛盾充分显露，无产阶级作为独立的政治力量登上历史舞台，努力争取自身和全人类解放的历史时代。

马克思主义是对人类文明成果的继承与创新。马克思主义既然是时代的产物、人类认识与实践经验的总结，就必然随着时代的发展、实践的拓展、思想的进步而不断丰富和发展自身。了解习近平新时代中国特色社会主义思想是马克思主义中国化的最新理论成果；理解马克思主义是关于无产阶级和人类解放的科学、科学性和革命性的统一是它的鲜明特征、与时俱进是它的理论品质、实现共产主义是它的最高社会理想；深刻理解马克思主义不是教条，而是行动的指南；明确学习马克思主义的目的在于树立科学的世界观、人生观、价值观，理论联系实际是学习马克思主义的根本方法；了解现今时代向马克思主义提出的新的研究课题，在新的历史条件下不断丰富和发展马克思主义。

第一章　世界的物质性及发展规律

学习目标

学习和掌握辩证唯物主义基本原理，着重把握马克思主义物质观，理解世界物质统一性，世界的二重分化，物质与意识的辩证关系，事物联系和发展的基本规律、基本环节，坚持科学的世界观和方法论，运用唯物辩证法分析和解决问题，不断增强思维能力。

学习要点

○辩证唯物主义物质范畴

○世界的物质统一性

○主观能动性与客观规律性的辩证统一

○联系和发展的基本规律

○唯物辩证法是科学的认识方法

○在实践中不断增强思维能力

世界是什么？世界按照怎样的规律运转？我们的意识从何而来？当你仰望浩瀚星空，赞叹大自然的瑰丽奇景时，或许也曾思考过这些问题，而这些就属于世界观问题。本章我们将学习马克思主义的科学世界观和方法论，它提供了对于世界以及人与世界关系的全面而深刻的思考。本章内容属于马克思主义哲学中的基础性问题，即唯物论和辩证法的基本原理，对这些问题的回答揭示了世界的本质及其发展规律，为我们提供了认识世界和改造世界的思维能力和科学方法论。

知识坐标

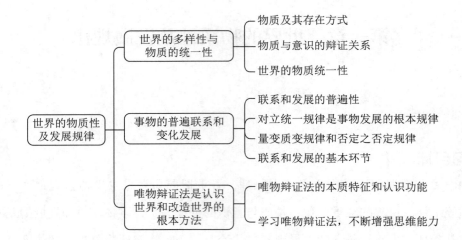

第一节 世界的多样性与物质统一性

一、经典阅读

（一）物质及其存在方式

从前的一切唯物主义（包括费尔巴哈的唯物主义）的主要缺点是：对对象、现实、感性，只是从客体的或者直观的形式去理解，而不是把它们当做感性的人的活动，当做实践去理解，不是从主体方面去理解。

马克思：《关于费尔巴哈的提纲》，
《马克思恩格斯文集》第 1 卷，
人民出版社 2009 年版，第 499 页。

物质在其一切变化中仍永远是物质，它的任何一个属性任何时候都不会丧失，因此，物质虽然必将以铁的必然性在地球上再次毁灭物质的最高的精华——思维着的精神，但在另外的地方和另一个时候又一定会以同样的铁的必然性把它重新产生出来。

恩格斯：《自然辩证法》（1873—1882 年），
《马克思恩格斯文集》第 9 卷，
人民出版社 2009 年版，第 426 页。

运动，就它被理解为物质的存在方式、物质的固有属性这一最一般意义来说，涵盖宇宙中发生的一切变化和过程，从单纯的位置变动到思维。研究运动的本性，当然不得不从这种运动的最低级的、最简单的形式开始，先学会理解这样的形式，然后才能在说明更高级的和复杂的形式方面有所建树。所以我们看到：在自然科学的历史发展中，最先产生的是关于简单的位置变动的理论，即天体和地上的物体的力学，随后是关于分子运动的理论，即物理学，紧跟着、几乎同时而且在有些方面还先于物理学而产生的，是关于原子运动的科学，即化学。只有在这些关于支配着非生物界的运动形式的不同知识部门达到高度的发展以后，才能成功地阐明各种显示生命过程的运动进程。

恩格斯：《自然辩证法》(1873—1882 年)，

《马克思恩格斯文集》第 9 卷，

人民出版社 2009 年版，第 513 页。

整个自然界，从最小的东西到最大的东西，从沙粒到太阳，从原生生物到人，都处于永恒的产生和消逝中，处于不断的流动中，处于不息的运动和变化中。只有这样一个本质的差别：在希腊人那里是天才的直觉，在我们这里则是以实验为依据的严格科学的研究的结果，因而其形式更加明确得多。

恩格斯：《自然辩证法》(1873—1882 年)，

《马克思恩格斯文集》第 9 卷，

人民出版社 2009 年版，第 418 页。

（二）物质与意识的辩证关系

思想、观念、意识的生产最初是直接与人们的物质活动，与人们的物质交往，与现实生活的语言交织在一起的。人们的想象、思维、精神交往在这里还是人们物质行动的直接产物。表现在某一民族的政治、法律、道德、宗教、形而上学等的语言中的精神生产也是这样。人们是自己的观念、思想等等的生产者，但这里所说的人们是现实的、从事活动的人们……意识在任何时候都只能是被意识到了的存在，而人们的存在就是他们的现实生活过程。

马克思、恩格斯：《德意志意识形态》

（1845 年秋—1846 年 5 月），

《马克思恩格斯文集》第 1 卷，

人民出版社 2009 年版，第 524—525 页。

意识并非一开始就是"纯粹的"意识。"精神"从一开始就很倒霉，受到物质的"纠缠",物质在这里表现为振动着的空气层、声音,简言之,即语言。语言和意识具有同样长久的历史;语言是一种实践的、既为别人存在因而也为我自身而存在的、现实的意识。

马克思、恩格斯:《德意志意识形态》

（1845 年秋—1846 年 5 月）,

《马克思恩格斯文集》第 1 卷,

人民出版社 2009 年版,第 533 页。

究竟什么是思维和意识,它们是从哪里来的,那么就会发现,它们都是人脑的产物,而人本身是自然的产物,是在自己所处的环境中并且和这个环境一起发展起来的;这里不言而喻,归根到底也是自然界的产物的人脑的产物,并不同自然界的其他联系相矛盾,而是相适应的。

恩格斯:《反杜林论》

（1876 年 9 月—1878 年 6 月）,

《马克思恩格斯文集》第 9 卷,

人民出版社 2009 年版,第 38—39 页。

第一,学习掌握世界统一于物质、物质决定意识的原理,坚持从客观实际出发制定政策、推动工作。世界物质统一性原理是辩证唯物主义最基本、最核心的观点,是马克思主义哲学的基石。恩格斯指出:"世界的真正的统一性在于它的物质性,而这种物质性不是由魔术师的三两句话所证明的,而是由哲学和自然科学的长期的和持续的发展所证明的。"遵循这一观点,最重要的就是坚持一切从客观实际出发,而不是从主观愿望出发。

习近平:《辩证唯物主义是中国共产党人的世界观和方法论》

（习近平总书记 2015 年 1 月 23 日

在十八届中央政治局第二十次集体学习时的讲话）,

2019 年第 1 期《求是》第 5 页。

（三）世界的物质统一性

世界的统一性并不在于它的存在，尽管世界的存在是它的统一性的前提，因为世界必须先存在，然后才能是统一的。在我们的视野的范围之外，存在甚至完全是一个悬而未决的问题。世界的真正统一性是在于它的物质性，而这种物质性不是魔术师的三两句话所能证明的，而是由哲学和自然科学的长期的持续的发展来证明的。

恩格斯：《反杜林论》

（1876 年 9 月—1878 年 6 月），《马克思恩格斯文集》第 9 卷，

人民出版社 2009 年版，第 47 页。

辩证唯物主义坚持认为：任何关于物质构造及其特性的科学原理都具有近似的、相对的性质；自然界中没有绝对的界限；运动着的物质会从一种状态转换为在我们看来似乎和它不可调和的另一种状态。

列宁：《唯物主义和经验批判主义》，

《列宁选集》第 2 卷，

人民出版社 2012 年版，第 192 页。

二、内容精要

（一）哲学的基本问题

存在和思维的关系问题又称为物质和精神的关系问题，构成了全部哲学的基本问题。对哲学基本问题的回答是解决其他一切哲学问题的前提和基础。

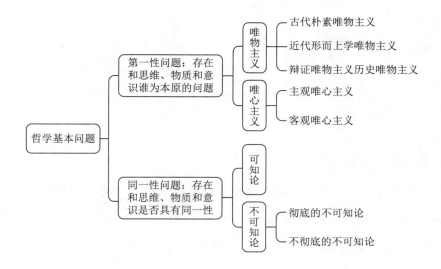

（二）物质与意识的辩证关系

1. 物质决定意识，意识反作用于物质

从意识起源来看，意识是自然界长期发展的产物，它的形成和发展经历了三个阶段，即由一切物质所具有的反应特性到低等生物的刺激感应性，再到高等动物的感觉和心理，最终发展为人类的意识。

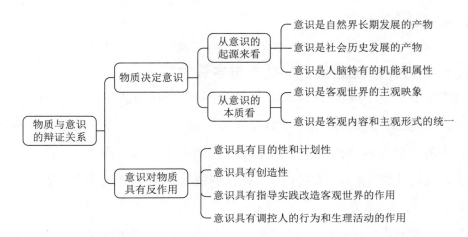

2. 主观能动性和客观规律性的辩证统一

正确认识和把握物质与意识的辩证关系，还需要处理好主观能动性和客观规律性的关系。首先，尊重客观规律性是正确发挥主观能动性的前提。其次，只有充分发挥主观能动性，才能正确认识和利用客观规律。

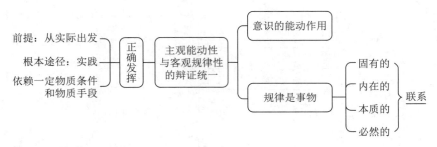

3. 意识与人工智能

人工智能是把人的部分智能活动机器化，让机器具有完成某种复杂目标的能力，是人的意识能动性的特殊表现，是人的本质力量的对象化、现实化。

人工智能不能真正具有人的意识，不能取代或超越人类智能。

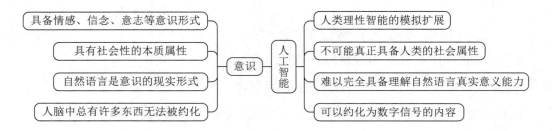

三、难点释惑

（一）为什么说运动是物质的根本属性？

在哲学史上，关于物质的根本属性，存在着运动与静止两种对立的观点。

形而上学的观点认为，事物在本质上是不运动、不变化的，即使有运动和变化，也只是位置的移动和数量的增减，不会发生质的变化。同时，形而上学还认为，运动变化的原因不在事物的内部，而在事物的外部，一切运动变化都是外力推动的结果。

形而上学的观点具体是怎样看待物质和运动的呢？让我们来看看影响并支配了近代前期科学发展的牛顿是怎样认为的。牛顿曾说："动者恒动，静者恒静。"要改变物质的状态，就一定需要外力的推动。"外力，只有外力才是改变事物运动状态的唯一原因。"由于顽固地持有形而上学的观点，牛顿在探讨天体运动的原因时不得不求助于"神的第一次推动"，最终陷入了宗教神学的泥潭。

辩证唯物主义的观点认为，运动是物质的存在方式和根本属性。物质是运动着的物质，脱离运动的物质是不存在的。物质是一切运动变化和发展过程的实在基础和承担者，世界上没有离开物质的运动，任何形式的运动，都有它的物质主体。世界上没有离开物质的运动，运动必然有它的物质主体，从简单的机械运动到复杂的社会运动和思维运动，都离不开物质主体。

那么，不同类型的运动分别具有怎样的物质主体呢？

机械运动的主体是宏观物体；物理运动的主体是分子、原子、基本粒子和场；化学运动的主体是原子、离子、原子团；生物运动的主体是蛋白质、核酸、生物个体以及生物种群；社会运动的主体是处于一定历史阶段上的物质资料生产方式；思维运动的主体是人的大脑，等等。总之，各种运动形式的承担者都是物质，世界上不存在没有物质的运动。任何领域中的任何形式的运动，都以物质为其现实基础。设想无物质的运动，必然陷入唯心主义。

（二）既然运动是绝对的，为什么还需要静止？

什么是静止？

所谓静止，是标志物质运动在一定条件下、一定范围内处于暂时稳定和平衡状态的哲学范畴，从哲学上讲，静止就是运动的特殊状态。相对静止有两种基本情形：

其一是指没有发生相对位置的移动。就是说，从一定的参考系来看，物体与物体之间的关系保持一定的平衡，或者没有发生相对位置的移动。这种情况的实质是没有发生机械运动，事物之间的相对位置没有发生变化，因而可以看作是静止的。其二是指没有发生质变。从事物本身来看，事物仍然保持着自己的性质，仍然处于不显著的量变阶段而没有变成别的事物，暂时显现为静止状态。

运动和静止具有怎样的辩证关系？

首先，运动是无条件的、永恒的和绝对的，静止是暂时的和有条件的、相对的。

想一想，你能否列举出一个绝对静止的物质？

答案显然是否定的。在地球上位置保持相对不变的物质，比如高山、森林、建筑物等，只要改变参照系，就可能变成正处于高速地运动之中，就像诗句中所说："坐地日行八万里，巡天遥看一千河"。就整个物质世界来说，没有不运动的物质，任何物质都处于永无止境的运动之中，因而运动是无条件的、永恒的和绝对的；但就物质的具体存在形态来说，它又有静止的一面，每种物质形态都有自己确定的性质、结构和功能，都保持着自己质的规定性，因而都有相对稳定的一面。但是，这种稳定并不是绝对的稳定，不是绝对的静止和不变，而是绝对运动之中的稳定。就是说，它只不过是运动的一种特殊状态，因而静止总是暂时的和有条件的，因而是相对的。

其次，绝对运动和相对静止是相互贯通、相互渗透的。在绝对运动中包含有相对静止，在相对静止中又有着绝对运动。任何事物都是绝对运动和相对静止的统一，所谓"动中有静，静中有动"。

四、典型案例

（一）主观能动性与客观规律性的辩证统一：中国共产党人的精神谱系——大庆精神

1. 案例内容：

习近平致大庆油田发现60周年的贺信

值此大庆油田发现60周年之际，我代表党中央，向大庆油田广大干部职工、离退休老同志及家属表示热烈的祝贺，并致以诚挚的慰问！

60年前，党中央作出石油勘探战略东移的重大决策，广大石油、地质工作者历尽艰辛发现大庆油田，翻开了中国石油开发史上具有历史转折意义的一页。60年来，几代大庆人艰苦创业、接力奋斗，在亘古荒原上建成我国最大的石油生产基地。大庆油田的卓越贡献已经镌刻在伟大祖国的历史丰碑上，大庆精神、铁人精神已经成为中华民族伟大精神的重要组成部分。

站在新的历史起点上，希望大庆油田全体干部职工不忘初心、牢记使命，大力弘扬大庆精神、铁人精神，不断改革创新，推动高质量发展，肩负起当好标杆旗帜、建设百年油田的重大责任，为实现"两个一百年"奋斗目标、实现中华民族伟大复兴的中国梦作出新的更大的贡献！

王进喜，甘肃玉门人，新中国第一批石油钻探工人，全国著名劳动模范，1956年加入中国共产党。面对新中国成立之初石油短缺的局面，他以强烈的责任感、高昂的政治热情，投入为祖国找石油的工作之中。1960年，王进喜率领1205钻井队从玉门到大庆参加石油大会战。在重重困难面前，全队以"宁可少活二十年，拼命也要拿下大油田"的顽强意志和冲天干劲，苦干5天5夜，打出了大庆第一口喷油井，并创造了年进尺10万米的世界钻井纪录，展现了大庆石油工人的气概，为我国石油事业立下了汗马功劳，成为中国工业战线一面火红的旗帜。打第二口井时突然发生井喷，当时没有压井用的重晶石粉，王进喜决定用水泥代替。没有搅拌机，他不顾腿伤，带头跳进泥浆池里用身体搅拌，经全队工人奋战，终于制服井喷，王进喜因此被誉为"铁人"。由于长期积劳成疾，他身患胃癌，在病床上仍然关心着油田建设，直到生命最后一刻，病逝时年仅47岁。

王进喜为我国石油工业的发展和社会主义建设作出了突出贡献，留下了宝贵的精神财富。以"爱国、创业、求实、奉献"为主要内涵的大庆精神和铁人精神，集中展现了我国工人阶级的崇高品质和精神风貌，是团结凝聚百万石油人的强大精神动力，已经成为中华民族伟大精神的重要组成部分，永远激励中国人民不畏艰难、勇往直前。

2. 讨论题：

大庆精神如何体现了主观能动性与客观规律性的辩证关系？

3. 案例点评：

中国共产党在长期的革命、建设和改革开放实践中，将无产阶级政党与多种优秀精神资源结合起来，形成了一些反映时代特征和体现民族特色的精神资源。其中就包括形成于20世纪60年代，发展于新时期，以"爱国、创业、求实、奉献"为基本内涵的大庆精神。

尊重客观规律是正确发挥主观能动性的前提。规律是事物变化发展过程中本身所固有的内在的、本质的、必然的联系。人们只有在认识和掌握客观规律的基础上，才能正确地认识世界，有效地改造世界。新中国成立初期，国家缺油，是全局性的困难、第一位的困难、最主要的困难。石油会战中，国家建设需要大量石油与国家缺油之间的矛盾是最大的矛盾。大庆油田的发现，打破"中国贫油"谬论，对我国石油工业具有"开天辟地"的引领作用。

大庆精神和铁人精神生动体现了尊重事物发展的客观规律性与发挥人的主观能动性的辩证统一原理，成为正确发挥人的主观能动性的典范。60 年来，一代又一代的大庆石油人接续传承，"大庆精神""铁人精神""爱国、创业、求实、奉献"，融入中华民族的血脉，为中国发展助力"加油"！

4. 使用说明：

本案例的用途是：可用于第一章第一节关于"主观能动性与客观规律性"部分的辅助学习，或者用于拓展知识阅读。

（二）意识与人工智能：人工智能会超越人类吗？

1. 案例内容：

AI 真的具有智能吗？毫无疑问，计算机可以进行计算，它的所有智能都建立在计算这种功能之上。以 Alpha Go 战胜人类的围棋高手为例，Alpha Go 存贮了很多棋谱的信息，可以计算出每一步棋输赢的概率，知道最有可能获胜的下一步棋。它没有创造出前人没有过的下法，也没有战胜对手的主观愿望，可是它的每一步棋都是高手的真传，这样的优势积累起来足以令人类的个体望尘莫及。

为了让人工智能变得更聪明，计算机科学家不断向脑科学取经。如果把大脑的信息处理比喻成一个黑箱，有信号的输入，有信号的输出，输入和输出之间是神经网络的信号传递。计算机矩阵破解了这个黑箱的输入信号和输出信号，用矩阵中的点来模拟神经元的发放频率，用矩阵中的线（公式）来模拟神经元的整合规律。计算机矩阵看似庞大复杂，其实远比人类大脑简单和单调。计算机矩阵通过一次一次地拟合，确实可以把一些简单的输入—输出之间的联系模仿得比较逼真，主要集中在感觉输入—运动输出这样的反射性活动方面。

人们最担心的一点就是：人工智能会不会拥有自我意识，有朝一日反抗人类？

一个比较明智的选择是：就让人工智能在运动控制、计算、识别的方面发挥所长吧！至于情感、意志等方面则交给人类来做。人类不应该害怕被机器超越，人类要不断超越自己——不要让人性的弱点被 AI 放大，无休止地破坏和改变自然，这才是我们真正需要警惕的。

（作者：王欣 来源：学习强国学习平台，2020 年 1 月 22 日）

2. 讨论题：

（1）你知道哪些人工智能产品？结合这些产品谈一谈，为什么目前人工智能不能取代人类？

（2）人工智能在未来的发展有可能给我们造成哪些威胁？

3. 案例点评：

人工智能的迅猛发展，引起了人们的许多思考，例如人工智能能否具有人类意识、能否超越和取代人类智能等问题。人工智能从诞生以来，理论和技术日益成熟，应用领域也不断扩大，可以设想，未来人工智能带来的科技产品，将会是人类智慧的"容器"。各种人工智能产品如无人工厂、无人自动驾驶汽车、智能家居等产品已经开始进入我们的生产生活领域，围棋界公认阿尔法围棋的棋力已经超过人类职业围棋顶尖水平。这些案例表明，人工智能不是人的智能，但能像人那样思考，也可能超过人的智能。针对人工智能的不可控因素及其可能引起的风险，著名物理学家霍金就曾警告说："成功制造出一台人工智能机器人将是人类历史上的里程碑。但不幸的是，它也可能会成为我们历史上最后的一个里程碑，除非我们能学会如何去规避这种风险。"

对于科学技术发展对人类社会的影响，向来就有乐观主义与悲观主义两种声音。科技乐观主义者认为，人类只要掌握了科学技术，就可以把握自己的命运并决定人类自身的发展。人类利用科学技术可以征服自然，使人类成为自然的主宰，可以解决一切社会问题并创造无比美好的未来社会。

4. 使用说明：

本案例的教学目的是：通过人工智能的研究专家对人工智能相关问题的论述，帮助学生了解人工智能的本质，澄清对人工智能认识的可能误区，把握人工智能与人类意识的区别及其对人类社会的"双刃剑"效应，从而以正确的态度对待人工智能的发展。

本案例的用途是：可用于第一章第一节关于"意识与人工智能"部分的辅助学习，或者用于拓展知识阅读。

小　结

本节我们学习了马克思主义哲学唯物论的基本原理，包括马克思主义的物质观、运动观、时空观、意识观等基本问题，以及"物质与意识的辩证关系"、作为马克思主义基石的"世界的物质统一性"等基本原理。本部分内容在整个马克思主义体系中具有基础性的地位和重要的意义：在理论层面，马克思主义哲学是整个马克思主义的理论基础；在实践层面，马克思主义的科学世界观为我们确立科学的人生观和价值观奠定了坚实的基础。在认识到"世界是什么"的问题之后，我们将进一步考察"世界如何运转"的问题，这一问题通过掌握唯物辩证法的基本原理来进行解决，具体包括唯物辩证法的总观点和总特征、基本环节和一般规律等内容，还包括辩证唯物主义的方法论问题。

第二节　事物的普遍联系和变化发展

一、经典阅读

（一）联系和发展的普遍性

因此，真理的彼岸世界消逝以后，历史的任务就是确立此岸世界的真理。人的自我异化的神圣形象被揭穿以后，揭露具有非神圣形象的自我异化，就成了为历史服务的哲学的迫切任务。于是，对天国的批判变成对尘世的批判，对宗教的批判变成对法的批判，对神学的批判变成对政治的批判。

随导言之后将要做的探讨——这是为这项工作尽的一份力——首先不是联系原本，而是联系副本即联系德国的国家哲学和法哲学来进行的。其所以如此，正是因为这一探讨是联系德国进行的。

马克思:《〈黑格尔法哲学批判〉导言》

（1843年10月—12月），《马克思恩格斯文集》第1卷，

人民出版社2009年版，第4页。

当我们通过思维来考察自然界或人类历史或我们自己的精神活动的时候，首先呈现在我们眼前的，是一幅由种种联系和相互作用无穷无尽地交织起来的画面，其中没有任何东西是不动的和不变的，而是一切都在运动、变化、生成和消逝。所以，我们首先看到的是总画面，其中各个细节还或多或少地隐藏在背景中，我们注意得更多的是运动、转变和联系，而不是注意什么东西在运动、转变和联系。

恩格斯:《社会主义从空想到科学的发展》

（1880年1月—3月上半月），《马克思恩格斯文集》第3卷，

人民出版社2009年版，第538页。

相反，对辩证法来说，上述过程正好证明它的方法是正确的，因为辩证法在考察事物及其在观念上的反映时，本质上是从它们的联系、它们的联结、它们的运动、它们的产生和消逝方面去考察的。自然界是检验辩证法的试金石，而且我们必须说，现代自然科学为这种检验提供了极其丰富的、与日俱增的材料，并从而证明了，自然界的一切归根到底是辩证法地而不是形而上学地发生的。

恩格斯:《社会主义从空想到科学的发展》

（1880年1月—3月上半月），《马克思恩格斯文集》第3卷，

人民出版社2009年版，第541页。

今天，我们党要团结带领人民实现"两个一百年"奋斗目标、实现中华民族伟大复兴的中国梦，必须不断接受马克思主义哲学智慧的滋养，更加自觉地坚持和运用辩证唯物主义世界观和方法论，更好在实际工作中把握现象和本质、形式和内容、原因和结果、偶然和必然、可能和现实、内因和外因、共性和个性的关系，增

强辩证思维、战略思维能力，把各项工作做得更好。

习近平:《辩证唯物主义是中国共产党人的世界观和方法论》

（习近平总书记 2015 年 1 月 23 日在十八届中央政治局第二十次集体学习时的讲话）

2019 年第 1 期《求是》第 5 页。

（二）对立统一规律是事物发展的根本规律

真正的辩证法并不为个人错误辩护，而是研究不可避免的转变，根据对发展过程的全部具体情况的详尽研究来证明这种转变的不可避免性。辩证法的基本原理是：没有抽象的真理，真理总是具体的……同时也不应当把这个伟大的黑格尔辩证法同那种可以用"脑袋钻不进，就把尾巴塞进去"（mettere la coda dove non va il capo）这句意大利谚语来形容的庸俗的处世秘诀混为一谈。

列宁:《进一步，退两步（我们党内的危机）》

（1904 年 5 月《列宁选集》第 1 卷，

人民出版社 2012 年版，第 523 页。

战争中的攻守，进退，胜败，都是矛盾着的现象。失去一方，他方就不存在。双方斗争而又联结，组成了战争的总体，推动了战争的发展，解决了战争的问题。

人的概念的每一差异，都应把它看作是客观矛盾的反映。客观矛盾反映入主观的思想，组成了概念的矛盾运动，推动了思想的发展，不断地解决了人们的思想问题。

毛泽东:《矛盾论》（1937 年 8 月《毛泽东选集》第 1 卷，

人民出版社 1991 年版，第 306 页。

在矛盾的斗争性的问题中，包含着对抗是什么的问题。我们回答道：对抗是矛盾斗争的一种形式，而不是矛盾斗争的一切形式。

毛泽东:《矛盾论》（1937 年 8 月《毛泽东选集》第 1 卷，

人民出版社 1991 年版，第 334 页。

积极面对矛盾、解决矛盾，还要注意把握好主要矛盾和次要矛盾、矛盾的主要方面和次要方面的关系。"秉刚而且自张，执本而末自从。"面对复杂形势和繁重任务，首先要有全局观，对各种矛盾做到心中有数，同时又要优先解决主要矛盾和矛盾的主要方面，以此带动其他矛盾的解决。……在任何工作中，我们既要讲两点论，又要讲重点论，没有主次，不加区别，眉毛胡子一把抓，是做不好工作的。

习近平：《辩证唯物主义是中国共产党人的世界观和方法论》

（习近平总书记 2015 年 1 月 23 日在十八届中央政治局第二十次集体学习时的讲话），

2019 年第 1 期《求是》第 6—7 页。

（三）量变质变规律和否定之否定规律

每一种有用物，如铁、纸等等，都可以从质和量两个角度来考察。每一种这样的物都是许多属性的总和，因此可以在不同的方面有用。发现这些不同的方面，从而发现物的多种使用方式，是历史的事情。为有用物的量找到社会尺度，也是这样。商品尺度之所以不同，部分是由于被计量的物的性质不同，部分是由于约定俗成。

马克思：《资本论》第 1 卷（1867 年），

《马克思恩格斯文集》第 5 卷，

人民出版社 2009 年版，第 48 页。

在力学中并不出现质，最多只有如平衡、运动、位能这样一些状态，它们都是基于运动的可量度的转移，并且本身是可以用量来表示的。所以，这里只有发生质变，便总是由相应的量变引起的。

在物理学中，物体被当做化学上不变化或呆性的东西；我们在这里所研究的，是物体的分子状态的变化和运动的形式的变换，这种变换在任何情况下——至少在双方的一方中——都会使分子活动起来。在这里每种变化都是量到质的转化，是物体所固有的或所承受的某种形式的运动的量发生量变的结果。

恩格斯：《自然辩证法》（1873—1882 年）

《马克思恩格斯文集》第 9 卷，

人民出版社 2009 年版，第 466 页。

那么，否定的否定究竟是什么呢？它是自然界、历史和思维的一个极其普遍的、因而极其广泛地起作用的、重要的发展规律。这一规律，正如我们已经看到的，在动物界和植物界中，在地质学、数学、历史和哲学中起着作用；就是杜林先生自己，虽然他百般反对和抗拒，也总是不知不觉地按照自己的方式遵循这一规律。不言而喻，例如，关于大麦粒从发芽起到结了实的植株逐渐死亡的特殊发展过程，如果我说这是否定的否定，那么我什么也没有说。要知道积分也是否定的否定，如果我只作出这种一般性的论断，那就会肯定这样的一个荒唐说法；大麦植株的生活过程就是积分，或者也可以说就是社会主义。而这正是形而上学者经常归咎于辩证法的东西。当我谈到所有这些过程，说它们是否定之否定的时候，我是用这一个运动规律来概括所有这些过程，正因为如此，我没有去注意每一个个别的特殊过程的特点。而辩证法不过是关于自然界、人类社会和思维的运动和发展的普遍规律的科学。

恩格斯：《反杜林论》(1876年9月—1878年6月）

《马克思恩格斯文集》第9卷，

人民出版社2009年版，第148—149页。

二、内容精要

联系和发展的普遍性

联系是指事物内部各要素之间和事物之间相互影响、相互制约、相互作用的关系。

要点	框架	具　体　内　容
事物的普遍联系	客观性	坚持联系的客观性，就是在联系的观点上坚持了唯物论
		我们的世界就是一个万物互联的客观世界
		世界上没有孤立存在的事物，每一种事物都是在与其他事物的联系之中存在的
		事物的联系是事物本身所固有的，不是主观臆想的

（续表）

要点	框架	具 体 内 容
事物的普遍联系	普遍性	任何事物内部的不同部分和要素之间都是相互联系的，具有内在的结构性
		任何事物都同其他事物处于一定的联系之中
		整个世界是相互联系的统一整体
	多样性	直接联系与间接联系
		内部联系与外部联系
		本质联系与非本质联系
		必然联系与偶然联系
	条件性	条件对事物发展和人的活动具有支持或制约作用
		人可以化不利条件为有利条件，推动事物的发展
		既善于充分利用有利条件，又善于化不利条件为有利条件。不能强行去改变事物存在和发展的条件，否则就是揠苗助长

三、难点释惑

（一）对立统一规律是唯物辩证法的实质和核心

对立统一规律揭示了事物普遍联系的根本内容和变化发展的内在动力，从根本上回答了事物为什么会发展的问题；对立统一规律提供了人们认识世界和改造世界的根本方法——矛盾分析方法。

对立统一规律是贯穿量变质变规律、否定之否定规律以及唯物辩证法基本范畴的中心线索，也是理解这些规律的"钥匙"。唯物辩证法认为世界是无时无刻不在运动的，运动的物质是普遍联系和发展的，而联系和发展是有其规律的，其中对立统一规律揭示了无论是在自然界、人类社会，还是在思维领域，任何事物的内部和事物之间都包含着矛盾，正是事物内部和事物之间的矛盾推动事物的变化、发展；对立统一规律同时也是事物变化发展的动力和源泉。因此，对立统一规律也是唯物辩证法基本范畴的主轴和关键。

正如毛泽东同志所说："这个辩证法的宇宙观，主要的就是教导人们要善于去观察和分析各种事物的矛盾的运动，并根据这种分析，指出解决矛盾的方法。"对立统一规律的方法论意义就是矛盾分析法，归纳起来有以下四点。第一，矛盾分析法是认识万事万物的根本方法。第二，矛盾分析法是一种内因和外因相结合的分析方法。第三，矛盾分析法是矛盾的普遍性与特殊性（共性与个性）相结合的分析方法。第四，矛盾分析法的精髓是具体问题具体分析。该方法对人们正确而辩证地认识世界、改造世界有重要的指导作用。矛盾观点和矛盾分析方法是共产党人的思想方法和工作方法，也是我们理解新时代社会主要矛盾的钥匙，更是每一位同学认识当今世界、分析世界当中的问题的一种重要的思维方法。

（二）矛盾的普遍性和特殊性的辩证统一关系

矛盾的普遍性是指矛盾存在于一切事物以及一切事物发展过程的始终，矛盾不断解决，也不断产生，事物始终在矛盾中不停运动、不断发展。所以，我们可以说，"矛盾无处不在，矛盾无时不有"。矛盾的特殊性是指各个具体事物的矛盾、每一个矛盾的各个方面在发展的不同阶段上各有其特点。矛盾的特殊性决定了事物的不同性质。只有具体分析矛盾的特殊性，才能认清事物的本质和发展规律，并采取正确的方法和措施去解决矛盾，推动事物的发展。

矛盾的普遍性和特殊性是辩证统一的关系。矛盾的普遍性即矛盾的共性，矛盾的特殊性即矛盾的个性。矛盾的共性是无条件的、绝对的，矛盾的个性是有条件的、相对的。任何现实存在的事物的矛盾都是共性和个性的有机统一，共性寓于个性之中，没有离开个性的共性，也没有离开共性的个性。矛盾的共性和个性、绝对和相对的道理，是关于事物矛盾问题的精髓，是正确理解矛盾学说的关键，不懂得它，就不能真正掌握唯物辩证法。矛盾的共性和个性相统一的关系，既是客观事物固有的辩证法，也是科学的认识方法。人的认识的一般规律就是由认识个别上升到认识一般，再由认识一般到认识个别的辩证发展过程。

矛盾的普遍性和特殊性辩证关系的原理是马克思主义基本原理同各国具体实际相结合的哲学基础。中国共产党坚持把马克思主义基本原理同中国具体实际相结合、同中华优秀传统文化相结合，在推进马克思主义中国化的进程中不断取得革命、建设、改革的新的胜利。

（三）量变质变规律

事物包括质、量、度三方面的规定性。量变是事物数量的增减和组成要素排列次序的变动，是保持事物的质的相对稳定性的不显著变化，体现了事物发展渐进过程的连续性。质变是事物性质的根本变化，是事物由一种质态向另一种质态的飞跃，体现了事物发展渐进过程和连续性的中断。

量变是质变的必要准备，任何事物的发展都是一个量变的积累过程，没有量变的积累，质变就不会发生。一口吃不成胖子，做事要有耐心，不能期望一蹴而就。这种认识，在当下的社会是稀缺的，大部分人常常难以抑制内心急功近利的心态，渴望一夜成名。"一夜成名"这种说法在某种程度上也是对的，它是对质变现象的描述，但是我们绝不能忘记，量变才能产生质变，这一夜的背后一定是千千万万个普通的奋斗之夜。

那么，有了量变，质变一定会发生吗？是的，单纯的量变不会永远地持续下去，量变达到一定程度一定要引起质变的发生，这一点有时不太好理解，比如我在桌上放了一堆黄金，我不断地增加黄金的数量，会引起质变吗？会变成黄金以外的东西吗？似乎不能，那怎么说量变一定会引起质变呢？实际上，即使量越来越多，黄金始终是黄金，但是它对周围环境的影响是会产生质变的，1克的黄金和1吨的黄金对桌子有什么不同的影响？显然后者会把桌子压垮，这就是量变引起的质变，因而并不是说一定要这个事物本身的内在性发生变化才叫做质变，还应当考虑事物与其他事物之间的作用，因为世界是一个统一的联系的整体。既然足够的量变一定引起质变，所以，如果认准了一条路，那就去做，去积累量变，相信质变一定能发生。

四、典型案例

（一）事物的普遍联系："无风不起浪"

1. 案例内容：

你们听见别人讲过这个成语吗？如果听到，请回忆一下是在什么情形之下讲的。我听见这成语的时候，是在"九一八"后的第二年，这时日本帝国主义者已经占领了中国东北。当时就听到一种风传，说汪精卫以及蒋介石国民党政府内的许多要人都跟日本帝国主义者有勾结。大家知道，汪精卫在当时还不是公开的汉奸，他还是蒋介石的所谓国民政府的行政院长。中国的一般人民只知道是张学良丢了东北，而不知道当时不抵抗的张学良领受了蒋介石的命令。所以有些人听说国民政府内部的要人也和日本帝国主义勾结，往往会发生怀疑，甚至于认为是怪事，并且很关心地问道："真的有这事吗？"对于这样的疑问，就有人用"无风不起浪"的成语来作答。

艾思奇：《大众哲学》，人民出版社 2009 年版，第 133—134 页。

2. 讨论题：

（1）"无风不起浪"里蕴藏着什么样的哲学理论？

（2）我们如何科学地运用"联系"？

3. 案例点评：

"无风不起浪"这个古语表明了一条规律。这条规律告诉我们说，世界上的事物都不是孤立的，不是与周围的其他事物毫无关系的。每一事物都和周围的某些事物有一定联系，都和这些事物有互相依赖、互相制约的关系。"凡事都不会是无缘无故发生的"，这就是"无风不起浪"这一个成语里所包含的重要哲学思想，这种思想在我们每一个普通人的头脑里都存在着。一切事物的出现，总有它出现的一定原因，我们不相信世界上会有一种事物是毫无一点原因而凭空存在。一切事物，我们一定要对它有一种怀疑精神，但也不一定要怀疑一切。但，多问几个为什么，实际上就要使用普遍联系的观点。一定要去追问它究竟为什么出现，学问和知识也就产生了。而如果我们用心去研究、去寻找，一定能够把这些事物的发生原因和条件找出来。

艾思奇先生实际上通过"无风不起浪"描述了当时的一种普遍的舆论和风向。那为什么会发生这种风传呢？通过研究，就会发现，原来那个国民政府并不是真正代表国民的政府，它是一些主张专制独裁的国民党反动分子所垄断的政府，而汪精卫就是其中之一。凡是专制政府，都要压迫人民，反对民主，以保持少数人升官发财荒淫腐化的剥削寄生的生活地位。为了这目的，他们不惜采取任何卑鄙无耻的手段，他们不惜出卖国家民族，向外国侵略者摇尾乞怜。可见，通过联系，我们就不会对一切消息听之任之，学会了观察和掌握事实，也学会了理性思考和辩证思维。

4. 使用说明：

本案例的教学目的是：通过读经典，使学生理解运用马克思主义哲学对中国历史进行深刻把握所具有的指导意义，让学生理解日常生活中的事情实际上往往蕴含着深刻的哲学道理。有些我们熟悉并不知其所以然，有些我们不知却在生活中已经用行动去实践哲学了！

本案例的用途是：可用于第一章第二节关于"事物的普遍联系"部分的辅助学习，或者用于拓展知识阅读。

（二）运用矛盾的普遍性与特殊性原理看我国社会主要矛盾变化

1. 案例内容：

我国社会主要矛盾发生了变化，尤其是党的十九大报告中鲜明提出了"中国特色社会主义进入新时代，我国社会主要矛盾已经转化为人民日益增长的美好生活需要和不平衡不充分的发展之间的矛盾"的重大判断。

这一重大判断，不仅为新时代的经济建设、政治建设、文化建设、社会建设和生态文明建设指明了新的发展方向，而且为实施新时代"两步走"战略提供了决策依据和理论支撑。与此同时，也的确带来了不平衡不充分发展的问题。这个问题与14亿中国人民对于越来越高的美好生活的需要产生了矛盾。中国共产党和中国政府深刻认识到这一问题的性质，同时也找到了解决问题的方法。

2. 讨论题：

（1）我国社会主要矛盾变化的原因是什么？

（2）如何充分理解矛盾的普遍性和特殊性，做到坚持"两点论"和"重点论"的统一？

3. 案例点评：

辩证唯物主义告诉我们，事物是发展变化的，矛盾不是一成不变的。1956年党的八大报告指出："我们国内的主要矛盾，已经是人民对于建立先进的工业国的要求同落后的农业国的现实之间的矛盾，已经是人民对于经济文化迅速发展的需要同当前经济文化不能满足人民需要的状况之间的矛盾。"1981年党的十一届六中全会对我国社会主要矛盾做了规范的表述，即"在社会主义改造基本完成以后，我国所要解决的主要矛盾，是人民日益增长的物质文化需要同落后的社会生产之间的矛盾"，之后几届党代会都沿用了这个表述。党的十九大作出的社会主要矛盾的新表述，是对社会主义建设规律认识的新升华。

社会主要矛盾一方面表现为社会生产力的快速发展以及我国经济实力、综合国力的大幅跃升和提高。今天的中国，不仅经济总量稳居世界第二位，而且连续多年保持第一制造大国地位，220多种主要工业品产量居世界首位。但发展当中依然存在不协调、不平衡、不充分的地方。另一方面表现为人民生活需要也同样发生了显著变化，不再局限于衣食住行等物质方面的"硬需求"，而是更加强调民主、法治、公平、正义、安全、环境等方面的"软需求"。如此矛盾两方面对立统一，必然演变成"人民日益增长的美好生活需要和不平衡不充分的发展之间的矛盾"。

要适应社会主要矛盾的新变化，进一步解决"不平衡不充分的发展"的新要求，还必须看到社会主要矛盾新变化中蕴含的"不变"，那就是习近平总书记在十九大报告中强调的，"必须认识到，我国社会主要矛盾的变化，没有改变我们对我国社会主义所处历史阶段的判断，我国仍处于并将长期处于社会主义初级阶段的基本国情没有变，我国是世界最大发展中国家的国际地位没有变"。这就要求我们必须"牢牢坚持党的基本路线这个党和国家的生命线、人民的幸福线"，始终把解放和发展社会生产力放到首位，坚持以经济建设为中心，坚持四项基本原则，坚持改革开放，坚持发展是硬道理，坚持把发展作为"第一要务"。这个"不变"是解决好新时代社会主要矛盾"变"的前提和基础，不能因"变"而忘记了"不变"。

4. 使用说明:

本案例的教学目的是：通过介绍我国社会主要矛盾的特性，使学生理解运用马克思主义哲学原理对中国社会发展进行深刻把握所具有的指导意义，同时加深对矛盾的普遍性和特殊性原理的理解。

本案例的用途是：可用于第一章第二节关于"对立统一规律是事物发展的基本

规律"部分的辅助学习，或者用于拓展知识阅读。

（三）现象与本质：古诗中的哲学

1. 案例内容：

《新大众哲学》里举了这样一个例子。唐朝浪漫主义诗人，被后人誉为"诗仙"的李白（701—762年）的"床前明月光，疑是地上霜"，唐代现实主义诗人白居易（772—846年）的"霁月光如练，盈庭复满池"，都是千古传颂的诗句。但是月亮真的发光吗？科学研究表明，月亮本身并不发光，它是将太阳光反射到了地球上，所以我们看到它是亮的。它的亮度随着太阳、月亮间的距离的变化而变化。月食就是月球不发光的证明。如果地球转到月球与太阳中间，这三个天体恰好或接近处于一条直线时，那么月球就走进了地球的黑影里，太阳光照不到月球上，月球不再反射太阳光，就发生了月食，也就是民间常说的"天狗吃月亮"。月球全部进入地球的黑影中，形成月全食；只有一部分进入地球黑影，形成月偏食。所以，人们所见到的"月光熠熠"，本质上是月球所反射的太阳光。

2. 思考题：

我们所学习的唐诗宋词中，还可以用联系和发展的基本环节的哪些原理分析？

3. 案例点评：

研究事物的现象，应注意区分真象和假象。真象是本质的表现，假象也是本质的表现。现象的丰富多彩，突出体现在现象的多样性上。在五光十色的现象中，既有真象，又有假象，从正面表现本质的是真象，从反面表现本质的是假象。列宁说："不仅本质是客观的，而且外观也是客观的。""本质具有某种外观。"由于事物现象是多种多样、真伪并存的，所以，要完全地反映整个的事物，反映事物的本质，反映事物的内部规律性，就必须经过思考和科学研究，将丰富的感觉材料加以去粗取精、去伪存真、由此及彼、由表及里的处理加工。

4. 使用说明：

本案例的教学目的是：通过中华优秀传统文化当中的一些诗句的分析，使学生理解运用马克思主义进行哲学分析，同时加深对中华优秀传统文化与马克思主义在结合过程中的亲和力。

本案例的用途是：可用于第一章第二节关于"联系和发展的基本环节"部分的辅助学习，或者用于拓展知识阅读。

小　结

唯物辩证法作为马克思主义哲学重要的思维方法，学习好本节内容，不仅可以"承上"，帮助我们理解物质观的基本规律和特性，还能"启下"。本节中包含的两大基本特征、三大基本规律以及五大基本范畴对于理解历史唯物主义的基本规律，以及对马克思主义政治经济学基本概念和科学社会主义的具体理解，都具有重要的理论意义和方法论意义。辩证法的宇宙观，主要就是教导人们要善于去观察和分析各种事物的矛盾的运动，并根据这种分析，指出解决矛盾的方法。所以，需要认真把握和反复理解本节内容，多思考，活学活用，将其运用到现实的生活世界当中，一定会感到妙趣横生，受益匪浅。

第三节　唯物辩证法是认识世界和改造世界的根本方法

一、经典阅读

（一）唯物辩证法的本质特征和认识功能

辩证法，在其合理形态上，引起资产阶级及其空论主义的代言人的恼怒和恐怖，因为辩证法在对现存事物的肯定的理解中同时包含对现存事物的否定的理解，即对现存事物的必然灭亡的理解；辩证法对每一种既成的形式都是从不断的运动中，因而也是从它的暂时性方面去理解；辩证法不崇拜任何东西，按其本质来说，它是批判的和革命的。

马克思：《〈资本论〉第1卷第二版跋》（1873年1月24日），
《马克思恩格斯文集》第5卷，
人民出版社2009年版，第22页。

这样，辩证法就归结为关于外部世界和人类思维的运动的一般规律的科学，这两个系列的规律在本质上是同一的，但是在表现上是不同的，这是因为人的头脑可以自觉地应用这些规律，而在自然界中这些规律是不自觉地、以外部必然性的形式、在无穷无尽的表面的偶然性中实现的，而且到现在为止在人类历史上多半也是如此。这样，概念的辩证法本身就变成只是现实世界的辩证运动的自觉的反映，从而黑格尔的辩证法就被倒转过来了，或者宁可说，不是用头立地而是重新脚立地了。

恩格斯：《路德维希·费尔巴哈和德国古典哲学的终结》
（1886 年初），《马克思恩格斯文集》第 4 卷，
人民出版社 2009 年版，第 298 页。

那么平均化的过程实际上是怎样完成的呢？这是个非常有趣的问题，马克思本人对此谈得不多。但是，马克思的整个世界观不是教义，而是方法。它提供的不是现成的教条，而是进一步研究的出发点和供这种研究使用的方法。因此这里还有一些马克思自己在这部初稿中没有做完的工作要做。

恩格斯：《致韦尔纳·桑巴特》（1895 年 3 月 11 日），
《马克思恩格斯选集》第 4 卷，
人民出版社 2012 年版，第 664 页。

……至于您用唯物主义方法处理问题的尝试，我首先必须说明：如果不把唯物主义方法当做研究历史的指南，而把它当做现成的公式，按照它来剪裁各种历史事实，那它就会转变为自己的对立物。

恩格斯：《致保尔·恩斯特》（1890 年 6 月 5 日），
《马克思恩格斯选集》第 10 卷，
人民出版社 2009 年版，第 583 页。

马克思主义者从马克思的理论中，无疑地只是借用了宝贵的方法，没有这种方法，就不能阐明社会关系，所以他们在评判自己对社会关系的估计时，完全不是

以抽象公式之类的胡说为标准，而是以这种估计是否正确和是否同现实相符合为标准的。

列宁：《什么是"人民之友"以及他们如何攻击社会民主党人？》

（1894 年春夏），《列宁选集》

第 1 卷，人民出版社 2012 年版，第 60 页。

（二）学习唯物辩证法，不断增强思维能力

逻辑的方式是唯一适用的方式。但是，实际上这种方式无非是历史的方式，不过摆脱了历史的形式以及起扰乱作用的偶然性而已。历史从哪里开始，思想进程也应当从哪里开始，而思想进程的进一步发展不过是历史过程的抽象的、理论上前后一贯的形式的反映；这种反映是经过修正的，然而是按照现实的历史过程本身的规律修正的，这时，每一个要素可以在它完全成熟而具有典型性的发展点上加以考察。

恩格斯：《卡尔·马克思〈政治经济学批判。第一分册〉》

（1859 年 8 月 3—15 日），《马克思恩格斯文集》第 2 卷，

人民出版社 2009 年版，第 603 页。

学习掌握唯物辩证法的根本方法，不断增强辩证思维能力，提高驾驭复杂局面、处理复杂问题的本领。"事必有法，然后可成。"我们的事业越是向纵深发展，就越要不断增强辩证思维能力。当前，我国社会各种利益关系十分复杂，这就要求我们善于处理局部和全局、当前和长远、重点和非重点的关系，在权衡利弊中趋利避害、作出最为有利的战略抉择。我们全面深化改革，不能东一榔头西一棒子，而是要突出改革的系统性、整体性、协同性。同时，在推进改革中，我们要充分考虑不同地区、不同行业、不同群体的利益诉求，准确把握各方利益的交汇点和结合点，使改革成果更多更公平惠及全体人民。

习近平：《辩证唯物主义是中国共产党人的世界观和方法论》

（习近平总书记 2015 年 1 月 23 日在十八届中央政治局第二十次集体学习时的讲话）

2019 年第 1 期《求是》第 8 页。

学习和运用唯物辩证法，就要反对形而上学的思想方法。我们的先人早就认识到了这个问题，很多典故都是批评和讽刺形而上学的，如盲人摸象、郑人买履、坐井观天、掩耳盗铃、揠苗助长、削足适履、画蛇添足，等等。世界上只有形而上学最省力，因为它可以瞎说一气，不需要依据客观实际，也不受客观实际检查。而坚持唯物辩证法，则要求用大气力、下真功夫。我们一方面要加强调查研究，准确把握客观实际，真正掌握规律；另一方面要坚持发展地而不是静止地、全面地而不是片面地、系统地而不是零散地、普遍联系地而不是单一孤立地观察事物，妥善处理各种重大关系。任何主观主义、形式主义、机械主义、教条主义、经验主义的观点都是形而上学的思想方法，在实际工作中不可能有好的效果。

习近平：《辩证唯物主义是中国共产党人的世界观和方法论》

（习近平总书记 2015 年 1 月 23 日在十八届中央政治局第二十次集体学习时的讲话）

2019 年第 1 期《求是》第 8 页。

回顾党的百年奋斗史，我们党之所以能够在革命、建设、改革各个历史时期取得重大成就，能够领导人民完成中国其他政治力量不可能完成的艰巨任务，根本在于掌握了马克思主义科学理论，并不断结合新的实际推进理论创新，使党掌握了强大的真理力量。中国共产党为什么能，中国特色社会主义为什么好，归根到底是马克思主义行，是中国化时代化的马克思主义行。这是历史的结论。

习近平：《开辟马克思主义中国化时代化新境界》

（习近平总书记 2023 年 6 月 30 日在二十届中央政治局第六次集体学习时的讲话）

2023 年第 20 期《求是》第 4 页。

二、内容精要

（一）唯物辩证法的本质特征和认识功能

在马克思主义世界观和方法论中，唯物辩证法是其核心内容，为人们认识世界和改造世界提供了根本方法。

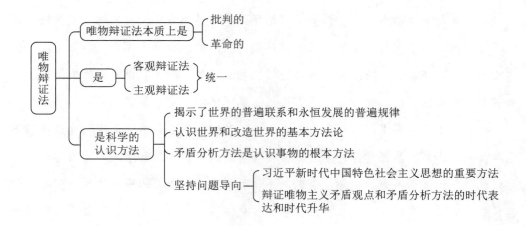

（二）学习唯物辩证法，不断增强思维能力

在日常社会生活中，我们会遇到很多纷繁复杂、种类繁多的问题和事件。如何进行分析和处理？怎样在错综复杂的外部世界中寻找发现问题、分析问题和解决问

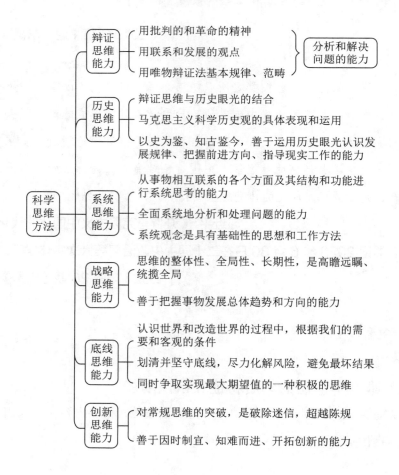

题的正确方式和方法？就需要我们努力学习唯物辩证法，并不断提升各种思维能力和思维意识。

三、难点释惑

（一）创新思维能力与创新思维意识

创新思维能力是对常规思维的突破，是破除迷信，超越陈规，善于因时制宜、知难而进、开拓创新的能力。思维的发展与深化离不开创新。创新思维能力意味着不墨守成规，在求新、求变中创造性地提出问题和解决问题。

创新思维能力不是单独的一种思维能力，而是基于辩证思维能力、历史思维能力、系统思维能力、战略思维能力及底线思维能力的综合体现，是对于常规思维的突破，用于解决用常规思维方法无法解决的困难和难题的思维能力。每个人都有一定自发的创新思维能力，却是零散的、偶然的、不系统的，尚未转化为明确的创新思维意识。

创新思维意识是一种能够主动破除迷信，超越陈规，积极发挥主观能动性，在求新、求变中创造性地提出问题和解决问题的意识。只有充分认识到创新、创新思维、创新思维能力和创新思维意识之间的内在关联，才能分析和解决前进道路上亟待解决的根本性问题。

总的说来，创新就是解决深层次矛盾和问题的根本出路！惟创新者进，惟创新者强，惟创新者胜。要提升创新思维能力首要因素是提升创新思维意识，有意识地培养创新思维能力，使其更加系统化、体系化。新时代大学生群体作为社会主义未来的建设者和接班人，更要不断增强创新思维意识，有效提升创新思维能力。

（二）系统观念与系统思维

系统观念与系统思维既相互联系又彼此区别，在日常学习和生活中要注意区分，不能混为一谈。

系统观念通常指的是在分析和处理问题时，将事物视为一个整体，关注各部分之间的相互联系和相互作用，以及这些相互作用对整体功能和性能的影响。它是一种认识世界和解决问题的基本思想方法，强调从整体的角度出发，考虑长远利益，进行全面的规划和布局。系统观念强调在复杂多变的环境中，要把握事物的内在规律，重视系统性的优化和整体性的提升。

系统思维则是更侧重于思维过程和方法。它是一种综合性的思维方式，要求人们运用系统的观点，分析和理解事物之间的复杂关系，探究事物发展的内在逻辑。系统思维涉及对系统的结构、动态行为，以及系统与环境之间交互作用的理解。这种思维方式不仅限于事物的静态描述，更强调动态变化和对初始条件变化的敏感性，常见于解决动态复杂系统的问题，如生态系统、社会系统等。

习近平总书记在中国共产党第二十次全国代表大会上的报告中指出：必须坚持系统观念。万事万物是相互联系、相互依存的。只有用普遍联系的、全面系统的、发展变化的观点观察事物，才能把握事物发展规律。我国是一个发展中大国，仍处于社会主义初级阶段，正在经历广泛而深刻的社会变革，推进改革发展、调整利益关系往往牵一发而动全身。我们要善于通过历史看现实、透过现象看本质，把握好全局和局部、当前和长远、宏观和微观、主要矛盾和次要矛盾、特殊和一般的关系，不断提高战略思维、历史思维、辩证思维、系统思维、创新思维、法治思维、底线思维能力，为前瞻性思考、全局性谋划、整体性推进党和国家各项事业提供科学思想方法。

总的来说，系统观念是一种宏观的战略层面的思维，强调从整体出发，对事物进行全面、长远的规划与布局；而系统思维则更偏向于一种微观的操作层面的方法论，侧重于分析事物之间的内在联系和相互作用，以及在实际操作中如何运用这些思维方法来解决问题。系统观念指导我们看问题要站得高、看得远，系统思维则指导我们在具体操作中如何细致入微地分析和处理问题。两者相辅相成，共同构成了理解和解决复杂问题的思想框架。

四、典型案例

（一）运用马克思主义思想方法和工作方法提高科学思维能力

1. 案例内容：

我们党面对着十分复杂的国内外环境，肩负着繁重的执政使命，如果缺乏科学理论思维的有力支撑，是难以战胜各种风险和困难的，也是难以不断前进的。要提高战略思维、历史思维、辩证思维、创新思维、法治思维、底线思维能力，不断增强工作的科学性、预见性、主动性和创造性。

战略思维能力，就是高瞻远瞩、统揽全局，善于把握事物发展总体趋势和方向的能力。提高战略思维能力，要以小见大、见微知著，站在时代前沿和战略全局的高度观察、思考和处理问题，从政治上认识和判断形势，透过纷繁复杂的表面现象把握事物的本质和发展的内在规律，在解决突出问题中实现战略突破，在把握战略全局中推进各项工作。

历史思维能力，就是知古鉴今，善于运用历史眼光认识发展规律、把握前进方向、指导现实工作的能力。我们党一贯重视学习和总结历史，一贯重视借鉴和运用历史经验。提高历史思维能力，要加强对历史的学习，深刻把握历史规律、认清历史趋势、总结历史经验、牢记历史教训，在对历史的深入思考中做好现实工作、更好走向未来。

辩证思维能力，就是承认矛盾、分析矛盾、解决矛盾，善于抓住关键、找准重点、洞察事物发展规律的能力。提高辩证思维能力，要求我们客观地而不是主观地、发展地而不是静止地、全面地而不是片面地、系统地而不是零散地、普遍联系地而不是孤立地观察事物、分析问题、解决问题。要正确分析矛盾，在对立中把握统一、在统一中把握对立，克服极端化、片面化，善于运用辩证思维谋划经济社会发展。

创新思维能力，就是破除迷信、超越陈规，善于因时制宜、知难而进、开拓创新的能力。"明者因时而变，知者随事而制。"提高创新思维能力，要求人们从根本上打破迷信经验、迷信本本、迷信权威的惯性思维，破除因循守旧、思想僵化、形式主义和无所作为，以敢为人先的锐气，勇于开拓新的方向，在把握事物发展客观规律的基础上实现变革和创新。

法治思维能力，就是增强尊法学法守法用法意识，善于运用法治方式治国理政的能力。提高法治思维能力，要求增强法治观念，尊崇和遵守宪法法律，做到在法治之下，而不是法治之外、更不是法治之上想问题、作决策、办事情，自觉在法治轨道上运用法治思维和法治方式深化改革、推动发展、化解矛盾、维护稳定。

底线思维能力，就是客观地设定最低目标，立足最低点争取最大期望值的能力。提高底线思维能力，要求善于运用底线思维的方法，居安思危、未雨绸缪，凡事从最坏处着眼、向最好处努力，打有准备、有把握之仗，牢牢把握工作主动权，着力防范化解重大风险。习近平总书记强调：各种风险我们都要防控，但重点要防控那些可能迟滞或中断中华民族伟大复兴进程的全局性风险，这是我一直强调底线思维的根本含义。

2. 讨论题：

（1）"战略思维、历史思维、辩证思维、创新思维、法治思维、底线思维能力"之间有什么内在联系？

（2）你认为自己最擅长的思维形式和最缺少的思维形式是什么？试着用六维思维能力图，画一画自己的思维能力图。

3. 案例点评：

思想是行动的先导。习近平总书记十分重视思维方式，反复强调要树立辩证思维、战略思维、历史思维、底线思维、创新思维、法治思维等思维方式。恩格斯指出："一个民族要想站在科学的最高峰，就一刻也不能没有理论思维。"习近平总书记特别强调要用科学理论思维去观察、思考、分析问题，始终坚持提高科学思维能力，将科学的方法论与丰富的思想方法和工作方法相结合。

正如恩格斯指出："马克思的整个世界观不是教义，而是方法。它提供的不是现成的教条，而是进一步研究的出发点和供这种研究使用的方法。"在马克思主义世界观和方法论中，唯物辩证法是其核心内容，为人们认识世界和改造世界提供了根本方法。党的十八大以来，习近平总书记主持中央政治局集体学习，其中三次专题学习辩证唯物主义、历史唯物主义和马克思主义政治经济学，既学习基本原理，也学习方法论。这些重要论述的内涵非常深刻，给我们以重要的方法论指引。

新时代大学生要认真学习马克思主义的基本立场、基本观点和基本方法。充分运用马克思主义认识世界和改造世界的方法，不断提升自身科学思维能力。

4. 使用说明：

（1）本案例的教学目的和用途

本案例的教学目的是：通过介绍习近平总书记对于思维方法的重要论述，思维能力是新时代青年需要具备的重要能力和底层思维，引导学生有意识地关注社会现实生活，将理论与社会生活实际相结合，将理论与自身实际相结合。

本案例的用途是：可用于第一章第三节关于"学习唯物辩证法，不断增强思维能力"部分的辅助学习，或者用于拓展知识阅读。

（2）本案例的结构及其分析思路的建议

本案例可以从三个部分展开：

第一部分，引导学生思考，习近平总书记在不同时间、地点，面对不同对象和问题的表述方式有何不同？

第二部分，引导学生通过资料搜索和文献阅读等方式，查找习近平总书记关于"系统性思维"的重要论述，并展开交流和讨论。

第三部分，引导学生思考，习近平总书记关于"辩证唯物主义"和"唯物辩证法"的重要论述，通过习近平总书记的突出强调，引导学生正确认识辩证唯物主义作为世界观和方法论的统一，同时积极主动掌握这一根本方法。

小　结

唯物辩证法是认识世界和改造世界的根本方法，是马克思主义世界观和方法论的核心内容，为人们认识世界和改造世界提供了根本方法。马克思主义从来不提供现成的教条和一劳永逸的解决方案，而是提供分析问题的工具和解决问题的方法。

辩证思维方法是人们正确进行理性思维的方法，是现代科学思维方法的基础和原则，要善于将辩证思维方法与现代科学思维方法有机结合。将马克思主义理论与社会发展实践问题紧密结合，不断提升和发展自身辩证思维能力、历史思维能力、系统思维能力、战略思维能力、底线思维能力和创新思维能力。

第二章 实践与认识及其发展规律

学习目标

学习马克思主义的实践观、认识论和价值论的基本观点，掌握实践、认识、真理、价值的本质及其相互关系，树立实践第一的观点，确立正确的价值观，在改造客观世界的同时改造主观世界，努力实现理论创新和实践创新的良性互动。

学习要点

○科学实践观及其意义

○实践的本质与基本结构

○认识的本质和发展规律

○真理的客观性、绝对性和相对性

○真理与价值的辩证统一

○认识论与思想路线

○实现理论创新和实践创新良性互动

前面我们已经学习了世界的存在及演化发展规律，知道世界是统一于物质的，我们的意识是以物质为基础而产生的，意识由物质而来并独立于物质。物质和意识是辩证统一的，物质决定意识，意识反作用物质。物质和意识的关系就是人与世界的关系：认识世界和改造世界。人在改造世界的过程中形成、改造着自己的认识，使得人自己的历史与自然史统一在一起，这个过程就是人类的实践和认识二者统一发展的过程。从现在起，我们一起来学习实践与认识及其发展规律，通过掌握规律实现实践与认识的不断创新。

知识坐标

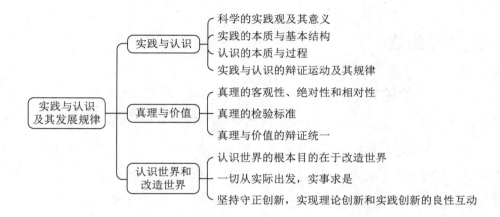

第一节 实践与认识

一、经典阅读

（一）科学的实践观

从前的一切唯物主义——包括费尔巴哈的唯物主义——的主要缺点是：对对象、现实、感性，只是从客体的或者直观的形式去理解，而不是把它们当做人的感性活动，当做实践去理解，不是从主体方面去理解。因此，和唯物主义相反，唯心主义却把能动的方面抽象地发展了，当然，唯心主义是不知道现实的、感性的活动本身的。费尔巴哈想要研究跟思想、客体确实不同的感性客体，但是他没有把人的活动本身理解为对象性的［gegenständliche］活动。

> 马克思：《关于费尔巴哈的提纲》（1845 年春），
>
> 《马克思恩格斯选集》第 1 卷，
>
> 人民出版社 2012 年版，第 133 页。

人们用以生产自己的生活资料的方式，首先取决于他们已有的和需要再生产的生活资料本身的特性。这种生产方式不应当只从它是个人肉体存在的再生产这方面加以考察。更确切地说，它是这些个人的一定的活动方式，是他们表现自己生命的一定方式、他们的一定生活方式。个人怎样表现自己的生命，他们自己就是怎样。因此，他们是什么样的，这同他们的生产是一致的——既和他们生产什么一致，又和他们怎样生产一致。因而，个人是什么样的，这取决于他们进行生产的物质条件。

> 马克思、恩格斯《德意志意识形态》
>
> （1845 年秋—1846 年 5 月），
>
> 《马克思恩格斯文集》第 1 卷，
>
> 人民出版社 2009 年版，第 519—520 页。

　　马克思以前的唯物论，离开人的社会性，离开人的历史发展，去观察认识问题，因此不能了解认识对社会实践的依赖关系，即认识对生产和阶级斗争的依赖关系。

　　首先，马克思主义者认为人类的生产活动是最基本的实践活动，是决定其他一切活动的东西。

毛泽东：《实践论》（1937 年 7 月），

《毛泽东选集》第 1 卷，

人民出版社 1991 年版，第 282 页。

（二）实践对认识的决定性作用

　　全部社会生活在本质上是实践的。凡是把理论引向神秘主义的神秘东西，都能在人的实践中以及对这种实践的理解中得到合理的解决。

马克思：《关于费尔巴哈的提纲》（1845 年春），

《马克思恩格斯选集》第 1 卷，

人民出版社 2012 年版，第 135—136 页。

　　生活、实践的观点，应该是认识论的首要的和基本的观点。这种观点必然会导致唯物主义，而把教授的经院哲学的无数臆说一脚踢开。当然，在这里不要忘记：实践标准实质上决不能完全地证实或驳倒人类的任何表象。这个标准也是这样的"不确定"，以便不让人的知识变成"绝对"，同时它又是这样的确定，以便同唯心主义和不可知论的一切变种进行无情的斗争。

列宁：《唯物主义和经验批判主义》

（1908 年 2—10 月），《列宁选集》第 2 卷，

人民出版社 2012 年版，第 103 页。

　　人的正确思想是从哪里来的？是从天上掉下来的吗？不是。是自己头脑里固有的吗？不是。人的正确思想，只能从社会实践中来，只能从社会的生产斗争、阶级斗争和科学实验这三项实践中来。人们的社会存在，决定人们的思想。而代表先进

阶级的正确思想，一旦被群众掌握，就会变成改造社会、改造世界的物质力量。

毛泽东:《人的正确思想是从哪里来的？》

（1963 年 5 月），《毛泽东文集》第 8 卷，

人民出版社 1999 年版，第 320 页。

"认识工具"当中要包括镢头、机器等等。人的认识来源于实践。我们用镢头、机器等等改造世界，我们的认识就深入了。工具是人的感官的延长，如镢头是手臂的延长，望远镜是眼睛的延长，身体五官都可以延长。

毛泽东:《关于人的认识问题》

（1964 年 8 月 24 日），《毛泽东文集》第 8 卷，

人民出版社 1999 年版，第 390 页。

学习掌握认识和实践辩证关系的原理，坚持实践第一的观点，不断推进实践基础上的理论创新。实践观点是马克思主义哲学的核心观点。实践决定认识，是认识的源泉和动力，也是认识的目的和归宿。认识对实践具有反作用，正确的认识推动正确的实践，错误的认识导致错误的实践。我国古人关于知行合一的论述，强调的也是认识和实践的关系。如荀子的"不闻不若闻之，闻之不若见之，见之不若知之，知之不若行之"；西汉刘向的"耳闻之不如目见之，目见之不如足践之，足践之不如手辨之"；宋代陆游的"纸上得来终觉浅，绝知此事要躬行"；明代王夫之的"知行相资以为用"，等等。我们推进各项工作，根本的还是要靠实践出真知。

习近平:《辩证唯物主义是中国共产党人的世界观和方法论》

（习近平总书记 2015 年 1 月 23 日

在十八届中央政治局第二十次集体学习时的讲话）

2019 年第 1 期《求是》第 8 页。

（三）实践与认识的辩证运动及其规律

一方面，人的思维的性质必然被看做是绝对的，另一方面，人的思维又是在完全有限地思维着的个人中实现的。这个矛盾只有在无限的前进过程中，在至少对我

们来说实际上是无止境的人类世代更迭中才能得到解决。从这个意义来说，人的思维是至上的，同样又是不至上的，它的认识能力是无限的，同样又是有限的。按它的本性、使命、可能和历史的终极目的来说，是至上的和无限的；按它的个别实现情况和每次的现实来说，又是不至上的和有限的。

恩格斯：《反杜林论》

（1876 年 9 月—1878 年 6 月），

《马克思恩格斯文集》第 9 卷，

人民出版社 2009 年版，第 92 页。

从历史的观点来看，这件事也许有某种意义：我们只能在我们时代的条件下去认识，而且这些条件达到什么程度，我们就认识到什么程度。

恩格斯：《自然辩证法》（1873—1882 年），

《马克思恩格斯文集》第 9 卷，

人民出版社 2009 年版，第 494 页。

无产阶级认识世界的目的，只是为了改造世界，此外再无别的目的。一个正确的认识，往往需要经过由物质到精神，由精神到物质，即由实践到认识，由认识到实践这样多次的反复，才能够完成。这就是马克思主义的认识论，就是辩证唯物主义的认识论。现在我们的同志中，有很多人还不懂得这个认识论的道理，问他的思想、意见、政策、方法、计划、结论、滔滔不绝的演说、大块的文章，是从哪里得来的，他觉得是个怪问题，回答不出来。对于物质可以变成精神，精神可以变成物质这样日常生活中常见的飞跃现象，也觉得不可理解。

毛泽东：《人的正确思想是从哪里来的？》

（1963 年 5 月），《毛泽东文集》第 8 卷，

人民出版社 1999 年版，第 321 页。

实践没有止境，理论创新也没有止境。要使党和人民事业不停顿，首先理论上不能停顿。我们要根据时代变化和实践发展，不断深化认识，不断总结经验，不断

进行理论创新，坚持理论指导和实践探索辩证统一，实现理论创新和实践创新良性
互动，在这种统一和互动中发展 21 世纪中国的马克思主义。

习近平:《辩证唯物主义是中国共产党人的世界观和方法论》

（习近平总书记 2015 年 1 月 23 日

在十八届中央政治局第二十次集体学习时的讲话）

2019 年第 1 期《求是》第 8 页。

二、内容精要

实践与认识

实践是人类能动地改造世界的社会性的物质活动，是人类生存和发展最基本的
活动，是人类社会生活的本质，是人的认识产生和发展的基础，也是真理与价值统
一的基础。认识的本质是主体在实践基础上对客体的能动反映。

	实践		认识		
本质	人类能动地改造世界的社会性的物质活动		主体在实践基础上对客体的能动反映		
基本特征	客观实在性		反映性 / 摹写性		
	自觉能动性		能动性 / 创造性		
	社会历史性				
基本结构	主体	具有一定主体能力、从事现实社会实践活动的人			
	中介	实践活动所指向的对象			
	客体	各种形式的工具、手段以及运用、操作这些工具、手段的程序和方法			
形式	物质生产实践		感性认识		理性认识
	社会政治实践		感觉｜知觉｜表象		概念｜判断｜推理
	科学文化实践				
辩证关系	实践决定认识	实践是认识的来源			认识指导实践
		实践是认识发展的动力			
		实践是认识的目的			
		实践是检验认识真理性的唯一标准			
意义	从实践到认识，再从认识到实践，实现了人们认识具体事物的辩证运动过程。认识是一个反复循环和无限发展的过程。这个过程既是认识在实践基础上沿着科学性方向不断深化发展的过程，也是实践在认识的指导下沿着合理性方向不断深入推进的过程。这个过程既不是封闭式的循环，也不是直线式的发展，往往充满了曲折以致反复，因而是个波浪式前进和螺旋式上升的过程。 反对一切离开具体历史的"左"或"右"的错误思想。				

三、难点释惑

（一）如何用马克思主义认识论来看待中国传统哲学的知行观？

马克思主义认为人的认识来源于实践，并在实践中进行检验。认识是从实践中来到实践中去的没有止境的发展过程。

在认识从哪里来的问题上，中国古代先贤们也进行了探讨，形成了不同的"知行观"，有的认为"知"在"行"先，有的认为"行"在"知"先，有的认为"知行合一"。因此，中国古代哲学中的认识论就是各种知行观，概括为"行先知后说""知先行后说"和"知行合一说"三种基本观点。下面我们举一些典型的例子来了解一下。

宋代理学家朱熹主张"知先行后"，并坚持"知行相统一"，指出"知行常相须，如目无足不行，足无目不见"。心学派代表人物陆九渊、王阳明则主张"知行合一"，比如王阳明就指出"知之真切笃实处即是行，行之明觉精察处即是知"（《答顾东桥书》）。

以王夫之为代表的哲学家主张"行先知后"。他认为"行可兼知，而知不可兼行"，批判了朱熹的"知先行后"和陆九渊、王阳明的"知行合一"论，指出朱熹的观点把人引到脱离实际之处，使人难辨真伪对错，陆、王的观点"以不行为行"，同样把人局限于主观知见之中。王夫之的"行先知后"观与马克思主义认识论较为契合。

我们在坚持马克思主义实践观和认识论的同时，也要批判地继承中国传统文化。

（二）如何正确辨析不同哲学流派关于认识本质的观点？

在认识的本质问题上，不同哲学流派有不同观点。马克思主义坚持认识的本质是主体在实践基础上对客体的能动反映，这是辩证唯物主义认识论的科学回答。

唯心主义的认识论认为人的认识是先天存在、主观自生或由某种外在之物产生的。其缺陷在于，只从主观出发，忽略了客观，以致这种认识不可检验，不知其真假对错。主观唯心主义只从自身出发，譬如笛卡尔的"我思"，王阳明的"良知"；客观唯心主义提出某种外在之物，譬如柏拉图的"理念"、黑格尔的"绝对精神"、各种宗教提出的各种创世主等之类，都属于不可检验之物，把其作为认识来源，会使认识没有客观的基础和检验标准。

形而上学唯物主义的认识论则走向另一个极端，只从客观出发，忽略了人的主观能动性，认为人是消极地、被动地反映客观对象，没有看到实践在认识中的决定作用，也没有看到认识的辩证运动规律。由此出发，就会推出以下结论：不会形成错误认识；人人认识一致；认识可以一次完成；认识可以终结等。这些与现实不符，明显是错误的。

唯心主义的认识论和形而上学唯物主义的认识论走了两个极端，都割裂了主观和客观之间的联系，既忽视了实践的作用，也没有坚持辩证法。因此，在实践活动中，唯心主义认识论会犯主观主义、唯理论、本本主义、教条主义的错误；形而上学唯物主义会犯经验主义、机械主义的错误。

马克思主义克服了唯心主义先验论和形而上学唯物主义机械、消极、被动的缺陷，既坚持了实践的决定作用，又坚持了辩证法，因此是科学的认识论。

四、典型案例

（一）科学是怎样产生的？

1. 案例内容：

认识的过程，第一步，是开始接触外界事物，属于感觉的阶段。第二步，是综合感觉的材料加以整理和改造，属于概念、判断和推理的阶段。只有感觉的材料十分丰富（不是零碎不全）和合于实际（不是错觉），才能根据这样的材料造出正确的概念和理论来。

如果以为认识可以停顿在低级的感性阶段，以为只有感性认识可靠，而理性认识是靠不住的，这便重复了历史上的"经验论"的错误。这种理论的错误，在于不知道感觉材料固然是客观外界某些真实性的反映（我这里不来说经验只是所谓内省体验的那种唯心的经验论），但它们仅是片面的和表面的东西，这种反映是不完全的，是没有反映事物本质的。要完全地反映整个的事物，反映事物的本质，反映事物的内部规律性，就必须经过思考作用，将丰富的感觉材料加以去粗取精、去伪存真、由此及彼、由表及里的改造制作功夫，造成概念和理论的系统，就必须从感性认识跃进到理性认识。

大家知道，近代自然科学的诞生——即人类的第一次科学革命，是从哥白尼提出"日心说"开始的。当时，支持哥白尼"日心说"的有开普勒和伽利略等人。

开普勒利用第谷·布拉赫留给他的丰富的天文观测资料和自己的数学才能，在长期的理论思维下，提出了"行星运动三定律"，科学地揭示了天体运动的规律，把哥白尼的"日心说"推向了新的阶段。因此开普勒被称为"天空的立法者"。

伽利略则是在怀疑古希腊的亚里士多德力学理论的基础上，进行了系统实验的研究。他利用大家熟知的斜面实验推翻了亚里士多德的落体理论，并提出惯性概念，在此基础上对地上物体运动的规律进行了正确总结。因此，伽利略被称为"近代实验科学之父"。

牛顿则对开普勒的天体运动理论和伽利略的地上物体运动理论进行了综合。大家熟知的故事是，通过观察苹果落地现象提出了"万有引力"概念，并由此推出万有引力理论，完成了第一次自然科学的综合。至此，第一次科学革命完成。

2. 讨论题：

（1）你知道科学理论是如何形成和发展的吗？

（2）以第一次科学革命为例，结合毛泽东的论述，谈谈人的理性认识是如何形成的？

3. 案例点评：

毛泽东对人的认识本质及过程有着极为深刻的认识和系统论述，在他的著作《实践论》中，他分析了感性认识和理性认识的辩证关系，总结出：第一，感性认识需要上升到理性认识，其上升条件为掌握丰富和合乎实际的材料，同时需要正确的思维，即"将丰富的感觉材料加以去粗取精、去伪存真、由此及彼、由表及里的改造制作"；第二，理性认识来源于感性认识；第三，感性认识和理性认识不可以分割，否则就会犯"唯理论"或"经验论"的错误。

以自然科学理论的第一次革命为例，感性认识和理性认识的相互渗透、相互包含和相互促进，使得近代自然科学产生和不断发展。从第一次科学革命的开启到终结，我们看到，正是人类在长期观察和系统实验的基础上，我们才有了对世界的正确认识，才正确打开了科学之门。其中，系统实验的诞生至关重要。当然，如果没有正确的理性思维，只有观察和实验，也无法形成正确的理论。

4. 使用说明：

（1）本案例的教学目的和用途

本案例的教学目的是：通过毛泽东在《实践论》中对感性认识和理性认识辩证关系的论述及科学史上的事例，我们可以更好理解感性认识和理性认识的辩证关系，知道割裂二者就会犯唯心主义的"唯理论"，即"本本主义""教条主义"，或犯唯心主义的"经验论"，即防止实践中错误思想的指导。

本案例的用途是：可用于第二章第一节关于"认识的本质与过程"部分的辅助学习，或者用于拓展知识阅读。

（2）本案例的结构及其分析思路的建议

本案例主要分为两大部分。

第一部分为毛泽东关于感性认识和理性认识辩证关系的论述；第二部分为自然科学上第一次革命的基本过程。二者为理论和实际的辩证关系。第二部分为第一部分提供了真实材料；第一部分为第二部分的抽象概括。

第一部分主要把毛泽东关于认识部分的论述和教材结合，充分认识教材部分内容主要来源于毛泽东对马克思主义认识论的系统总结，加深对感性认识和理性认识辩证关系的理解。

第二部分主要通过对近代自然科学产生和发展的过程，感受在科学发展过程中，观察和系统实验（人类重要的实践方式之一）形成的科学事实（感性认识和理性认识相互渗透）和科学理论（理性认识）之间的关系，知道在形成科学理论的过程中，逻辑思维（感性认识上升到理性认识的思维）的重要性。

通过把这两部分材料结合，我们可以进一步理解马克思主义基本原理的科学性，理解哲学和科学之间的辩证关系。

（二）光到底是什么？

1. 案例内容：

光的本质——粒子还是波？

光到底是什么？对光本质的认识，人类经历了一个漫长而又曲折的发展过程。

春秋战国时期，墨家就指出"光之入，照若射"，知道光是沿直线传播的。人们很早已经认识到光会直进，遇到镜面会发生反射，进入水中会发生折射等，这些现象让人们不禁思考：光是什么呢？

17世纪，牛顿提出了光的"微粒说"，认为光线是由从光源发射出来的大量弹性小球组成的，是按力学定律以一定速度在真空或介质内高速直线飞行的微粒流。同期，也有荷兰物理学家惠更斯提出光是波的运动的"波动说"。惠更斯把光和声波、水波进行类比，认为光是在某种特殊的弹性媒介中传播的机械波动。光到底是粒子还是波，在自然科学内部产生了争论。因为当时牛顿在科学界的崇高声誉及当时科学实验的不足，"微粒说"一度占了上风。

19世纪初，美国科学家托马斯·扬做了光的干涉实验，出现双缝干涉现象。托马斯·扬和菲涅耳等科学家重新解释了光的传播、干涉、衍射等光学现象，光的"波动说"重新兴起。"微粒说"和"波动说"重燃战火。

19世纪60年代，麦克斯韦在当时电磁实验的基础上，提出了电磁场理论，揭示出光是一种电磁现象，光波是一种电磁波，进一步支持了"波动说"。这时，"微粒说"被科学家们放弃了。

到19世纪末20世纪初，新的科学实验又与"波动说"产生了矛盾，如1887年赫兹发现的光电效应等实验现象。1905年，爱因斯坦在解释光电效应时提出了"光量子理论"，指出光既是粒子又是波，既是连续的又是不连续的。至此，关于光本质的"微粒说"和"波动说"的争论才落下帷幕，二者握手言和，统一在了一起。光的"波粒二象性"正确地揭示了光的本质，揭示出自然界本身的矛盾性。

［材料来源：根据吴国盛《科学的历程》（北京大学出版社，2009年版）中的内容进行改编。］

理论的东西之是否符合于客观真理性这个问题，在前面说的由感性到理性之认识运动中是没有完全解决的，也不能完全解决的。要完全地解决这个问题，只有把理性的认识再回到社会实践中去，应用理论于实践，看它是否能够达到预想的目的。许多自然科学理论之所以被称为真理，不但在于自然科学家们创立这些学说的时候，而且在于为尔后的科学实践所证实的时候。

一般地说来，不论在变革自然或变革社会的实践中，人们原定的思想、理论、计划、方案，毫无改变地实现出来的事，是很少的。这是因为从事变革现实的人们，常常受着许多条件的限制，不但常常受着科学条件和技术条件的限制，而且也受着客观过程的发展及其表现程度的限制（客观过程的方面及本质尚未充分暴露）。在这种情形之下，由于实践中发现前所未料的情况，因而部分地改变思想、理论、计划、方案的事是常有的，全部地改变的事也是有的，原定的思想、理论、计划、方案，部分地或全部地不合于实际，部分错了或全部错了的事，都是有的。许多时候须反复失败过多次，才能纠正错误的认识，才能达到与客观过程的规律性相符合，因而才能够变主观的东西为客观的东西，即在实践中得到预想的结果。但是不管怎样，到了这种时候，人们对于在某一发展阶段内的某一客观过程的认识运动，算是完成了。

然而对于过程的推移而言，人们的认识运动是没有完成的。任何过程，不论是属于自然界的和属于社会的，由于内部的矛盾和斗争，都是向前推移、向前发展的，人们的认识运动也应跟着推移和发展。

2. 讨论题：

（1）人类对光本质的认识过程反映了人类认识的什么规律？

（2）人可以完全认识这个世界吗？为什么？

3. 案例点评：

人类对整个世界或世界中任何一种事物的认识都是一个曲折反复的过程，都需要经历从实践到认识，再从认识到实践，在实践检验下修正认识的过程，这是一个没有止境的过程，符合否定之否定规律。自然科学史上对光本质认识的这段曲折经历即是典型事例，这样的事例在科学史上还有很多。

毛泽东在《实践论》中对人的认识规律进行了系统总结，指出人的认识从实践中来，回到实践中去，没有止境。对特定的认识对象来讲，人的认识过程既可以完成，又不能完成。说它可以完成，指的是"在某一发展阶段内"可以完成；说不能完成，指的是"对于过程的推移而言""人们的认识运动也应跟着推移和发展"。

4. 使用说明：

（1）本案例的教学目的和用途

本案例的教学目的是：通过毛泽东在《实践论》中对认识规律的总结论述及科学史上的事例，我们可以更好理解实践和认识的辩证关系，理解认识的总规律，知道人的认识需要不断经受实践的检验，是在实践中不断得到发展的，这是一个没有止境的过程。通过把哲学上的认识论和科学史上的事例相结合，我们可以更好理解认识的规律，同时更深刻体会马克思主义基本原理的科学性。

本案例的用途是：可用于第二章第一节关于"实践与认识的辩证运动及其规律"部分的辅助学习，或者用于拓展知识阅读。

（2）本案例的结构及其分析思路的建议

本案例主要分为两大部分。

第一部分为自然科学史案例——光本质的认识过程；第二部分为毛泽东对认识规律的论述。二者为史实和理论的辩证关系。第一部分为第二部分提供了真实材料；第二部分为第一部分的抽象概括。

第一部分主要通过科学实例来理解认识的曲折过程，知道科学实验（人类主要实践方式之一）在科学理论形成过程中的重要作用，同时理解人类认识的无止境过程。

第二部分主要对比教材和毛泽东关于认识规律的总结，从而理解哲学上对实践和认识关系的总结，理解认识从实践中来，到实践中去，这个认识规律是我党群众路线的理论基础。

通过把这两部分材料相结合，我们可以进一步理解马克思主义基本原理的科学性，理解哲学和科学之间的辩证关系。

小　结

通过本节的学习，我们已经掌握了实践的本质、认识的本质、认识的过程及规律、实践和认识的辩证关系，掌握了认识世界的正确方法，接下来我们还要进一步学习如何正确地改造世界，请继续第二节的学习。

第二节　真理与价值

一、经典阅读

（一）真理的客观性、绝对性和相对性

真理和谬误，正如一切在两极对立中运动的逻辑范畴一样，只是在非常有限的领域内才具有绝对的意义……如果我们企图在这一领域之外把这种对立当做绝对有效的东西来应用，那我们就会完全遭到失败；对立的两极都向自己的对立面转化，真理变成谬误，谬误变成真理。

恩格斯:《反杜林论》

（1876 年 9 月—1878 年 6 月），

《马克思恩格斯文集》第 9 卷，

人民出版社 2009 年版，第 96 页。

从现代唯物主义即马克思主义的观点来看，我们的知识向客观的、绝对的真理接近的界限是受历史条件制约的，但是这个真理的存在是无条件的，我们向这个真理的接近也是无条件的。……一句话，任何意识形态都是受历史条件制约的，可是，任何科学的意识形态（例如不同于宗教的意识形态）都和客观真理、绝对自然相符合，这是无条件的。

列宁:《唯物主义和经验批判主义》

（1908 年 2—10 月），《列宁选集》第 2 卷，

人民出版社 2012 年版，第 96 页。

波格丹诺夫在同一个地方说，"永恒真理"就是"具有绝对意义的客观真理"，他只同意承认"仅仅在某一时代范围内的客观真理"。

在这里显然是把下面两个问题搞混了：（1）有没有客观真理？就是说，在人的

表象中能否有不依赖于主体、不依赖于人、不依赖于人类的内容?(2)如果有客观真理,那么表现真理的人的表象能否立即地、完全地、无条件地、绝对地表现它,或者只能近似地、相对地表现它?这第二个问题是关于绝对真理和相对真理的相互关系问题。

列宁:《唯物主义和经验批判主义》

(1908 年 2—10 月),《列宁选集》第 2 卷,

人民出版社 2012 年版,第 81—82 页。

所谓认识客观真理,即是人在实践中,反映客观外界的现象和本质,经过渐变和突变,成为尚未经过考验的主观真理。要认识这一过程中所得到的主观真理是不是真正反映了客观真理(即规律性),还得回到实践中去,看是不是行得通。

毛泽东:《学习马克思主义的认识论和辩证法》

(1964 年 10 月 18 日),《毛泽东文集》第 8 卷,

人民出版社 1999 年版,第 324—325 页。

(二)实践是检验真理的唯一标准

人的思维是否具有客观的[gegenstndliche]真理性,这不是一个理论的问题,而是一个实践的问题。人应该在实践中证明自己思维的真理性,即自己思维的现实性和力量,自己思维的此岸性。关于离开实践的思维的现实性或非现实性的争论,是一个纯粹经院哲学的问题。

马克思:《关于费尔巴哈的提纲》(1845 年春),

《马克思恩格斯选集》第 1 卷,

人民出版社 2012 年版,第 137—138 页。

实践标准实质上决不能完全地证实或驳倒人类的任何表象。这个标准也是这样的"不确定",以便不让人的知识变成"绝对",同时它又是这样的确定,以便同唯心主义和不可知论的一切变种进行无情的斗争。如果我们的实践所证实的是唯一的、最终的、客观的真理,那么,因此就得承认:坚持唯物主义观点的科学的道路

是走向这种真理的唯一的道路。

列宁:《唯物主义和经验批判主义》

（1908 年 2—10 月），《列宁选集》第 2 卷，

人民出版社 2012 年版，第 103 页。

实践标准在马赫和马克思那里有着完全不同的意义。……人的认识反映绝对真理，人类的实践检验我们的表象，确证其中与绝对真理相符合的东西。

列宁:《唯物主义和经验批判主义》

（1908 年 2—10 月），《列宁选集》第 2 卷，

人民出版社 2012 年版，第 81 页。

人以自己的实践证明自己的观念、概念、知识、科学的客观正确性。

列宁:《黑格尔〈逻辑学〉一书摘要》

（1914 年 9—12 月），《列宁全集》第 2 版，

第 55 卷，人民出版社 1990 年版，第 161 页。

我们应该大力弘扬和平、发展、公平、正义、民主、自由的全人类共同价值，共同为建设一个更加美好的世界提供正确理念指引。和平与发展是我们的共同事业，公平正义是我们的共同理想，民主自由是我们的共同追求。世界是丰富多彩的，多样性是人类文明的魅力所在，更是世界发展的活力和动力之源。"非尽百家之美，不能成一人之奇"。文明没有高下、优劣之分，只有特色、地域之别，只有在交流中才能融合，在融合中才能进步。一个国家走的道路行不行，关键要看是否符合本国国情，是否顺应时代发展潮流，能否带来经济发展、社会进步、民生改善、社会稳定，能否得到人民支持和拥护，能否为人类进步事业做出贡献。

习近平:《在中华人民共和国恢复联合国合法席位五十周年纪念会议上的讲话》

（2021 年 10 月 25 日），

《习近平谈治国理政》第 4 卷，外文出版社 2022 年版，第 475 页。

二、内容精要

真理与价值的辩证统一

为了满足自身生存和发展的需要，人们必须通过实践改造世界。在这一过程中，不仅存在主观符合客观的真理问题，而且存在按照主体的需要认识世界和改造世界的价值问题，因此人们的实践活动总是受着真理尺度和价值尺度的制约。实践的真理尺度是指在实践中人们必须遵循正确反映客观事物本质和规律的真理。只有按照真理办事，才能在实践中取得成功。实践的价值尺度是指在实践中人们都是按照自己的尺度和需要去认识世界和改造世界。这一尺度体现了人的活动的目的性。

	真　　理	价　　值			
本　质	标志主观与客观相符合的哲学范畴，是对客观事物及规律的正确反映。	在实践基础上形成的主体和客体之间的意义关系，是客体对个人、群体乃至整个社会的生活和活动所具有的积极意义。			
基本特性	客观性 / 一元性	主体性	客观性	多维性	社会历史性
	绝对性和相对性的统一				
关　系	真理尺度 / 合规律性	价值尺度 / 合目的性			
	价值尺度以真理为前提	人类自身需要的内在尺度推动人们不断发现新的真理			
	真理尺度和价值尺度的统一是具体的、历史的，会随着实践的发展而不断发展到更高级的程度，真理由相对向绝对转化，人的需要和利益日益多元。				
意　义	新时代中国特色社会主义的伟大实践，充分体现了真理尺度与价值尺度的辩证统一。习近平总书记指出："中国共产党人的理想信念，建立在马克思主义科学真理的基础之上，建立在马克思主义揭示的人类社会发展规律的基础之上，建立在为最广大人民谋利益的崇高价值的基础之上。我们坚定，是因为我们追求的是真理。我们坚定，是因为我们遵循的是规律。我们坚定，是因为我们代表的是最广大人民根本利益。"				

三、难点释惑

（一）如何理解真理的客观性？

马克思主义哲学认为，真理是对客观事物及其规律的正确反映，真理具有客观性，真理都是客观真理、一元真理。然而在现实生活中，人们的认识却是多样的，甚至对同一个对象的认识也是多种多样的，并且这多种多样的认识有许多都是正确的。我们该如何理解真理是客观的、一元的，而认识又是多元的呢？

首先，我们要反对主观真理论，这是唯心主义的真理观。如果我们坚持主观真理论，在对事物的认识上就失去了判断的标准，就没有了认识统一的可能性，即不能坚持一元真理，会承认多元真理。多元真理意味着在全体人类的实践中失去了指导标准，从而使人类社会实践活动陷入无秩序状态。

其次，在人类对客观对象进行认识的过程中，的确存在着多种多样正确的认识，即"仁者见仁智者见智"的情形，但这并不意味着有多元真理，更不意味着真理是主观的。"见仁见智"是指人们对同一个对象进行认识时从不同的维度、深度、广度进行认识的结果，是指认识条件不同、认识结果不同。如果对同一个认识对象在同样的条件下进行认识，形成的正确性认识只能有一个，而不会是多个。同时，我们还要明确真理表现形式是主观的，是多元化的。

马克思主义的客观真理既坚持真理内容和检验标准的客观，同时承认真理形式的主观；既坚持一元真理，又尊重认识的多元性；既坚持了唯物的立场，又体现了辩证法，是科学的真理观。

（二）如何理解逻辑证明在检验真理中的辅助作用？

实践是检验真理的唯一标准，这是大家都非常熟悉的马克思主义认识论的一个基本原理。很多同学在坚持实践检验真理时，往往忽略了逻辑证明在检验真理中的重要补充作用。在现实的实践活动中，人们往往要么忽视了实践检验，犯唯心主义、教条主义、本本主义的错误；要么忽视了逻辑证明，犯经验主义的错误。

首先，在真理的标准问题上，既不能用理论检验理论，也不能用人的主观认识检验理论，只有能够把主观认识和客观事物进行联系和沟通的实践活动才能够充当检验真理的标准。

其次，坚持实践是检验真理的"唯一"标准的同时，并不意味着仅只靠实践就能完成检验真理的任务。离开了人的理性思维，离开了逻辑证明，我们也没有办法正确认识实践活动的结果，甚至不能正确地从事实践活动。

今天，人类实践活动的科学技术化程度越来越高，从事科学技术研究的实践活动离开了逻辑思维的运用完全无法进行。科学假说和一些技术原理首先需要通过逻辑推理来获得，然后才能进行实验（实践）检验。

逻辑证明在人们探索真理的过程中起到了重要作用，它使实践检验由特殊、个别上升到普遍、一般，推动了实践的发展；逻辑证明还为实践提供了理论依据，减少了实践的盲目性；实践检验正确的理论，须以逻辑证明为补充，做到理论体系的逻辑自洽。

总之，实践检验和逻辑证明缺一不可，二者必须相辅相成，有机统一，这样才能获得正确的认识——真理。

（三）世界到底是可知的还是不可知的？

在世界到底是可知的还是不可知的这个问题上，经常有同学这样问，如果是可知的，那是不是随着科学的发展，终有一天我们可以掌握世界的全部奥秘？如果我们永远都在接近对世界的认识，而不能达到对世界的全部认识，又为什么坚持世界可知，坚持可知论？

要正确地坚持马克思主义的可知论，需要坚持辩证法。马克思主义的立场、观点、方法是统一在一起的，不能把本体论、认识论和方法论割裂开来思考问题。

以上同学们的提问就在于不自觉地运用了形而上学的思维来思考问题。在马克思主义的认识论上，必须坚持辩证法。只有坚持了辩证法，才能正确地坚持可知论。

马克思主义坚持世界可知，不是指对全部世界的终极可知，不是指人的认识会在某个时间点终结，这是形而上学的认识论。马克思主义的可知论是指在实践的基础上，我们可以对世界当下展现在我们面前的规律进行把握。客观世界是不断发展的，我们的实践也是在不断发展的，认识也是不断发展的，不存在一个终结点。

正如恩格斯讲到的："一方面，要毫无遗漏地从所有的联系中去认识世界体系；另一方面，无论是从人们的本性或世界体系的本性来说，这个任务是永远不能完全解决的。"①

如果说，在世界的可知和不可知间有一个界限的话，那这个界限就是实践，实践到哪里，我们的认识就到哪里；认识未到的地方，有待实践去探索。

---

① 恩格斯：《反杜林论》(1876年9月—1878年6月)，《马克思恩格斯文集》第9卷，人民出版社2009年版，第40页。

四、典型案例

（一）中国社会的实践

1. 案例内容：

材料一

这是 1978 年 5 月，一篇名为《实践是检验真理的唯一标准》的特约评论员文章在《光明日报》一版刊发，掀起了席卷中国的真理标准大讨论，成为那支撬动改革开放的哲学杠杆。

这场讨论，成为拨乱反正、改革开放的哲学宣言，不但为十一届三中全会的召开凝聚了思想共识，而且确立了中国改革进程的理论原则和思维模式。

这场讨论，推动了马克思主义中国化的进一步深入，既成为改革开放的前奏，也成为中国特色社会主义的前奏，使中国在道路探索上实现了理论创新与实践检验的良性互动。

这场讨论，成为中国社会思想现代化的重要一环。解放思想的力量、实事求是的精神，强有力地推动着中国由传统型社会向现代型社会演进，从封闭型社会向开放型社会过渡。

（材料来源：摘编自《坚定改革开放再出发的信念——纪念〈实践是检验真理的唯一标准〉刊发四十周年》，新华网，2018-05-11，http://www.xinhuanet.com/politics/2018-05/11/c_1122815451.htm）

材料二

实践没有止境，理论创新也没有止境。世界每时每刻都在发生变化，中国也每时每刻都在发生变化，我们必须在理论上跟上时代，不断认识规律，不断推进理论创新、实践创新、制度创新、文化创新以及其他各方面创新。

时代是思想之母，实践是理论之源。只要我们善于聆听时代声音，勇于坚持真理、修正错误，二十一世纪中国的马克思主义一定能够展现出更强大、更有说服力的真理力量！

（材料来源：摘自习近平《决胜全面建成小康社会　夺取新时代中国特色社会主义伟大胜利——在中国共产党第十九次全国代表大会上的报告》，中华人民共和国中央人民政府网，2017-10-27，http://www.gov.cn/zhuanti/2017-10/27/content_5234876.htm）

2. 讨论题：

（1）如何理解"实践是检验真理的唯一标准"？

（2）从实践标准的绝对性与相对性的关系，谈谈你对"实践没有止境，理论创新也没有止境"的认识？

3. 案例点评：

此材料分析题有两问，需要从两个方面来进行回答。

（1）实践作为检验真理的唯一标准，是由真理的本性和实践的特点决定的。真理的本性在于主观和客观相符合，检验真理就是要检验人的主观认识同客观实际是否相符合以及符合的程度。实践的直接现实性的特点，能够使一定的认识变成直接的现实，从而能够检验认识与客观事物之间是否符合。被实践证实了的正确理论和逻辑证明，对于新的认识活动以及探索论证真理具有重要作用，但不能取代实践作为检验真理的标准。

（2）实践是检验真理的唯一标准，具有确定性和绝对性；实践检验真理又受到一定的具体条件的制约，具有不确定性和相对性。实践标准是确定性和不确定性、绝对性和相对性的统一。实践是不断发展、创新的过程，理论随着实践的发展而创新，创新的理论在发展的实践中不断接受检验，理论创新与实践发展是一个永无止境的良性互动过程。

4. 使用说明：

（1）本案例的教学目的和用途

本案例的教学目的是：通过中国社会发展变化的历史过程理解"实践是检验真理的唯一标准"这个马克思主义的观点在我国确立的具体过程及对中国特色社会主义建设的重要意义。同时通过实践标准的绝对性与相对性的关系，掌握实践和理论都是没有止境的发展过程。

本案例的用途是：可用于第二章第二节关于"实践是检验真理的标准"部分的辅助学习，或者用于拓展知识阅读。

（2）本案例的结构及其分析思路的建议

本案例主要分为两部分。

第一部分通过"实践是检验真理的唯一标准"在我国思想界的确立，启发我们思考为什么真理的标准是实践，如果不是实践，会犯什么错误，会产生什么危害。

第二部分通过习近平对实践创新和理论创新关系的论述，帮助我们理解实践检验标准既是确定的，又是不确定的；既是绝对的，又是相对的，这是辩证规律的体现。

通过把这两部分材料相结合，我们可以更深刻理解"实践是检验真理的唯一标准"在实践中的重要意义，在中国特色社会主义建设中的重要作用。

小 结

通过本节的学习，我们已经知道了如何检验人类认识的正确性，知道成功的实践需要正确思想的指导，对同一个认识对象来讲，在同样的认识条件下，正确的认识有且只能有一个，这就是真理的客观性、一元性。真理在条件限制下具有绝对正确性，又会随着条件变化，即随着实践发展而不断发展，这是真理的绝对性和相对性的统一。掌握了这些就掌握了改造世界的方法。认识世界和改造世界是没有止境的，让我们继续学习下一节。

第三节　认识世界和改造世界

一、经典阅读

（一）认识世界的目的在于改造世界

你对于那个问题不能解决吗？那末，你就去调查那个问题的现状和它的历史吧！你完完全全调查明白了，你对那个问题就有解决的办法了。一切结论产生于调查情况的末尾，而不是在它的先头。只有蠢人，才是他一个人，或者邀集一堆人，不作调查，而只是冥思苦索地"想办法"，"打主意"。须知这是一定不能想出什么好办法，打出什么好主意的。换一句话说，他一定要产生错办法和错主意。

毛泽东：《反对本本主义》(1930年5月)，

《毛泽东选集》第1卷，人民出版社1991年版，第110页。

理论的生命力在于不断创新，推动马克思主义不断发展是中国共产党人的神圣职责。我们要坚持用马克思主义观察时代、解读时代、引领时代，用鲜活丰富的当代中国实践来推动马克思主义发展，用宽广视野吸收人类创造的一切优秀文明成果，坚持在改革中守正出新、不断超越自己，在开放中博采众长、不断完善自己，不断深化对共产党执政规律、社会主义建设规律、人类社会发展规律的认识，不断开辟当代中国马克思主义、21世纪马克思主义新境界。

习近平：《不断开辟当代中国马克思主义、二十一世纪马克思主义新境界》

（习近平在纪念马克思诞辰200周年大会上的讲话2018年5月4日），

《习近平谈治国理政》第三卷，外文出版社2020年版，第76页。

二、内容精要

认识世界和改造世界相结合

认识世界和改造世界是人类创造历史的两种基本活动。认识世界，就是主体能动地反映客体，获得关于事物的本质和发展规律的科学知识，探索和掌握真理；改造世界，就是人类按照有利于自己生存和发展的需要，改变事物的现存形式，创造自己的理想世界和生活方式。认识世界和改造世界是相互依赖、相互制约的辩证统一关系。认识世界和改造世界是一个充满矛盾的过程。主观和客观的矛盾是人类认识和实践活动中的基本矛盾，也是人类认识世界和改造世界的根本动力。

三、难点释惑

如何理解从必然走向自由？

必然性即规律性，指的是不依赖于人的意识而存在的自然和社会发展所固有的客观规律。人不能摆脱必然性的制约，只有在认识必然性的基础上才有自由的活动，这就是人的自由的限度，也是自由和必然的辩证规律。

在生活中，我们经常讲自由，不同的人对自由有着不同的理解。在哲学史上，对自由的理解主要有两类：一类是消极的宿命论，抹杀了人的主观能动性，即抹杀了人类自由的可能性；一类是唯意志论，或叫唯我论，否定了客观必然性，即不承认客观规律性。这是两种片面的、极端的哲学观点，前者是形而上学的，后者是唯心主义的，两者归根结底都是唯心主义的。

马克思主义的自由观强调了主客观的结合，坚持了实践和认识的辩证统一，把人对自由的追求也看作是一个没有终结的过程。因为，对客观必然性的认识没有终结，实践的过程没有终结，主客观的统一就始终在不断发展中。所以，人性不是自由，无知不能获得自由。获得自由一是需要在实践基础上把握客观规律，二是利用获得的规律性认识指导实践。随着实践的深入，自由会不断扩大。所以，自由是相对的，不是绝对的。

必然与自由的关系贯穿于人类存在和发展的始终，并成为人类存在和发展的永恒矛盾，因此也是人类存在和发展的永恒动力。

四、典型案例

1. 案例内容：

一百年来，不管形势和任务如何变化，不管遇到什么样的惊涛骇浪，我们党都始终把握历史主动、锚定奋斗目标，沿着正确方向坚定前行。我们党团结带领人民用近 30 年时间完成了新民主主义革命，建立了新中国，中国人民从此站起来了；我们党团结带领人民在社会主义革命和建设的基础上用 40 多年时间进行改革开放，全面建成小康社会取得伟大历史性成就，脱贫攻坚战如期打赢，实现了第一个百年奋斗目标；下一步，到 2035 年，我们党要团结带领人民基本实现社会主义现代化，并在这个基础上再奋斗 15 年，到本世纪中叶全面建成社会主义现代化强国。

习近平：《在党史学习教育动员大会上的讲话》，求是网 2021 年 3 月 31 日，
http://www.qstheory.cn/dukan/qs/2021-03/31/c_1127274518.htm。

面对快速变化的世界和中国，如果墨守成规、思想僵化，没有理论创新的勇气，不能科学回答中国之问、世界之问、人民之问、时代之问，不仅党和国家事业无法继续前进，马克思主义也会失去生命力、说服力。当代中国正在经历人类历史上最为宏大而独特的实践创新，改革发展稳定任务之重、矛盾风险挑战之多、治国理政考验之大都前所未有，世界百年未有之大变局深刻变化前所未有，提出了大量亟待回答的理论和实践课题。我们要准确把握时代大势，勇于站在人类发展前沿，聆听人民心声，回应现实需要，坚持解放思想、实事求是、守正创新，更好把坚持马克思主义和发展马克思主义统一起来，坚持用马克思主义之"矢"去射新时代中国之"的"，继续推进马克思主义基本原理同中国具体实际相结合、同中华优秀传统文化相结合，续写马克思主义中国化时代化新篇章。

《习近平在省部级主要领导干部学习贯彻党的十九届六中全会精神专题研讨班开班式上发表重要讲话》，中华人民共和国中央人民政府网，2022-01-11，http://www.gov.cn/xinwen/2022-01/11/content_5667706.htm#1。

2. 讨论题：

（1）如何理解"中国共产党为什么能，中国特色社会主义为什么好，归根到底是因为马克思主义行"？

（2）用党的百年奋斗历程说明理论创新和实践创新的辩证关系？

3. 案例点评：

（1）实践需要理论的指导，正确理论指导下的实践才能成功。马克思主义对人类社会发展客观规律的把握指导了中国共产党的社会革命和建设不断从一个胜利走向另一个胜利。

在理论指导实践的过程中，理论自身又得到进一步发展。中国共产党在领导人民进行革命、建设、改革的长期实践中，逐步形成和确立了一条正确的思想路线：一切从实际出发，理论联系实际，实事求是，在实践中检验和发展真理。

时代不断给我们提出新的课题，要求我们不断进行理论创新和实践创新。

（2）党的百年奋斗历程是马克思主义理论和中国实际相结合的成功典范，是在中国革命、建设和改革的实践中马克思主义中国化的成功典范，是理论创新和实践创新的典范。

理论创新不仅要以实践创新为基础，还要发挥科学的指导作用"反哺"实践。理论创新是社会发展和变革的先导，理论的生命力在于创新。创新是理论发展的永恒主题，也是社会发展、实践深化、历史前进对理论的必然要求。理论创新与实践创新的良性互动，是指二者相互促进、辩证统一，需要人的努力才能实现。正确把握二者的创新关系，在尊重规律的基础上发挥人的主观能动性，是使互动过程呈现良性运动状态的基础保障，也是顺利实现马克思主义理论创新发展的关键。

4. 使用说明：

（1）本案例的教学目的和用途

本案例的教学目的是：通过习近平总书记的两段关于理论创新和实践创新辩证关系的重要论述，了解党的百年奋斗成就过程就是马克思主义理论创新和中国革命和建设实践的良好互动过程，充分说明了"中国共产党为什么能，中国特色社会主义为什么好，归根到底是因为马克思主义行"。同时，让我们学会运用理论创新和实践创新辩证关系原理分析问题和解决问题，知道我们当前面临的各种问题该怎么认识和解决，从而更好理解党的各项方针政策。

本案例的用途是：可用于第二章第三节关于"实现理论创新和实践创新的良性互动"部分的辅助学习，或者用于拓展知识阅读。

（2）本案例的结构及其分析思路的建议

本案例主要分为两部分。

第一部分通过习近平总书记对党的百年历程的论述，帮助我们了解中国共产党领导中国革命和建设的每一步成功都是对马克思主义理论进行创新的过程，是马克思主义和中国实际相结合的过程，是马克思主义中国化的具体过程。

第二部分通过习近平总书记对当前我们面临的问题的论述，帮助我们了解理论创新和实践创新辩证统一的关系，并学会运用这个原理分析问题和解决问题。

通过把两部分材料结合，帮助我们理解理论创新和实践创新的良性互动是实践成功的保障，并知道二者良性互动所需的条件，即既要尊重客观规律性，同时又要发挥主观能动性，这是推动理论创新和实践创新的关键，也是推动中国特色社会主义事业不断进步的关键。

小　结

通过本节的学习，我们知道要实现人的全面解放，即实现人的全面自由地发展，必须坚持真理尺度和价值尺度的统一，即在实践中坚持正确理论的指导和人民至上的价值选择，这就是党的群众路线的理论依据。

马克思主义的实践观和认识论是整个第二章学习的重点，通过对本部分的学习，为马克思的唯物史观的学习奠定了基础，接下来我们将进入第三章唯物史观部分的学习。

第三章　人类社会及其发展规律

学习目标

　　学习和把握历史唯物主义的基本原理，着重了解社会存在与社会意识的辩证关系、社会基本矛盾及其运动规律，文明及其多样性、社会发展的动力以及人民群众和个人在社会历史中的作用，提高运用历史唯物主义正确认识历史和现实、正确认识社会发展规律的自觉性和能力。

学习要点

　　○社会存在与社会意识的辩证关系

　　○社会基本矛盾及其运动规律

　　○世界历史的形成发展

　　○社会进步与人的发展

　　○文明及其多样性

　　○社会历史发展的动力

　　○人民群众和个人在社会历史中的作用

　　○群众、阶级、政党、领袖的关系

　　通过"第一章世界的物质性及发展规律"和"第二章实践与认识及其发展规律"的学习，我们知道这两章都是围绕着哲学的基本问题展开的，哲学的基本问题是思维与存在的关系问题，主要包括两个方面，一是思维和存在何者为第一性的问题；二是思维和存在是否具有统一性的问题。第一章侧重于哲学基本问题的第一方面，主要阐述了马克思主义的唯物论和辩证法思想，第二章在坚持唯物论的前提下，侧重于哲学基本问题的第二个方面，主要阐述了辩证唯物主义认识论、认识运动总规律、真理和价值的辩证关系等。通过前两章的系统学习，我们掌握了马克思主义的唯物论、辩证法、认识论的基本原理，运用这些基本原理的观点和方法用来分析扑朔迷离、纷繁复杂的社会历史现象，就会启发我们进一步思考人类社会的本质是什么？人类社会是物质性的存在还是精神性的存在？人类社会发展是否也有规律可循？人类是否能够发现这些规律？要解决这一系列的"历史之谜"，就需要通过本章的学习来寻找答案。

知识坐标

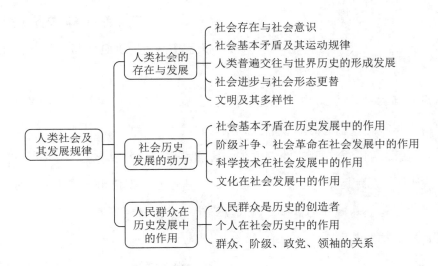

第一节　人类社会的存在与发展

一、经典阅读

（一）社会存在与社会意识

人们的观念、观点和概念，一句话，人们的意识，随着人们的生活条件、人们的社会关系、人们的社会存在的改变而改变，这难道需要经过深思才能了解的吗？

思想的历史除了证明精神生产随着物质生产的改造而改造，还证明了什么呢？任何一个时代的统治思想始终都不过是统治阶级的思想。

马克思、恩格斯：《共产党宣言》（1847 年 12 月—1848 年 1 月底），

《马克思恩格斯文集》第 2 卷，

人民出版社 2009 年版，第 50—51 页。

物质生活的生产方式制约着整个社会生活、政治生活和精神生活的过程。不是人们的意识决定人们的存在，相反，是人们的社会存在决定人们的意识。社会的物质生产力发展到一定阶段，便同它们一直在其中运动的现存生产关系或财产关系（这只是生产关系的法律用语）发生矛盾。于是这些关系便由生产力的发展形式变成生产力的桎梏。那时社会革命的时代就到来了。随着经济基础的变更，全部庞大的上层建筑也或慢或快地发生变革。

马克思：《政治经济学批判》序言（1859 年 1 月），

《马克思恩格斯文集》第 2 卷，

人民出版社 2009 年版，第 591—592 页。

在充分认识了该阶段社会经济状况（而我们那些专业历史编纂学家当然完全没有这种认识）的条件下，一切历史现象都可以用最简单的方法来说明，同样，每一历史时期的观念和思想也可以极其简单地由这一时期的经济的生活条件以及由这些

条件决定的社会关系和政治关系来说明。

恩格斯：《卡尔·马克思》（1877 年 6 月中），

《马克思恩格斯文集》第 3 卷，

人民出版社 2009 年版，第 459 页。

 每一个时代的哲学作为分工的一个特定的领域，都具有由它的先驱传给它而它便由此出发的特定的思想材料作为前提。因此，经济上落后的国家在哲学上仍然能够演奏第一小提琴：18 世纪的法国对英国来说是如此（法国人是以英国哲学为依据的），后来的德国对英法两国来说也是如此。

恩格斯：《致康拉德·施米特》（1890 年 10 月 27 日），

《马克思恩格斯文集》第 10 卷，

人民出版社 2009 年版，第 599 页。

（二）社会基本矛盾及其运动规律

 各民族之间的相互关系取决于每一个民族的生产力、分工和内部交往的发展程度。这个原理是公认的。然而不仅一个民族与其他民族的关系，而且这个民族本身的整个内部结构也取决于自己的生产以及自己内部和外部的交往的发展程度。一个民族的生产力发展水平，最明显地表现为该民族分工的发展程度。任何新的生产力，只要它不是迄今已知的生产力单纯的量的扩大（例如，开垦土地），都会引起分工的进一步发展。

马克思、恩格斯《德意志意识形态》（1845 年秋—1846 年 5 月），

《马克思恩格斯文集》第 1 卷，

人民出版社 2009 年版，第 520 页。

 各种经济时代的区别，不在于生产什么，而在于怎样生产，用什么劳动资料生产。劳动资料不仅是人类劳动力发展的测量器，而且是劳动借以进行的社会关系的指示器。在劳动资料本身中，机械性的劳动资料（其总和可称为生产的骨骼系统和肌肉系统）远比只是充当劳动对象的容器的劳动资料（如管、桶、篮、罐等，其

总和一般可称为生产的脉管系统）更能显示一个社会生产时代的具有决定意义的特征。

> 马克思：《资本论》第 1 卷（1867 年），
>
> 《马克思恩格斯文集》第 5 卷，
>
> 人民出版社 2009 年版，第 210 页。

社会关系和生产力密切相联。随着新生产力的获得，人们改变自己的生产方式，随着生产方式即谋生的方式的改变，人们也就会改变自己的一切社会关系。手推磨产生的是封建主的社会，蒸汽磨产生的是工业资本家的社会。

> 马克思：《哲学的贫困》（1847 年上半年），
>
> 《马克思恩格斯文集》第 1 卷，
>
> 人民出版社 2009 年版，第 602 页。

资产阶级赖以形成的生产资料和交换手段，是在封建社会里造成的。在这些生产资料和交换手段发展的一定阶段上，封建社会的生产和交换在其中进行的关系，封建的农业和工场手工业组织，一句话，封建的所有制关系，就不再适应已经发展的生产力了。这种关系已经在阻碍生产而不是促进生产了。它变成了束缚生产的桎梏。它必须被炸毁，它已经被炸毁了。

起而代之的是自由竞争以及与自由竞争相适应的社会制度和政治制度、资产阶级的经济统治和政治统治。

> 马克思、恩格斯：《共产党宣言》（1847 年 12 月—1848 年 1 月底），
>
> 《马克思恩格斯文集》第 2 卷，
>
> 人民出版社 2009 年版，第 36—37 页。

我国全过程人民民主实现了过程民主和成果民主、程序民主和实质民主、直接民主和间接民主、人民民主和国家意志相统一，是全链条、全方位、全覆盖的民主，是最广泛、最真实、最管用的社会主义民主。我们要继续推进全过程人民民主建设，把人民当家作主具体地、现实地体现到党治国理政的政策措施上来，具体

地、现实地体现到党和国家机关各个方面各个层级工作上来，具体地、现实地体现到实现人民对美好生活向往的工作上来。

习近平：《全过程人民民主是最广泛、最真实、最管用的社会主义民主》

（2021 年 10 月 13 日），《习近平谈治国理政》第 4 卷，

外文出版社 2022 年版，第 260—261 页。

（三）社会形态更替的一般规律及特殊形式

大体说来，亚细亚的、古希腊罗马的、封建的和现代资产阶级的生产方式可以看作是经济的社会形态演进的几个时代。资产阶级的生产关系是社会生产过程的最后一个对抗形式，这里所说的对抗，不是指个人的对抗，而是指从个人的社会生活条件中生长出来的对抗；但是，在资产阶级社会的胎胞里发展的生产力，同时又创造着解决这种对抗的物质条件。因此，人类社会的史前时期就以这种社会形态而告终。

马克思：《政治经济学批判》序言（1859 年），

《马克思恩格斯文集》第 2 卷，

人民出版社 2009 年版，第 592 页。

世界历史发展的一般规律，不仅丝毫不排斥个别发展阶段在发展的形式或顺序上表现出特殊性，反而是以此为前提的。他们甚至没有想到，例如，俄国是个介于文明国家和初次被这场战争最终卷入文明之列的整个东方各国即欧洲以外各国之间的国家，所以俄国能够表现出而且势必表现出某些特殊性，这些特殊性当然符合世界发展的总的路线，但却使俄国革命有别于以前西欧各国的革命，而且这些特殊性到了东方国家又会产生某些局部的新东西。

列宁：《论我国革命》（1923 年 1 月 16 日和 17 日）

《列宁选集》第 4 卷，第 776 页，

人民出版社 2012 年版。

二、内容精要

（一）社会历史观的基本问题

社会历史现象扑朔迷离，纷繁复杂。人类社会从哪里来？人类社会的本质是什么？社会发展是否有规律可遵循？这是一系列困扰人们思想和心灵的社会历史问题。马克思和恩格斯创立的唯物史观，科学揭示了社会起源以及社会发展规律的本真面貌，为我们正确认识人类社会历史及其发展趋势，提供了科学的理论指导。

要点	框架	具体内容	
社会历史观的基本问题	社会存在与社会意识的关系问题	唯心史观：社会意识决定社会存在，精神是社会历史发展的决定力量。	
		唯物史观： 社会存在决定社会意识，社会意识对社会存在具有能动的反作用。	一方面，社会存在决定社会意识。社会意识的内容归根到底来源于社会存在；社会存在的发展决定社会意识的变化和发展。
			另一方面，社会意识是对社会存在的反映，并反作用于社会存在。社会意识一旦形成就具有相对独立性，这种相对独立性作用的发挥是建立在对社会存在依赖关系之中的独立性。

（二）社会结构的构成要素

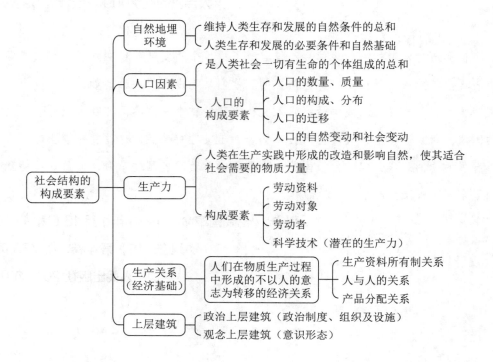

（三）社会基本矛盾运动及社会形态更替的一般规律

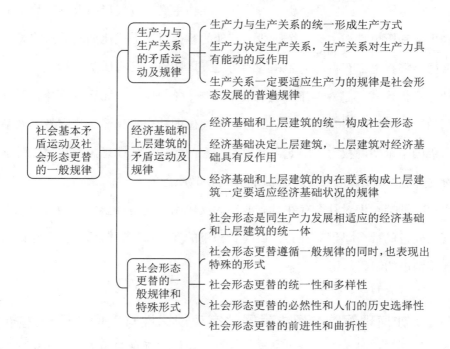

社会基本矛盾运动及社会形态更替的一般规律

- 生产力与生产关系的矛盾运动及规律
  - 生产力与生产关系的统一形成生产方式
  - 生产力决定生产关系，生产关系对生产力具有能动的反作用
  - 生产关系一定要适应生产力的规律是社会形态发展的普遍规律
- 经济基础和上层建筑的矛盾运动及规律
  - 经济基础和上层建筑的统一构成社会形态
  - 经济基础决定上层建筑，上层建筑对经济基础具有反作用
  - 经济基础和上层建筑的内在联系构成上层建筑一定要适应经济基础状况的规律
- 社会形态更替的一般规律和特殊形式
  - 社会形态是同生产力发展相适应的经济基础和上层建筑的统一体
  - 社会形态更替遵循一般规律的同时,也表现出特殊的形式
  - 社会形态更替的统一性和多样性
  - 社会形态更替的必然性和人们的历史选择性
  - 社会形态更替的前进性和曲折性

三、难点释惑

（一）如何理解社会意识的相对独立性?

社会存在决定社会意识，但社会意识绝不是消极被动的，它具有相对独立性。社会意识的独立性是相对的，也就是说社会意识对社会存在的非依赖性是以依赖性为前提和基础的，是发生在对社会存在归根到底的依赖关系之中的独立性。

首先，社会意识与社会存在发展具有不完全同步性和不平衡性。经济发展水平高的国家或地区，其社会意识的发展水平未必也是高的，比如就中美两国的经济发展水平而言，美国的经济发展水平高于中国，但就社会意识的发展水平而言，中国的社会主义核心价值观要高于资本主义自由至上的价值观。可见，社会意识对社会存在的反映不是如影随形、亦步亦趋的，而是会出现落后于或超前于社会存在的情况，这体现了社会意识的相对独立性。

其次，社会意识内部各种形式之间的相互影响及各自具有的历史继承性。每一历史时期的社会意识及其各种形式都同它以前的成果有继承关系。比如唯物主义有自己的发展脉络，它的发展经历了古代朴素唯物主义、近代形而上学唯物主义、辩证唯物主义和历史唯物主义三个阶段，其他的社会意识形式比如政治法律思想、艺术、道德、宗教也都有自己前后相继的历史发展链条，具有历史继承性。此外，每一种社会意识形式都是对当下社会存在的反映，各种社会意识形式之间互相影响、互相制约。比如西欧黑暗的中世纪，占统治地位的社会意识形式是宗教，教皇的权力要高于国王世俗的权力，因此，宗教对国家的政治、法律思想、艺术、哲学、道德起着主导性的作用，其他意识形态都是为宗教服务的。

再次，社会意识对社会存在具有能动的反作用，这是社会意识相对独立性的突出表现。先进的社会意识对社会发展起着积极的促进作用，落后的社会意识对社会发展起着消极的阻碍作用。

（二）如何理解社会历史发展的客观规律性与人们的历史选择性？

人类社会发展是否有规律可遵循？社会发展的客观规律与人们的历史选择性有何关系？国内外学者围绕着这些问题展开了激烈的争论，形成了社会历史发展有规律论和社会历史发展无规律论两种根本对立的主张。两种根本对立观点的实质是割裂了社会发展的客观规律和人们的历史选择性的辩证关系，要么片面强调社会发展的客观规律的决定作用，主张历史决定论；要么片面夸大人们的主观能动性，陷入历史非决定论的泥潭。

首先，马克思主义认为，人类社会的发展是一个自然历史过程，有其自身发展的客观规律。尽管从历史现象来看，社会历史事件具有不可重复性，似乎人类社会的发展无规律性可遵循，但社会发展规律是深藏于社会历史现象背后的社会历史深层结构，社会历史的深层结构决定了人类社会发展的客观必然趋势。马克思主义揭示了人类社会是一个由生产方式、人口因素和地理环境构成的客观物质体系，其内部错综复杂的矛盾是推动人类社会由低级到高级发展的源泉和动力。

其次，社会规律和自然规律不同。自然规律表现为自然界中各种不自觉的、盲目的力量在起作用，是不以人的意志为转移的客观规律。而在人类社会的发展过程中，社会规律的实现是通过人们有意识的实践活动展开的，在社会历史领域内活动的是有意识、有目的、有情感的人，社会规律实际上是人们实践活动的规律，因此，社会历史将沿着哪一种趋势前进，取决于人们的能动选择。

最后，人们的历史选择性其实就是人民群众的历史选择性。尽管人们的历史选择性在社会历史发展过程中起着关键作用，但是这种历史选择性要受到社会发展客观规律的制约。也就是说，人们主观能动性的发挥以及实现的程度取决于是否符合社会发展规律的要求以及符合的程度。

总之，人类社会的发展是一个自然历史过程，有其不以人的意志为转移的客观规律，体现了历史活动主体的选择性，社会发展是客观规律性与人民群众历史选择性的统一。

四、典型案例

（一）文化的内涵及作用

1. 案例内容：

材料 1 中国特色社会主义文化，源自于中华民族五千多年文明历史所孕育的中华优秀传统文化，熔铸于党领导人民在革命、建设、改革中创造的革命文化和社会主义先进文化，植根于中国特色社会主义伟大实践。发展中国特色社会主义文化，就是以马克思主义为指导，坚守中华文化立场，立足当代中国现实，结合当今时代条件，发展面向现代化、面向世界、面向未来的，民族的科学的大众的社会主义文化，推动社会主义精神文明和物质文明协调发展。要坚持为人民服务、为社会主义服务，坚持百花齐放、百家争鸣，坚持创造性转化、创新性发展，不断铸就中华文化新辉煌。

（习近平：《在中国共产党第十九次全国代表大会上的报告》2017 年 10 月 18 日）

材料 2 在五千多年中华文明深厚基础上开辟和发展中国特色社会主义，把马克思主义基本原理同中国具体实际、同中华优秀传统文化相结合是必由之路。我们一直强调把马克思主义基本原理同中国具体实际相结合，现在我们又明确提出"第二个结合"。历史正反两方面的经验表明，"两个结合"是我们取得成功的最大法宝。"结合"的前提是彼此契合。"结合"不是硬凑在一起的。马克思主义和中华优秀传统文化来源不同，但彼此存在高度的契合性。比如，天下为公、讲信修睦的社会追求与共产主义、社会主义的理想信念相通，民为邦本、为政以德的治理思想与人民至上的政治观念相融，革故鼎新、自强不息的担当与共产党人的革命精神相合。"结合"的结果是互相成就。"结合"不是"拼盘"，不是简单的"物理反应"，而是深刻的"化学反应"，造就了一个有机统一的新的文化生命体。"第二个结合"让马克思主义成为中国的，中华优秀传统文化成为现代的，让经由"结合"而形成的新文化成为中国式现代化的文化形态。

（习近平：《在文化传承发展座谈会上的讲话》2023年6月2日）

2. 讨论题：

（1）阅读材料1和2，思考中国特色社会主义文化与马克思主义、中华优秀传统文化、革命文化、社会主义先进文化之间是什么关系？文化对社会发展有什么样的作用？

（2）阅读材料2，"第二个结合"指的是什么？从马克思主义基本原理的角度，分析马克思主义为什么能够和中华优秀传统文化相结合？

3. 使用说明：

（1）本案例的教学目的和用途

本案例的教学目的是：对文化的理解有广义和狭义之分，广义的文化是指人类的社会实践活动及其产物，包括物质文化、制度文化、精神文化等，狭义的文化是指与经济、政治相对应的观念形态的文化。文化作为观念上层建筑的组成部分，是对社会经济、政治的反映。文化是推动社会发展的重要力量，文化对社会发展有着巨大的影响。这种影响和作用在其性质上，表现为促进或阻碍社会的发展，在其程度上，表现为加快或延缓社会的发展。充分发挥文化的积极作用，对于引领社会发展至关重要。文化为社会发展提供思想指引；为社会发展提供精神动力；为社会发展提供凝聚力量。

（2）本案例的结构及其分析思路的建议

本案例可以从两个部分展开：

第一部分：文化属于社会意识的组成部分，是观念上层建筑的重要组成部分。唯物史观认为社会存在决定社会意识，社会意识对社会存在具有能动的反作用。从文化具有历史继承性的视角出发，中国特色社会主义文化是对中华优秀传统文化、革命文化、社会主义先进文化的继承和发展，中华优秀传统文化、革命文化和社会主义先进文化是中华文化在不同历史时期立足中国大地、承续中华历史而形成的彼此关联、相互滋养的文化样式，体现了文化的历史继承性。

第二部分：中国特色社会主义文化是以马克思主义为指导，对中华优秀传统文化、革命文化、社会主义先进文化的继承和发展，马克思主义作为一种外来文化，必须和中国具体实际相结合，必须和优秀传统文化相结合，形成中国化的马克思主义。"第二个结合"指的是马克思主义与中华优秀传统文化的结合，马克思主义之所以能够和中华优秀传统文化相结合，是因为二者的彼此契合。从马克思主义基本原理的角度看，中华优秀传统文化"天下为公、讲信修睦"的社会追求与马克思主义世界历史理论的主张相契合，中华优秀传统文化追求"民为邦本、为政以德"的治理思想与马克思主义群众史观的主张相契合，革故鼎新、自强不息的担当与马克思主义辩证否定观的主张相契合，正是由于马克思主义和中华优秀传统文化的彼此契合才造就了两者的"结合"，两者的"结合"让马克思主义成为中国的，中华优秀传统文化成为现代的，让经由"结合"而形成的新文化成为中国式现代化的文化形态。

（二）70 后、80 后、90 后、00 后大学毕业生的职业选择

1. 案例内容：

对于第一批踏上社会的 70 后大学生而言，1992 年不仅是他们处子秀的重要时刻，也是中国经济的转折之年。这一年，邓小平南方谈话，东方风来满眼春。跨国公司迫不及待地纷纷加大对华投资。那个年代，对于 64 万 70 后大学生而言，遍地

都是机会，而外企成了很多大学生的工作首选。那个时候，留校任教绝不是应届生的优先选择。

2002年，正值中国共产党十六大召开，全国高校80后毕业生达到145万，凸显了自1998年以来高校扩招的威力。2002届毕业生整体分配形势严峻，于是，这一年的考研人数创纪录高达62万人。从2002年开始，中央、国家机关公务员招考工作的时间固定下来。和20世纪90年代公务员普遍"下海"相反，越来越多的人都希望捧上这个"铁饭碗"。对于2002年毕业的大学生而言，选择互联网的人应该不会后悔。

2012年对于第一批走上社会的近600万90后大学生而言，他们所处的就业环境不容乐观。世界经济形势复杂严峻，发达国家经济复苏乏力，发展中国家经济增速减缓。越来越多的人希望找到一份拥有稳定收入的工作。根据中国人民大学劳动人事学院的报告，90后大学生更倾向于工作稳定、社会地位较高的企事业单位。其中，政府机关公务员成为90后大学生比较看重的职业。此外，一些资源类垄断性企业也成了就业热点。风靡于80后的留学潮也会在90后一代中继续，他们带着比较明确的目的规划未来的发展方向。

（选自金姬：《70后、80后、90后的中国》，载《党员文摘》2012年第1期。）

2022年00后的高校毕业生达1076万人，很显然，2022年的就业形势并不轻松。疫情冲击、国际形势、政策调整，种种内外因素的影响，让今年的大学毕业生面临一个较为严峻的前景。从媒体报道中，也可以看到就业市场的特征。比如有媒体总结现在是"两头"抢手"中间"冷——处于两头的博士和职业教育专科抢手，中间层的广大本科和硕士则比较困难；也有媒体发现，"宁愿送外卖不愿进工厂"仍很突出，可以吸纳大量就业人口的制造业还不够饱和，希望大学生改变预期等等。

（选自《1076万毕业生，就要来了》，光明网，2022年4月22日，https://guancha.gmw.cn/2022-04/22/content_35680091.htm。）

2. 讨论题：

（1）对于 70 后、80 后、90 后、00 后的大学生而言，社会大环境的变化和他们毕业求职意向之间有什么内在联系？

（2）面对当前就业形势的变化，大学生应做好哪些方面的准备？

3. 案例点评：

改革开放以来，我国的经济发展经历了从高速增长到中低速增长的转变，经济的快速发展催生各行各业发生了巨大的变化，高校毕业生求职意向的变化也不例外。20 世纪 90 年代以来，我国高校为不断适应经济发展的需求，不断扩大招生规模，致使高校毕业生人数从 1992 年的 64 万增长到 2002 年的 145 万，很快又增长到 2012 年的 600 万，如今又增长到 2022 年的 1076 万，高校毕业生人数的持续增长使大学生的就业问题受到广泛关注，而大学毕业生的职业选择和他们所处那个时代的社会大环境息息相关。对于 70 后、80 后、90 后、00 后的大学生来说，他们登上社会舞台的大背景，还真是不一样。社会大环境的变化，包括不同年代社会生产方式的变化、人口素质的变化、国家各项制度及政策的变化都影响到大学生就业选择的变化。社会大环境的改变是客观的，属于社会存在的范畴，而大学生的就业观属于社会意识的范畴，社会存在决定社会意识，社会意识对社会存在具有能动的反作用。70 后、80 后、90 后、00 后择业观念的变化就是社会大环境变化的缩影。高校毕业生的就业偏好，虽说是个人的自由选择，但折射出社会生产方式和时代生存状况的变化，也悄然改变着社会就业态势的变化。

4. 使用说明：

（1）本案例的教学目的和用途

本案例的教学目的是：分析不同时代大学毕业生对待职业的不同选择，引发他们有意识地思考社会大环境的变化对大学生求职趋向的影响，也就是说社会存在发生了变化，社会意识也会发生相应的改变。就业选择是大学生非常关注的现实话题，通过所学社会存在与社会意识辩证关系的原理分析大学生的择业倾向，做到理论和实际相结合，可以深化学生对所学基本原理的理解和运用。

本案例的用途是：可用于第三章第一节关于"人类社会的存在与发展"部分的

辅助学习，或者用于拓展知识阅读。

（2）本案例的结构及其分析思路的建议

本案例可以从两个部分展开：

第一部分：通过分析70后、80后、90后、00后的大学毕业生所处的时代环境，分析他们择业的趋向，说明社会存在对社会意识的决定作用。

第二部分：结合当前就业形势的变化，引导大学生在未来的职业选择中确立正确的择业观、提前做好职业规划、广泛搜集职业信息，从自身的专业实际出发，发挥个体意识的主观能动性，发挥个体意识对社会存在能动的反作用。

小　结

历史唯物主义的根本任务之一，就是揭示出支配人类社会发展的客观规律。马克思、恩格斯运用科学的思维方法，将唯物论和辩证法贯彻到社会历史领域，正确解决了社会存在与社会意识的关系问题，创立了科学的唯物史观，揭示了人类社会发展的基本规律，即生产关系一定要适应生产力状况、上层建筑一定要适合经济基础状况的规律，解释了人类社会发展的根源，使人类对社会发展规律的认识成为完整严密的科学。

马克思、恩格斯在揭示人类社会发展基本规律的基础上，进一步分析了社会形态更替的一般规律和特殊形式。社会形态的更替具有统一性和多样性的特点，这种统一性与多样性，根源于社会发展的客观必然性与人们的历史选择性相统一的过程，体现了社会形态的更替是前进性与曲折性的统一、顺序性与跨越性的统一。既然人类社会形态的更替是按照一定的规律运行的，那么，推动人类社会按照一定规律运行的动力从何而来？到底是什么力量促成了人类社会的不断发展？也就是说，推动人类社会发展的动力到底是什么？这些动力之间有没有内在的联系？这就是我们下节课要讲的内容。

第二节　社会历史发展的动力

一、经典阅读

（一）社会基本矛盾在历史发展中的作用

对于矛盾的各种不平衡情况的研究，对于主要的矛盾和非主要的矛盾、主要的矛盾方面和非主要的矛盾方面的研究，成为革命政党正确地决定其政治上和军事上的战略战术方针的重要方法之一，是一切共产党人都应当注意的。

毛泽东:《矛盾论》（1937 年 8 月），

《毛泽东选集》第 1 卷，

人民出版社 1991 年版，第 326—327 页。

（二）阶级斗争和社会革命在阶级社会发展中的作用

至今一切社会的历史都是阶级斗争的历史。自由民和奴隶、贵族和平民、领主和农奴、行会师傅和帮工，一句话，压迫者和被压迫者，始终处于相互对立的地位，进行不断的、有时隐蔽有时公开的斗争，而每一次斗争的结局都是整个社会受到革命改造或者斗争的各阶级同归于尽。

马克思、恩格斯:《共产党宣言》（1847 年 12 月—1848 年 1 月底），

《马克思恩格斯文集》第 2 卷，

人民出版社 2009 年版，第 31 页。

历史破天荒第一次被置于它的真正基础上：一个很明显的而以前完全被人忽略的事实，即人们首先必须吃、喝、住、穿，就是说首先必须劳动，然后才能争取统治，从事政治、宗教和哲学等等，——这一很明显的事实在历史上应有之义此时终于获得了承认。

这种新的历史观，对于社会主义的观点有极其重要的意义。它证明了：至今

的全部历史都是在阶级对立和阶级斗争中发展的；统治阶级和被统治阶级，剥削阶级和被剥削阶级是一直存在的；大多数人总是注定要从事艰苦的劳动而很少能得到享受。为什么会这样呢？这只是因为在人类发展的以前一切阶段上，生产还很不发达，以致历史的发展只能在这种对立形式中进行，历史的进步整个说来只是成了极少数权力者的事，广大群众则注定要终生从事劳动，为自己生产微薄的必要生活资料，同时还要为特权者生产日益丰富的生活资料。

恩格斯：《卡尔·马克思》（1877年6月中），

《马克思恩格斯文集》第3卷，

人民出版社2009年版，第459页。

在人类历史中，存在着阶级的对抗，这是矛盾斗争的一种特殊的表现。剥削阶级和被剥削阶级之间的矛盾，无论在奴隶社会也好，封建社会也好，资本主义社会也好，互相矛盾着的两阶级，长期地并存于一个社会中，它们互相斗争着，但要待两阶级的矛盾发展到了一定的阶段的时候，双方才取外部对抗的形式，发展为革命。在阶级社会中，由和平向战争的转化，也是如此。

毛泽东：《矛盾论》（1937年8月），

《毛泽东选集》第1卷，

人民出版社1991年版，第334页。

要处理好效率和公平关系，构建初次分配、再分配、三次分配协调配套的基础性制度安排。要坚持按劳分配为主体，提高劳动报酬在初次分配中的比重，完善按要素分配政策。要发挥再分配的调节作用，加大税收、社保、转移支付等的调节力度，提高精准性。要发挥好第三次分配作用，引导、支持有意愿有能力的企业和社会群体积极参与公益慈善事业，但不能搞道德绑架式"逼捐"。

习近平：《正确认识和把握我国发展重大理论和实践问题》

（2021年12月8日），《习近平谈治国理政》第4卷，

外文出版社2022年版，第210页。

（三）科学技术在社会发展中的作用

在我们这个时代，每一种事物好像都包含有自己的反面。我们看到，机器具有减少人类劳动和使劳动更有成效的神奇力量，然而却引起了饥饿和过度的疲劳。财富的新源泉，由于某种奇怪的、不可思议的魔力而变成贫困的源泉。技术的胜利，似乎是以道德的败坏为代价换来的。随着人类愈益控制自然，个人却似乎愈益成为别人的奴隶或自身的卑劣行为的奴隶。甚至科学的纯洁光辉仿佛也只能在愚昧无知的黑暗背景上闪耀。我们的一切发明和进步，似乎结果是使物质力量成为有智慧的生命，而人的生命则化为愚钝的物质力量。

马克思：《在〈人民报〉创刊纪念会上的演说》（1856 年 4 月 14 日），
《马克思恩格斯选集》第 1 卷，
人民出版社 2012 年版，第 776 页。

科技是发展的利器，也可能成为风险的源头。要前瞻研判科技发展带来的规则冲突、社会风险、伦理挑战，完善相关法律法规、伦理审查规则及监管框架。要深度参与全球科技治理，贡献中国智慧，塑造科技向善的文化理念，让科技更好增进人类福祉，让中国科技为推动构建人类命运共同体作出更大贡献！

习近平：《努力实现高水平科技自立自强》
（2021 年 5 月 28 日），《习近平谈治国理政》第 4 卷，
外文出版社 2022 年版，第 201—202 页。

二、内容精要

社会历史发展的动力系统

掌握人类社会的本质及其发展规律是剖析社会发展动力的前提和基础，推动社会发展的动力来自人类社会内部的诸多矛盾，这些矛盾构成了人类社会发展的动力系统：其中，社会基本矛盾是推动人类社会发展的根本动力，阶级斗争是推动阶级社会发展的直接动力，社会革命是推动人类社会发展的"火车头"，改革是推动人类社会发展的重要动力，科学技术是推动人类社会发展的强大杠杆。

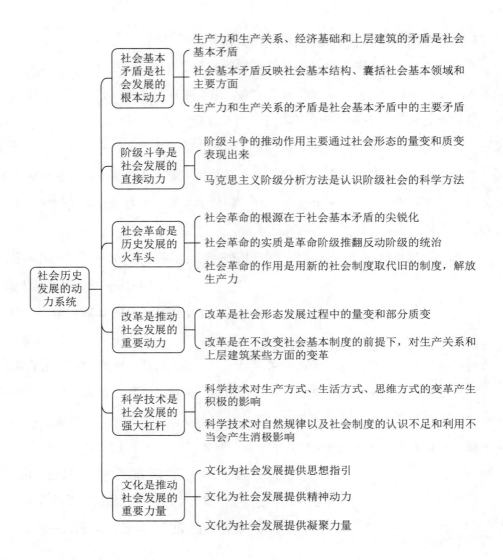

社会历史发展的动力系统

- 社会基本矛盾是社会发展的根本动力
  - 生产力和生产关系、经济基础和上层建筑的矛盾是社会基本矛盾
  - 社会基本矛盾反映社会基本结构、囊括社会基本领域和主要方面
  - 生产力和生产关系的矛盾是社会基本矛盾中的主要矛盾
- 阶级斗争是社会发展的直接动力
  - 阶级斗争的推动作用主要通过社会形态的量变和质变表现出来
  - 马克思主义阶级分析方法是认识阶级社会的科学方法
- 社会革命是历史发展的火车头
  - 社会革命的根源在于社会基本矛盾的尖锐化
  - 社会革命的实质是革命阶级推翻反动阶级的统治
  - 社会革命的作用是用新的社会制度取代旧的制度，解放生产力
- 改革是推动社会发展的重要动力
  - 改革是社会形态发展过程中的量变和部分质变
  - 改革是在不改变社会基本制度的前提下，对生产关系和上层建筑某些方面的变革
- 科学技术是社会发展的强大杠杆
  - 科学技术对生产方式、生活方式、思维方式的变革产生积极的影响
  - 科学技术对自然规律以及社会制度的认识不足和利用不当会产生消极影响
- 文化是推动社会发展的重要力量
  - 文化为社会发展提供思想指引
  - 文化为社会发展提供精神动力
  - 文化为社会发展提供凝聚力量

三、难点释惑

（一）如何把握社会基本矛盾与主要矛盾的异同？

首先，社会基本矛盾和社会主要矛盾不是同一个概念，也不是同一层次的矛盾。一般来说，就事物发展的全过程而言，有根本矛盾和非根本矛盾之分。根本矛盾或基本矛盾是指贯穿事物发展过程的始终，规定着事物性质的矛盾。主要矛盾是针对事物发展过程中呈现出的阶段性而言的。事物在发展的某个阶段都处在复杂的矛盾体系中，既有主要矛盾也有次要矛盾，主要矛盾是指在矛盾体系中处于支配地位，对事物发展起决定作用的矛盾。由此，把上述矛盾的相关原理应用到人类社会历史领域，就会形成以下的认识：社会基本矛盾是指贯穿并制约着社会发展的全过程，规定社会发展过程基本性质的矛盾。社会基本矛盾，即生产力和生产关系、经济基础和上层建筑的矛盾，是其他一切社会矛盾的根源，规定和制约着其他矛盾的存在和发展。

社会主要矛盾是社会基本矛盾在不同社会发展阶段的具体体现。在现实生活中，社会基本矛盾往往要通过具体的社会矛盾表现出来，而各种具体矛盾的发展变化会导致社会发展呈现出一定的阶段性特征，各种矛盾在事物发展特定阶段所处的地位和作用是不同的，有主要矛盾和非主要矛盾的区别。社会主要矛盾是指处于支配地位，在社会发展过程一定阶段上起主导作用的矛盾。社会主要矛盾的存在和发展，规定或影响着社会非主要矛盾的存在和发展。

1956 年我国完成了社会主义改造，我国社会主要矛盾是人民对于经济文化迅速发展的需要同当前经济文化不能满足人民需要的状况之间的矛盾，十一届三中全会以后，我国的主要矛盾，是人民日益增长的物质文化需要同落后的社会生产之间的矛盾。十九大报告又提出我国社会主要矛盾已经转化为人民日益增长的美好生活需要和不平衡不充分的发展之间的矛盾，由此可见，主次矛盾的变化呈现出阶段性的特征。

（二）如何理解科学技术的社会作用？

怎样看待科学技术的作用，历来就有悲观论和乐观论之争。这一争论在 20 世纪后期变得更为尖锐，更具有现实意义。科学技术乐观论简化了科学技术与社会发展之间的复杂关系，坚信科学技术是推动社会发展的根本因素和唯一决定力量；而科学技术悲观论则认为科技发展是"问题之源"，现代科技的高度发展带来了环境污染、生态破坏、能源短缺、伦理挑战、道德缺失等问题，严重威胁人类的生存和发展，造成人类文明的衰弱、人性的毁灭，因此怀疑、否定科学技术的积极作用。其实，科学技术是一把双刃剑，人类在充分认识科学技术对人类社会发展巨大推动作用的同时，必须清醒认识到科学技术对社会发展的消极影响。

科学技术对社会的消极影响有两种，一是由于人类实践能力和认识能力的有限，对自然规律和人与自然的关系认识不够，或对科学技术产生的消极后果缺乏强有力的控制手段，因此产生了威胁人类生存的环境污染、能源短缺、伦理挑战等消极影响；另一种现象与社会制度相关，在资本主义条件下，科学技术常常被资产阶级用作剥削人民的工具，从而导致了科学技术的"异化"。所谓科学技术的"异化"就是说科学技术的发展违背了人类发展科学技术的目的，它反映的是发展科技的主体与发展科技的产物即科学技术之间的异化关系。也就是说科技本来是人的创造物，本来是受人支配的，结果科技却日益成为超出人类所能控制的，甚至是奴役和统治人本身的异己力量。人不再是掌握、控制科技的主人，而成为被迫适应科技社会要求的工具。

四、典型案例

（一）科技创新必须坚持正确的价值导向

1. 案例内容：

当前，新一轮科技革命和产业变革突飞猛进，科学研究范式正在发生深刻变革，科学技术和经济社会发展加速渗透融合。科技创新广度显著加大，宏观世界大至天体运行、星系演化、宇宙起源，微观世界小至基因编辑、粒子结构、量子调控，都是当今世界科技发展的最前沿。科技创新深度显著加深，深空、深海、深地探测为人类认识自然不断拓宽新的视野。以信息技术、人工智能为代表的新兴科技快速发展，大大拓展了时间、空间和人们的认知范围，人类正在进入一个"人机物"三元融合的万物智能互联时代。生物科学的研究从认识生命、改造生命走向合成生命、设计生命，在给人类带来福祉的同时，也带来生命伦理的挑战。科技是发展的利器，也可能成为风险的源头。

加快科技创新，离不开正确价值导向。科技创新的价值渗透性表明，科技创新是有目的、有方向的，科技创新的目的和方向，形成科技创新的灵魂。爱因斯坦说过，没有良心的科学是灵魂的毁灭，没有社会责任感的科学家是道德的沦丧和人类的悲哀。坚持以人民为中心的价值导向为我国科技创新提供价值导航，就能推动我国科技事业日益强大而美好，更好地造福于人民，造福于世界。

2. 讨论问题

（1）如何看待科学技术在社会发展中的作用？

（2）科技创新中应确立什么样的价值导向？

3. 案例点评：

科学技术是第一生产力，是推动社会发展的强大杠杆。科学技术是人类认识和运用自然规律、社会规律能力的集中反映，每一次科技上的创新都不同程度地引起生产方式、生活方式和思维方式的深刻变化和社会的巨大进步。科技创新成果不断拓展人类认识世界和改造世界的广度和深度，对人们的生活方式、交往方式产生了巨大影响，推动着人的认识能力和思维方式的不断进步，对于促进经济社会发展、造福于人类起着积极的推动作用。不可否认的是，科学技术对社会发展起着巨大推动作用的同时，也对人类的生存环境、生命伦理等问题带来了严峻的挑战。因此，科学技术是一把"双刃剑"，科技在实际运用过程中表现出二重性，它在给人类社会带来前所未有的繁荣的同时，也产生了负面效应，给人类的生活造成了巨大的损害。其实，科学技术本身是中性的，它无所谓善恶，只有人对科技的使用才有善恶之分，正如爱因斯坦所言："科学是一种强有力的工具。怎样用它，究竟是给人带来幸福还是灾难，全取决于人自己，而不取决于工具。"因此，人类必须反思自己的行为，对科学技术的使用应有人文关怀的维度，必须守住人类伦理的底线，必须守住生命至上的底线，坚持健康导向。

4. 使用说明：

（1）本案例的教学目的是：通过科学技术对社会发展的双重影响，启发学生深入思考科学技术的价值导向。

本案例的用途是：可用于第三章第二节"社会历史发展的动力"部分的辅助学习，或者用于拓展知识阅读。

（2）本案例的结构及其分析思路的建议

本案例可以从两个部分展开：

第一部分，科学技术的发展标志着人类改造自然能力的增强，对社会发展具有巨大的推动作用。每一次科技革命，都不同程度地引起了生产方式、生活方式和思维方式的深刻变化和社会的巨大进步。但科学技术在运用于社会时所遇到的问题也比较突出，主要表现为人类对自然规律和人与自然的关系认识不足而导致科学技术的滥用对人类造成的危害。

第二部分，正确认识和运用科学技术，必须有正确的价值导向，首要的就是有合理的社会制度保障科学技术的正确运用，始终坚持使科学技术为人类社会的健康发展服务，让科技为人类造福。其次，在技术创新环节和应用环节，必须守住伦理底线、生命至上的底线，以人为本。

（二）人工智能时代，我们将何去何从？

1. 案例内容：

如今，人脸识别技术越来越多地应用到我们的生活之中，安防、交通、金融等领域都可以见到它的身影。不过，大家知道人脸识别是什么吗？它是怎样实现的呢？简单地说，人脸识别，其实是对人脸特征进行分析计算并进行身份识别的一种生物识别技术。是用摄像机或摄像头采集含有人脸的照片或视频，对其中的人脸进行检测和跟踪，进而达到识别、辨认人脸的目的。人脸识别技术相对于其他生物识别技术，具有准确率高、非接触性、无意识性和速度快的特点。正是由于人脸识别技术具有这些特点，所以在越来越多国家的金融、电子商务、安全防务和娱乐等领域被推广应用，潜力巨大。当然，人脸识别技术也有一定的风险。比如，互联网公司的不当采集、人脸数据库遭攻击和窃取等都会造成人脸数据的泄露。为应对人脸识别技术应用的诸多风险，保护好我国人脸数据和人脸模型，完善生物识别相关法律法规至关重要。

（选自《看人脸识别技术的火眼金睛》，《新华网》2019 年 7 月 17 日，
http://www.cac.gov.cn/2019-07/17/c_1124763533.htm）

随着人工智能技术的极大进步，人们对"算法"已不再陌生。商家越来越多地使用算法为客户提供精准服务，政府、学校、医院等机构也会利用算法来帮助其日常工作。以算法与数据为基石的人工智能正深刻地改变人们的生产生活方式。但人工智能作为一项渗透性、实用性极强的崭新技术，在加速应用推动社会生产力跃升的同时，也带来伦理和法律挑战。从公司智能坐垫、社区"刷脸"，到各类网站、

手机 App，个人信息泄露已经成为普遍现象。有人形容大数据时代的人为"有用的透明人"。

（选自《引技术向善，驭智能之"火"》，光明网，2021 年 1 月 30 日，
https://m.gmw.cn/baijia/2021-01/30/34584929.html）

2. 讨论题：

（1）如何看待人工智能技术在生产和生活中的作用？

（2）人工智能时代，人类将何去何从？

3. 案例点评：

人工智能是现代科技发展的最新成果之一，它已经深入到我们的日常生活，改变着我们的生产方式、生活方式和思维方式。比如人脸识别技术在我们的日常生活中广泛使用：刷脸进出社区、刷脸考勤、刷脸购物、身份验证、手机解锁等，人脸识别技术为数字经济社会发展和人们日常生活带来了种种新机遇，但在提供便捷服务的同时，也带来层出不穷的风险隐患。同样，各种"算法"在为客户提供精准服务的同时，也可能造成对个人隐私侵犯的干扰。人工智能技术之所以会产生诸多社会问题，主要是由于人们在制定技术应用时，缺乏合理的规范加以限制。人工智能技术本身是中性客观的，但人工智能技术的发明与应用却与利益密切相关，如何运用人工智能技术，维护人们的正当权益，发挥其推动人类文明进步的积极作用，还需要对人工智能的应用设置价值和伦理规范的防线，以保证人工智能的发展和人类的向善智慧同向同行。人工智能技术，作为一个工具，是造福人类还是给人类带来威胁，关键在于人类自身。因此，必须规范人工智能技术的研发和使用，人类应寻求通过创建合理的规范来促进人工智能最大限度地造福人类。

4. 使用说明：

（1）本案例的教学目的和用途

本案例的教学目的是：通过人脸识别技术、大数据杀熟以及"算法"提供的精准服务等人工智能技术在生产生活中的使用，启发学生辩证分析人工智能技术的利与弊，从而针对人工智能的弊端，寻找解决问题的办法，做到防患于未然。

本案例的用途是：可用于第三章第二节"社会历史发展的动力"部分的辅助学

习，或者用于拓展知识阅读。

（2）本案例的结构及其分析思路的建议

本案例可以从两个部分展开：

第一部分，结合学生在智能手机使用的过程中，对于人脸识别技术的体验以及对"算法"提供精准服务的认识，进一步感受人工智能对社会生产方式、生活方式、娱乐方式产生的重大影响，任何事物的产生都具有两面性，人工智能的出现也不例外，它既能帮助我们更好地生活，也同样会给我们带来一些诸如个人信息遭遇泄露的风险。

第二部分，人工智能作为一种工具，人类可以充分发挥自己的聪明才智让人工智能越来越先进，为人类提供更便捷、更高效、更精准的服务，但如果人工智能技术掌握在缺少健康人格和心态的人手中，那么对人工智能的不正当使用则很有可能给人类的生活带来灾难。因此，发展人工智能技术，必须有人文价值关怀的底线思维，只有人工智能技术的发展和人类向善去恶的智慧同向同行，人工智能的发展才有光明的未来。

小　结

在推动人类社会发展的动力系统中，社会基本矛盾，即生产力和生产关系、经济基础和上层建筑的矛盾是推动人类社会发展的基本动力，这两对基本矛盾存在于人类社会的自始至终并制约着人类社会其他矛盾的运动。阶级斗争是推动阶级社会发展的直接动力，阶级矛盾和阶级斗争的对抗推动上层统治者进行社会改革，以缓和社会基本矛盾，当阶级矛盾尖锐到不可调和的时候，社会革命必然就会爆发。社会革命和社会改革都是解决社会矛盾的重要途径，如果说社会改革是推动社会发展总的量变过程中部分质变的话，那么，社会革命则是推动社会发展的质变和飞跃。科学技术是推动社会发展的强大杠杆，科学技术属于潜在的生产力，科学技术和生产力中的三个实体性要素相结合，可以转化成现实的生产力，对生产力的发展起着巨大的推动作用。总之，上述动力因素相互作用，共同推动社会发展。

每一种动力作用的发挥都离不开人的实践活动，那么，究竟是哪些人的实践活动创造了历史，是英雄人物的实践活动还是人民群众的实践活动？应如何看待人民群众和英雄人物在创造历史和推动历史发展中的作用，这是下节课我们要讲的主要内容。

第三节　人民群众在历史发展中的作用

一、经典阅读

（一）人民群众是历史的创造者

人们自己创造自己的历史，但是他们并不是随心所欲地创造，并不是在他们自己选定的条件下创造，而是在直接碰到的、既定的、从过去承继下来的条件下创造。

马克思：《路易·波拿巴的雾月十八日》（1851年12月中—1852年3月25日），

《马克思恩格斯文集》第2卷，

人民出版社2009年版，470—471页。

历史什么事情也没有做，它"不拥有任何惊人的丰富性"，它"没有进行任何战斗"！其实，正是人，现实的、活生生的人在创造这一切，拥有这一切并且进行战斗。并不是"历史"把人当做手段来达到自己——仿佛历史是一个独具魅力的人——的目的。历史不过是追求着自己目的的人的活动而已。

马克思、恩格斯：《神圣家族》

《马克思恩格斯文集》第1卷，

人民出版社2009年版，第295页。

人民是历史的创造者，也是时代的创造者。在人民的壮阔奋斗中，随处跃动着创造历史的火热篇章，汇聚起来就是一部人民的史诗。人民是文艺之母。文学艺术的成长离不开人民的滋养，人民中有着一切文学艺术取之不尽、用之不竭的丰沛源泉。文艺要对人民创造历史的伟大进程给予最热情的赞颂，对一切为中华民族伟大复兴奋斗的拼搏者、一切为人民牺牲奉献的英雄们给予最深情的褒扬。

习近平：《展示中国文艺新气象，铸就中华文化新辉煌》

（2021年12月14日），《习近平谈治国理政》第4卷，

外文出版社2022年版，第322页。

什么是优良作风？优良作风就是我们党历来坚持的理论联系实际、密切联系群众、批评和自我批评以及艰苦奋斗、求真务实等作风。在革命、建设、改革长期实践中，我们党始终要求全党同志坚持光荣传统、发扬优良作风，为党和人民事业不断从胜利走向胜利提供了重要保障。

特别是在改革开放历史新时期，我们清醒地认识到，随着改革不断深入和对外开放不断扩大，党必将面临前所未有的风险和挑战，党的作风建设始终是摆在我们面前的一项重大而紧迫的任务，抓作风建设一丝也不能放松、一刻都不能停顿。

习近平：《群众路线是党的生命线和根本工作路线》（2013年6月18日），

《习近平谈治国理政》第1卷，外文出版社2018年版，第366页。

江山就是人民、人民就是江山，打江山、守江山，守的是人民的心。中国共产党根基在人民、血脉在人民、力量在人民。中国共产党始终代表最广大人民根本利益，与人民休戚与共、生死相依，没有任何自己特殊的利益，从来不代表任何利益集团、任何权势团体、任何特权阶层的利益。

习近平：《在庆祝中国共产党成立一百周年大会上的讲话》

（2021年7月1日），《习近平谈治国理政》第4卷，

外文出版社2022年版，第9页。

注重从人民群众的创造中汲取理论创新智慧。马克思主义是为人民立言、为人民代言的理论，是为改变人民命运而创立、在人民求解放的实践中丰富和发展的，人民的创造性实践是马克思主义理论创新的不竭源泉。人民作为历史的创造者，不仅是物质财富的创造者，也是精神财富的创造者。人民群众不仅是浩瀚的力量之

海，也是浩瀚的智慧之海。中国有 14 亿多人口，亿万人民的力量和智慧加在一起，谁能比得过？只要我们紧密联系人民群众、经常深入人民群众、紧紧依靠人民群众，真心拜人民为师，诚心向人民学习，虚心向人民求教，就能够得到源源不断的实践力量和理论智慧。

习近平：《开辟马克思主义中国化时代化新境界》(2023 年 6 月 30 日)，

《求是》，2023（20），第 8—9 页。

（二）个人在社会历史中的作用

无论历史的结局如何，人们总是通过每一个人追求他自己的、自觉预期的目的来创造他们的历史，而这许多按不同方向活动的愿望及其对外部世界的各种各样作用的合力，就是历史。

恩格斯：《路德维希·费尔巴哈和德国古典哲学的终结》(1886 年初)，

《马克思恩格斯文集》第 4 卷，

人民出版社 2009 年版，第 302 页。

因此，如果要去探究那些隐藏在——自觉地或不自觉地，而且往往是不自觉地——历史人物的动机背后并且构成历史的真正的最后动力的动力，那么问题涉及的，与其说是个别人物，即使是非常杰出人物的动机，不如说是使广大群众、使整个整个的民族，并且在每一民族中间又是使整个整个阶级行动起来的动机；而且也不是短暂的爆发和转瞬即逝的火花，而是持久的、引起重大历史变迁的行动。

恩格斯：《路德维希·费尔巴哈和德国古典哲学的终结》(1886 年初)，

《马克思恩格斯文集》第 4 卷，

人民出版社 2009 年版，第 304 页。

这里我们就来谈谈所谓伟大人物问题。恰巧某个伟大人物在一定时间出现于某一国家，这当然纯粹是一种偶然现象。但是，如果我们把这个人去掉，那时就会需要有另外一个人来代替他，并且这个代替者是会出现的，不论好一些或差一些，但是最终总是会出现的。

恩格斯:《恩格斯致瓦尔特·博尔吉乌斯》(1894 年 1 月 25 日),

《马克思恩格斯文集》第 10 卷,

人民出版社 2009 年版,第 669 页。

二、内容精要

人类社会的发展是不以人的意志为转移的客观必然过程,但是人类社会规律的运行离不开有意识、有目的的主体人的活动,究竟谁是人类社会历史创造的主体,这个问题在哲学发展史上一直存在争论。如何看待人民群众和英雄人物在创造历史过程中的作用,唯物史观给出了科学的阐释,既明确了人民群众是历史的创造者,又承认个人在历史中作用的差异性,并强调对历史人物的评价坚持历史分析法和阶级分析法。

三、难点释惑

如何理解唯物史观在历史创造者问题上坚持的原则?

首先,唯物史观立足于现实的人及其本质来把握历史的创造者。马克思指出,"人的本质不是单个人所固有的抽象物,在其现实性上,它是一切社会关系的总和"。在现实社会生活中,人的本质属性是社会属性,而不是自然属性。人的本质属性表现在各种社会关系中,特别是经济关系中,人的本质不是永恒不变的,而是变化发展的,它要求人们从特定的社会关系中去认识人的本质和作用。在社会发展的不同历史阶段上,具有不同社会属性的现实的人,在社会历史发展中的作用是不同的。

唯物史观立足于整体的社会历史过程来探究历史创造者问题。社会历史的演进虽离不开单个人的活动,但社会历史不是单个人活动的简单堆砌。历史并不是由哪个人左右的,而是由无数个人所组成的合力来推动的。我们单个人的历史,无论谁

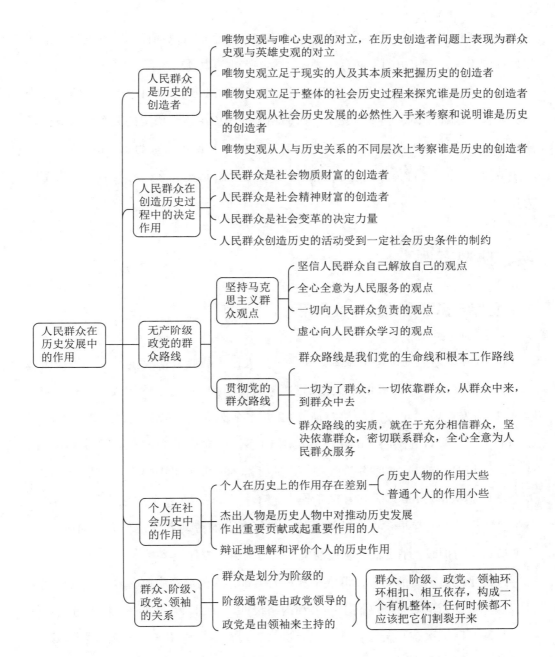

都不能和社会历史画等号。社会历史是就整体来考察的，这个整体就是人民群众所形成的合力。

唯物史观是从社会历史发展的必然性入手来考察和说明历史创造者及其活动。历史发展的必然性体现在一定历史主体的实践活动中，这个历史主体就是人民群众。在人类历史发展的过程中，既存在着符合历史发展趋势的必然性的力量，也存在着一些既可以发生也可以不发生、既可以这样发生也可以那样发生的偶然因素和偶然性的力量，而历史的发展总趋势体现为必然性的力量。

唯物史观从人与历史关系的不同层次上考察谁是历史的创造者。主体可分为个人主体、群体主体、类主体三个层次，相应的历史主体与历史的关系也具有三个层次：一是个体与历史，群体与历史，类与历史，在历史创造者的作用问题上，唯物史观认为只有类群体才是历史创造的决定力量，个人在历史过程中是非决定的力量。

四、典型案例

发挥人民群众的主体性作用

1. 案例内容：

自 2020 年新冠肺炎疫情暴发以来，全国人民为战胜疫情提供了强大的物质基础和精神支撑。54 万名湖北省和武汉市医务人员同新冠病毒短兵相接，率先打响了疫情防控遭遇战。346 支国家医疗队、4.2 万多名医务人员奔赴前线，担当起救死扶伤的重任。来自五湖四海的建设者仅用 10 多天就建成了"火神山""雷神山"两座医院，短时间改建 16 座方舱医院、迅速开辟 600 多个集中隔离点。全国 460 多万个基层党组织、400 多万名社区工作者坚守一线，在 65 万个城乡社区日夜值守，180 万名环卫工人起早贪黑、整治环境。各行各业的劳动者开足马力、加班加点，生产口罩、防护服、消毒液等防疫物资，助力疫情防控和经济复苏。

人民是创造历史的动力，群众是真正的英雄，人民群众中蕴含着许多应战疫情的智慧、方案。例如，开展网上办公和网络授课，利用"互联网+"恢复办公和教学；开通互联网医院平台，免费对患者进行在线初诊；应用 5G 智能机器人承担消毒清洁、体温测量、医护助理等工作；运用漫画、图表、歌曲、视频等传播防疫知识；采用网格化管理，将疫情防控落实到家庭和个人，做到早发现、早报告、早隔离、早治疗。

疫情防控坚持一切为了人民，把人民群众生命安全和身体健康放在第一位。从出生仅 30 多个小时的婴儿到 100 多岁的老人，从来华外国人员到在外中国公民，每一个人的生命、健康和价值、尊严都得到全力保护。

（选自《打赢疫情防控人民战争的胜利之本》，人民网，2020 年 9 月 28 日，

http://m.people.cn/n4/2020/0928/c34-14454874.html。）

青春理想，青春活力，青春奋斗，是中国精神和中国力量的生命力所在。时代呼唤担当，青年勇担重任。2020 年，春节假期回家的 00 后谢小玉赶上疫情，主动报名成为武汉东湖新城社区最年轻的志愿者，为近 200 户居民跑腿买菜、买药、取快递。习近平总书记在武汉听了谢小玉的汇报，深有感触地说："过去有人说他们是娇滴滴的一代，但现在看，他们成了抗疫一线的主力军，不怕苦、不怕牺牲。"

（选自《不辜负我们这个伟大时代（人民观点）》，

中国共产党新闻网，2022 年 4 月 27 日，

http://theory.people.com.cn/n1/2022/0427/c40531-32409728.html。）

冬奥会对你来说意味着什么？精彩的赛事、激烈的奖牌争夺、运动员展现出来的力与美……而对学生们来说，冬奥会是成长的足迹，是担当的力量。孙昕是北京理工大学机电学院 2020 级博士研究生，他通过 24 门线上培训课程、6 门线下培训课程以及多次的场馆岗位培训后，成为一名北京冬奥会赛会志愿者，自上大学以来，孙昕志愿服务时长已达 700 小时。

（选自《你负责逐梦冰雪，我负责温暖世界》，

《光明日报》，2022 年 2 月 10 日，

https://baijiahao.baidu.com/s?id=17241522483198848215&wfr=spider&for=pc。）

2. 讨论题：

（1）如何看待人民群众在抗击新冠肺炎疫情中的主体性作用？

（2）新冠疫情和冬奥会期间，你有参加志愿者的经历吗？大学生应如何把个人的责任和担当同中华民族的伟大复兴统一起来？

3. 案例点评：

人民群众是历史的创造者。首先，人民群众是社会物质财富的创造者。2020 年

新冠疫情期间，各行各业的劳动者开足马力、加班加点，生产口罩、防护服、消毒液等防疫物资，为战胜疫情奠定了坚实的物质基础。其次，人民群众是社会精神财富的创造者。人民群众创造性地提出了许多应战疫情的智慧、方案，为战胜疫情提供了强大的精神文化支撑。再次，人民群众在创造社会财富的同时，也创造并改造着社会关系，是社会变革的决定力量。唯物史观关于人民群众是历史创造者的原理，要求我们坚持马克思主义群众观点，贯彻党的群众路线，疫情防控期间坚持一切为了人民，以人为本的理念就是马克思主义群众观点和群众路线的生动体现。青年也属于人民群众的组成部分，青年是整个社会力量中最积极、最有生气的力量，国家的希望在青年，民族的未来在青年。新冠疫情大暴发以及北京冬奥会、冬残奥会期间，万余名青年志愿者积极参与志愿服务工作，他们在各自工作领域，用饱满的热情、周到的服务为抗击疫情以及赛会顺利举办奉献力量，向世界展示了蓬勃向上的中国青年形象。广大青年用行动证明，中国青年是有远大理想抱负的青年，是有深厚家国情怀的青年，是有伟大创造力的青年。

4. 使用说明：

（1）本案例的教学目的和用途

本案例的教学目的是：通过案例中一连串的数字，对我们的感官产生一系列的冲击，突出人民群众以及青年群体在抗击新冠肺炎疫情以及赛会顺利举办中的主体性作用。

本案例的用途是：可用于第三章第三节"人民群众在历史发展中的作用"部分的辅助学习，或者用于拓展知识阅读。

（2）本案例的结构及其分析思路的建议

本案例可以从三个部分展开：

第一部分，人民群众汇集的力量是非常强大的，在2020年抗击新冠肺炎期间，医疗产品的强大供给能力、方舱医院、隔离点的短时改建以及基层党组织、社区工作者、各级各类干部的尽职尽责无不凸显了人民群众是创造社会物质财富、精神财富的力量源泉。人民群众中蕴含着许多应战疫情的智慧、方案，疫情防控中一些有效的方法、举措，通常是由人民群众最早提出、最快使用的。

第二部分，2020年抗击新冠疫情阻击战的胜利是中国共产党坚持以人为本、执政为民理念的生动体现，主要体现在全国范围调集最优秀的医生、最先进的设备、最急需的资源，全力以赴投入疫病救治，救治费用全部由国家承担。每一个人的生命、健康和价值、尊严都得到全力保护。

第三部分，青年群体也是人民群众的组成部分，当代中国青年是与新时代同向同行、共同前进的一代，生逢盛世，肩负重任。广大青年志愿者在抗击疫情以及举办奥运会期间以奋斗的青春勇担起党和人民赋予的历史重任，把自己的小我融入祖国的大我、人民的大我之中，与时代同步伐、与人民群众共命运，实践充分证明，无论过去、现在还是未来，中国青年始终是实现中华民族伟大复兴的先锋力量。

小　结

唯物史观坚持人民群众是历史的创造者，人民群众是社会物质财富的创造者，是社会精神财富的创造者，是社会变革的决定力量。人民群众是历史创造者的原理，要求我们坚持马克思主义群众观点，贯彻党的群众路线。唯物史观强调人民群众是历史创造者，并不抹杀普通个人和杰出人物在历史创造中的作用，普通个人和杰出人物对历史的推动作用有大小之别，但没有高低贵贱之分。杰出人物的产生是一定历史条件下的产物，要正确认识杰出人物的作用，必须深入了解他们所处的历史条件和阶级背景，贯彻历史分析方法和阶级分析方法相一致的原则。为更好把握人民群众创造历史的作用和个人在历史上作用的关系，需要正确认识和处理群众、阶级、政党、领袖的关系。群众、阶级、政党、领袖环环相扣、相互依存，构成一个有机整体，任何时候都不应该把他们割裂开来。

总之，通过第三章的学习，我们掌握了人类社会的起源、基本结构、发展规律及发展动力，这些内容为我们深入分析具体社会形态提供了马克思主义的立场、观点和方法。资本主义社会是当前存在的一种社会形态，那么资本主义社会是在什么样的历史背景下产生的？资本主义制度的基本结构如何？其发展趋势如何？这将是第四章、第五章要涉及的主要内容。

第四章　资本主义的本质及规律

学习目标

运用马克思主义的立场、观点和方法，准确认识资本主义生产方式的基本矛盾，深刻理解资本主义经济制度的本质，正确把握社会化大生产和商品经济运动的一般规律，正确认识和把握资本主义政治制度、意识形态及其本质。

学习要点

○私有制基础上商品经济的基本矛盾

○劳动价值论及其意义

○剩余价值论及其意义

○资本主义基本矛盾与经济危机

○资本主义政治制度及其本质

○资本主义意识形态及其本质

知识坐标

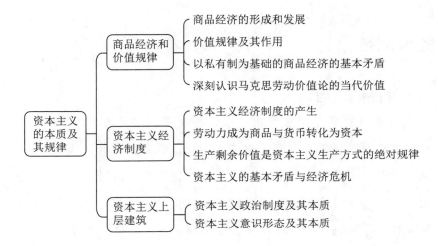

第一节　商品经济和价值规律

一、经典阅读

（一）商品的二因素

物的有用性使物成为使用价值。但这种有用性不是悬在空中的。它决定于商品体的属性，离开了商品体就不存在。因此，商品体本身，例如铁、小麦、金刚石等等，就是使用价值，或财物。商品体的这种性质，同人取得它的使用属性所耗费的劳动的多少没有关系。在考察使用价值时，总是以它们的量的规定性为前提，如一打表，一码布，一吨铁等等。商品的使用价值为商品学这门学科提供材料①。

马克思：《资本论》第 1 卷（1867 年），

《马克思恩格斯文集》第 5 卷，

人民出版社 2009 年版，第 48 页。

使用价值只是在使用或消费中得到实现。不论财富的社会的形式如何，使用价值总是构成财富的物质的内容。在我们所要考察的社会形式中，使用价值同时又是交换价值的物质承担者。

马克思：《资本论》第 1 卷（1867 年），

《马克思恩格斯文集》第 5 卷，

人民出版社 2009 年版，第 49 页。

---

① "在资产阶级社会中，流行着一种法律拟制，认为每个人作为商品的买者都具有百科全书般的商品知识。" 法律拟制（fictio juris）本是法律上一个原则，即把现实中不存在的事实在法律上当做存在的事实来处理。正文中的意思是指一种与现实相矛盾的假定。——参见原著注释。

作为使用价值，商品首先有质的差别；作为交换价值，商品只能有量的差别，因而不包含任何一个使用价值的原子。

如果把商品体的使用价值撇开，商品体就只剩下一个属性，即劳动产品这个属性。可是劳动产品在我们手里也已经起了变化。如果我们把劳动产品的使用价值抽去，那么也就是把那些使劳动产品成为使用价值的物体的组成部分和形式抽去。它们不再是桌子、房屋、纱或别的什么有用物。它们的一切可以感觉到的属性都消失了。它们也不再是木匠劳动、瓦匠劳动、纺纱劳动或其他某种一定的生产劳动的产品了。随着劳动产品的有用性的消失，体现在劳动产品中的各种劳动的有用性也消失了，因而这些劳动的各种具体形式也消失了。各种劳动不再有什么差别，全都化为相同的人类劳动，抽象人类劳动。

> 马克思：《资本论》第 1 卷（1867 年），
> 《马克思恩格斯文集》第 5 卷，
> 人民出版社 2009 年版，第 50—51 页。

现在我们来考察劳动产品剩下来的东西。它们剩下的只是同一的幽灵般的对象性，只是无差别的人类劳动的单纯凝结，即不管以哪种形式进行的人类劳动力耗费的单纯凝结。这些物现在只是表示，在它们的生产上耗费了人类劳动力，积累了人类劳动。这些物，作为它们共有的这个社会实体的结晶，就是价值——商品价值。

> 马克思：《资本论》第 1 卷（1867 年），
> 《马克思恩格斯文集》第 5 卷，
> 人民出版社 2009 年版，第 51 页。

（二）生产商品的劳动二重性

起初我们看到，商品是一种二重的东西，即使用价值和交换价值。后来表明，劳动就它表现为价值而论，也不再具有它作为使用价值的创造者所具有的那些特征。商品中包含的劳动的这种二重性，是首先由我批判地证明的①。这一点是理解政

---

① 参见马克思《政治经济学批判》1859 年柏林版第 12、13 页。

治经济学的枢纽。

马克思：《资本论》第1卷（1867年），

《马克思恩格斯文集》第5卷，

人民出版社2009年版，第54—55页。

　　对上衣来说，无论是裁缝自己穿还是他的顾客穿，都是一样的。在这两种场合，它都是起使用价值的作用。同样，上衣和生产上衣的劳动之间的关系本身，也并不因为裁缝劳动成为专门职业，成为社会分工的一个独立的部分就有所改变。在有穿衣需要的地方，在有人当裁缝以前，人已经缝了几千年的衣服。但是，上衣、麻布以及任何一种不是天然存在的物质财富要素，总是必须通过某种专门的、使特殊的自然物质适合于特殊的人类需要的、有目的的生产活动创造出来。因此，劳动作为使用价值的创造者，作为有用劳动，是不以一切社会形式为转移的人类生存条件，是人和自然之间的物质变换即人类生活得以实现的永恒的自然必然性。

马克思：《资本论》第1卷（1867年），

《马克思恩格斯文集》第5卷，

人民出版社2009年版，第56页。

　　如果把生产活动的特定性质撇开，从而把劳动的有用性质撇开，劳动就只剩下一点：它是人类劳动力的耗费。尽管缝和织是不同质的生产活动，但二者都是人的脑、肌肉、神经、手等等的生产耗费，从这个意义上说，二者都是人类劳动。这只是耗费人类劳动力的两种不同的形式。当然，人类劳动力本身必须已有或多或少的发展，才能以这种或那种形式耗费。但是，商品价值体现的是人类劳动本身，是一般人类劳动的耗费。

马克思：《资本论》第1卷（1867年），

《马克思恩格斯文集》第5卷，

人民出版社2009年版，第57页。

　　因此，劳动作为使用价值的创造者，作为有用劳动，是不以一切社会形式为转移的人类生存条件，是人和自然之间的物质变换即人类生活得以实现的永恒的自然必然性。

马克思:《资本论》第 1 卷（1867 年），

《马克思恩格斯文集》第 5 卷，

人民出版社 2009 年版，第 56 页。

一切劳动，一方面是人类劳动力在生理学意义上的耗费；就相同的或抽象的人类劳动这个属性来说，它形成商品价值。一切劳动，另一方面是人类劳动力在特殊的有一定目的的形式上的耗费；就具体的有用的劳动这个属性来说，它生产使用价值。

马克思:《资本论》第 1 卷（1867 年），

《马克思恩格斯文集》第 5 卷，

人民出版社 2009 年版，第 60 页。

（三）商品价值量的决定

但是，形成价值实体的劳动是相同的人类劳动，是同一的人类劳动力的耗费。体现在商品世界全部价值中的社会的全部劳动力，在这里是当作一个同一的人类劳动力，虽然它是由无数单个劳动力构成的。每一个这种单个劳动力，同别一个劳动力一样，都是同一的人类劳动力，只要它具有社会平均劳动力的性质，起着这种社会平均劳动力的作用，从而在商品的生产上只使用平均必要劳动时间或社会必要劳动时间。社会必要劳动时间是在现有的社会正常的生产条件下，在社会平均的劳动熟练程度和劳动强度下制造某种使用价值所需要的时间。

马克思:《资本论》第 1 卷（1867 年），

《马克思恩格斯文集》第 5 卷，

人民出版社 2009 年版，第 52 页。

不管生产力发生了什么变化，同一劳动在同样的时间内提供的价值量总是相同的。但它在同样的时间内提供的使用价值量是不同的；生产力提高时就多些，生产力降低时就少些。因此，那种能提高劳动成效从而增加劳动所提供的使用价值量的生产力变化，如果会缩减生产这个使用价值量所必需的劳动时间的总和，就会减少这个增加了的总量的价值量。反之亦然。

马克思:《资本论》第1卷（1867年），

《马克思恩格斯文集》第5卷，

人民出版社2009年版，第60页。

但是，商品价值体现的是人类劳动本身，是一般人类劳动的耗费。正如在资产阶级社会里，将军或银行家扮演着重要的角色，而人本身则扮演极卑微的角色一样，人类劳动在这里也是这样。它是每个没有任何专长的普通人的有机体平均具有的简单劳动力的耗费。简单平均劳动本身虽然在不同的国家和不同的文化时代具有不同的性质，但在一定的社会里是一定的。比较复杂的劳动只是自乘的或不如说多倍的简单劳动，因此，少量的复杂劳动等于多量的简单劳动。经验证明，这种简化是经常进行的。一个商品可能是最复杂的劳动的产品，但是它的价值使它与简单劳动的产品相等，因而本身只表示一定量的简单劳动。各种劳动化为当做它们的计量单位的简单劳动的不同比例，是在生产者背后由社会过程决定的，因而在他们看来，似乎是由习惯决定的。

马克思:《资本论》第1卷（1867年），

《马克思恩格斯文集》第5卷，

人民出版社2009年版，第57—58页。

（四）价值形式的发展与货币的产生

我们的商品占有者在他们的困难处境中是像浮士德那样想的：起初是行动。因此他们还没有想就已经做起来了。商品本性的规律通过商品占有者的天然本能表现出来。他们只有使他们的商品同任何另一个作为一般等价物的商品对立，才能使他们的商品作为价值，从而作为商品彼此发生关系。商品分析已经表明了这一点。但是，只有社会的行动才能使一个特定的商品成为一般等价物。因此，其他一切商品的社会的行动使一个特定的商品分离出来，通过这个商品全面表现它们的价值。于是这个商品的自然形式就成为社会公认的等价形式。由于这种社会过程，充当一般等价物就成为被分离出来的商品的独特的社会职能。这个商品就成为货币。

马克思:《资本论》第1卷（1867年），

《马克思恩格斯文集》第5卷，

人民出版社2009年版，第105—106页。

"金银天然不是货币，但货币天然是金银"，这句话已为金银的自然属性适于担任货币的职能而得到证明。但至此我们只知道货币的一种职能：它是商品价值的表现形式，或者是商品价值量借以取得社会表现的材料。一种物质只有分成的每一份都是均质的，才能成为价值的适当的表现形式，或抽象的因而等同的人类劳动的化身。另一方面，因为价值量的差别纯粹是量的差别，所以货币商品必须只能有纯粹量的差别，就是说，必须能够随意分割，又能随意把它的各部分合并起来。金和银就天然具有这种属性。

马克思:《资本论》第1卷（1867年），

《马克思恩格斯文集》第5卷，

人民出版社2009年版，第108—109页。

（五）价值规律及其作用

使市场在资源配置中起决定性作用、更好发挥政府作用，既是一个重大理论命题，又是一个重大实践命题。科学认识这一命题，准确把握其内涵，对全面深化改革、推动社会主义市场经济健康有序发展具有重大意义。在市场作用和政府作用的问题上，要讲辩证法、两点论，"看不见的手"和"看得见的手"都要用好，努力形成市场作用和政府作用的有机统一、相互补充、相互协调、相互促进的格局，推动经济社会持续健康发展。

习近平:《"看不见的手"和"看得见的手"都要用好》

（习近平在主持十八届中央政治局第十五次集体学习的讲话要点，

2014年5月26日），《习近平谈治国理政》第1卷，

外文出版社2018年版，第116页。

准确定位和把握使市场在资源配置中起决定性作用和更好发挥政府作用，必须正确认识市场作用和政府作用的关系。政府和市场的关系是我国经济体制改革的核心。党的十八届三中全会将市场在资源配置中起基础性作用修改为起决定性作用，虽然只有两字之差，但对市场作用是一个全新的定位，"决定性作用"和"基础性作用"这两个定位是前后衔接、继承发展的。使市场在资源配置中起决定性作用和更好发挥政府作用，二者是有机统一的，不是相互否定的，不能把二者割裂开来、对立起来，既不能用市场在资源配置中的决定性作用取代甚至否定政府作用，也不能用更好发挥政府作用取代甚至否定使市场在资源配置中起决定性作用。

习近平：《"看不见的手"和"看得见的手"都要用好》

（习近平在主持十八届中央政治局第十五次集体学习的讲话要点，

2014 年 5 月 26 日），《习近平谈治国理政》第 1 卷，

外文出版社 2018 年版，第 117 页。

（六）以私有制为基础的商品经济的基本矛盾

可见，商品形式的奥秘不过在于：商品形式在人们面前把人们本身劳动的社会性质反映成劳动产品本身的物的性质，反映成这些物的天然的社会属性，从而把生产者同总劳动的社会关系反映成存在于生产者之外的物与物之间的社会关系。由于这种转换，劳动产品成了商品，成了可感觉而又超越感觉的物或社会的物。

马克思：《资本论》第 1 卷（1867 年），

《马克思恩格斯文集》第 5 卷，

人民出版社 2009 年版，第 89 页。

因此，要找一个比喻，我们就得逃到宗教世界的幻境中去。在那里，人脑的产物表现为赋有生命的、彼此发生关系并同人发生关系的独立存在的东西。在商品世界里，人手的产物也是这样。我把这叫做拜物教。劳动产品一旦作为商品来生产，就带上拜物教性质，因此拜物教是同商品生产分不开的。

商品世界的这种拜物教性质，像以上分析已经表明的，是来源于生产商品的劳

动所特有的社会性质。

马克思：《资本论》第1卷（1867年），

《马克思恩格斯文集》第5卷，

人民出版社2009年版，第90页。

使用物品成为商品，只是因为它们是彼此独立进行的私人劳动的产品。这种私人劳动的总和形成社会总劳动。因为生产者只有通过交换他们的劳动产品才发生社会接触，所以，他们的私人劳动的独特的社会性质也只有在这种交换中才能表现出来。换句话说，私人劳动在事实上证实为社会总劳动的一部分，只是由于交换使劳动产品之间、从而使生产者之间发生了关系。因此，在生产者面前，他们的私人劳动的社会关系就表现为现在这个样子，就是说，不是表现为人们在自己劳动中直接的社会关系，而是表现为人们之间的物的关系和物之间的社会关系。

马克思：《资本论》第1卷（1867年），

《马克思恩格斯文集》第5卷，

人民出版社2009年版，第90页。

生产者的私人劳动真正取得了二重的社会性质。一方面，生产者的私人劳动必须作为一定的有用劳动来满足一定的社会需要，从而证明它们是总劳动的一部分，是自然形成的社会分工体系的一部分。另一方面，只有在每一种特殊的有用的私人劳动可以同任何另一种有用的私人劳动相交换从而相等时，生产者的私人劳动才能满足生产者本人的多种需要。完全不同的劳动所以能够相等，只是因为它们的实际差别已被抽去，它们已被化成它们作为人类劳动力的耗费，作为抽象的人类劳动所具有的共同性质。

马克思：《资本论》第1卷（1867年），

《马克思恩格斯文集》第5卷，

人民出版社2009年版，第90—91页。

二、内容精要

（一）商品经济的形成和发展

简单商品经济以生产资料私有制和个体劳动为基础，剖析以私有制为基础的简单商品经济的内在矛盾及其运动规律，就自然成为揭示资本主义本质的出发点。

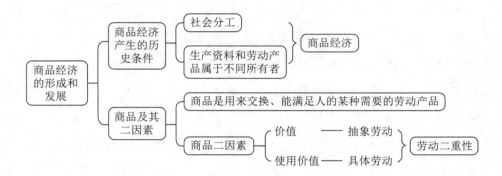

（二）价值规律是商品生产和商品交换的基本规律

价值规律是商品生产和商品交换的基本规律。价值规律贯穿于商品经济的全部过程，它既支配商品生产，又支配商品流通。

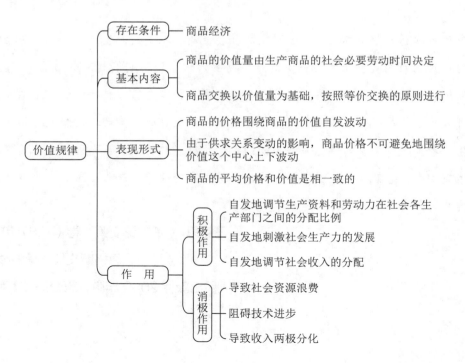

（三）深刻认识马克思劳动价值论

马克思劳动价值论主要包括商品的二因素和生产商品的劳动的二重性及其相互关系的理论，价值量的规定性及其变化规律的理论，价值形式的发展和货币起源的理论，商品经济的基本矛盾和基本规律及其作用的理论等方面的内容。

要　点	框　架	具　体　内　容
深刻认识马克思劳动价值论	理论和实践意义	扬弃了英国古典政治经济学的观点，为剩余价值论的创立奠定了基础
		揭示了私有制条件下商品经济的基本矛盾，为从物与物的关系背后揭示人与人的关系提供了理论依据
		揭示了商品经济的一般规律，对理解社会主义市场经济具有指导意义
	深化对马克思劳动价值论的认识	深化对创造价值的劳动的认识，对生产性劳动做出新的界定
		深化对科技人员、经营管理人员在社会生产和价值创造中所起作用的认识
		深化对价值创造与价值分配关系的认识

三、难点释惑

（一）当今社会，如何理解马克思关于"总体工人"的概念

马克思在《资本论》中提到"正如在自然机体中头和手组成一体一样，劳动过程把脑力劳动和体力劳动结合在一起了"[1]，同时他又论述到"产品从个体生产者的直接产品转化为社会产品，转化为总体工人即结合劳动人员的共同产品"[2]。马克思对脑力劳动（包括科技人员和管理人员的劳动）给予了肯定，认为这些劳动也是创造价值的劳动，但他重点研究的是物质生产领域的体力劳动。

当今社会，在科技创新和知识创新越来越重要的条件下，科技劳动和管理劳动等脑力劳动，不仅作为一般劳动在价值创造中起着重要的作用，而且作为更高层次的复杂劳动，创造的价值要大大高于简单劳动。因此，应充分肯定科技人员、经营

---

[1]　《马克思恩格斯文集》第 5 卷，人民出版社 2009 年版，第 582 页。

[2]　同上。

管理人员在创造价值中付出的劳动，在收入分配方面使他们的劳动报酬与其劳动贡献相匹配，以充分调动和发挥他们的积极性和创造性。

科学技术本身并不能创造价值，但科学技术在生产中的应用可以使劳动对象的范围更广、性能更好，从而有利于劳动生产率的提高；科学技术还可以为人所掌握，而掌握了科学技术的人可以提高劳动效率，创造出更多的使用价值和价值。所以，应充分认识科学技术的作用，把大力发展科学技术摆到重要的位置。

（二）如何理解价值创造与价值分配之间的关系

价值创造和价值分配是两个既有联系又有区别的范畴。其联系表现为：价值创造是价值分配的前提，如果价值不创造出来，就没有价值可供分配。一个社会生产的价值总量等于价值分配的价值总量。

价值创造和价值分配又存在严格的区别。价值创造要回答的问题包括：价值实体是什么、谁创造了价值、创造了多少价值。价值分配要回答的问题包括：价值归属、分配"规则"及价值分配实现手段。价值创造并不直接是价值分配的依据。马克思的劳动价值论揭示了劳动是价值的唯一源泉，其他生产要素都不创造价值，但这并不等于说由劳动创造的价值就应由劳动者完全占有。因为价值分配并不以价值创造为直接依据，它是随着经济关系性质的变化而进行调整的。这种分配原则的变化和调整与价值创造并无直接的关系。在市场经济条件下，分配要通过市场实现，分配关系是生产要素所有者所有权的实现。在生产关系的所有内容中，起重要作用的是生产资料的所有权形式和产权关系，主要由它们决定了价值分配的具体实现形式。

价值分配原则的变化并不能否定价值创造的理论。按要素分配，意味着各种生产要素的所有者都有权从创造的价值中分到一份利益，但并不能由此推论价值就是由各个要素共同创造的。劳动价值论不是按要素分配的理论依据，但也不能用按要素分配来否定劳动价值论。

（三）如何理解商品转化成货币是"商品的惊险的跳跃"

货币产生后，商品内在的使用价值与价值的矛盾就转化为外在的商品和货币的矛盾。货币的出现并没有从根本上消除商品经济的矛盾，商品的销售可能存在更多的困难和风险。

从商品的使用价值看，同一种商品的生产企业不断增加，带来竞争的困难；即使生产新品种的商品，投放到市场上也未必能立即引起消费者的需求而成为社会需要的，因而也难以出卖；即使生产的商品是社会需要的，也不能保证全部售完，因为产品的更新越来越快，社会对于商品的需要量是有限度的，在竞争中，有些商品将成为多余的。

从商品价值方面看，生产技术改进，劳动生产率提高，生产商品的社会必要劳动时间减少，降低商品的价值量，那么在这之前生产的该种商品就不能实现原来的价值量；即使单个商品是按其社会必要劳动时间生产的，但是在一定时期内，如果生产这一种商品的总量超过了社会必要总量，那么在这种商品总量上所消费的过多的劳动时间也就不能形成价值。当商品的价值不能实现，商品不能转化为货币。

四、典型案例

（一）习近平谈"看不见的手"和"看得见的手"

1. 案例内容：

材料1：使市场在资源配置中起决定性作用、更好发挥政府作用，既是一个重大理论命题，又是一个重大实践命题。科学认识这一命题，准确把握其内涵，对全面深化改革、推动社会主义市场经济健康有序发展具有重大意义。在市场作用和政府作用的问题上，要讲辩证法、两点论，"看不见的手"和"看得见的手"都要用好，努力形成市场作用和政府作用有机统一、相互补充、相互协调、相互促进的格局，推动经济社会持续健康发展。

党的十八届三中全会提出，经济体制改革是全面深化改革的重点，核心问题是处理好政府和市场的关系，使市场在资源配置中起决定性作用，更好发挥政府作用。提出使市场在资源配置中起决定性作用，是我们党对中国特色社会主义建设规律认识的一个新突破，是马克思主义中国化的一个新成果，标志着社会主义市场经济发展进入了一个新阶段。

（——习近平在主持十八届中央政治局第十五次集体学习的讲话要点）

材料 2：如何正确处理政府与市场关系，是经济学上的世界性难题。

"在市场作用和政府作用的问题上，要讲辩证法、两点论，'看不见的手'和'看得见的手'都要用好"，习近平总书记准确阐明二者辩证关系。

习近平经济思想聚焦于"效"，既强调市场在资源配置中的"决定性作用"，同时要求"更好发挥政府作用"，推动有为政府和有效市场更好结合，让市场经济在宏观调控中焕发旺盛生机，实现经济治理效率最大化，给世界以重要启示。

2. 讨论题：

（1）习近平总书记所强调的市场在资源配置中起决定性作用的原因是什么？

（2）为什么"看不见的手"和"看得见的手"都要用好？

3. 案例点评：

我国经济发展获得巨大成功的一个关键因素，就是我们既发挥了市场经济的长处，又发挥了社会主义制度的优越性。习近平总书记这样总结中国经济行稳致远的密码。

改革开放以来，我们坚持和发展社会主义基本经济制度，发挥社会主义市场经济体制优势，排除传统思维和新自由主义的干扰，正确处理政府和市场关系，坚定以双轮驱动大踏步赶上时代。党的十八届三中全会进一步深化对社会主义市场经济的认识，首次提出"使市场在资源配置中起决定性作用和更好发挥政府作用"。价值规律在市场配置资源过程中能够自发地调节生产资料和劳动力在社会各生产部门之间的分配比例，自发地刺激社会生产力的发展，自发地调节社会收入的分配。但是价值规律在对经济活动进行自发调节时，也会造成一些消极的后果。其一，导致社会资源浪费；其二，阻碍技术进步；其三，导致收入两极分化。中国成功实现社会主义基本经济制度与市场经济有机结合，以习近平经济思想为引领，"有形之手"与"无形之手"形成合力，显著拓展了人类对于经济规律的认知，深刻启示了各国经济治理实践，其世界性贡献将日益彰显。

4. 使用说明：

本案例的教学目的是：通过介绍习近平总书记对于市场与政府关系的重要论述，正确认识市场调节的积极作用与消极作用及国家宏观调控的重要意义，让市场的"无形之手"与政府宏观调控的"有形之手"各展其长，最大限度激发内生增长动力，并将其所蕴含的中国治理智慧启迪全球经济发展。

本案例的用途是：可用于第四章第一节关于"商品经济与价值规律"部分的辅助学习，或者用于拓展知识阅读。

本案例的结构及其分析思路的建议：首先，从我国经济的发展历程比较计划经济体制和市场经济体制各自的利弊，思考发挥市场在资源配置中起决定性作用的意义。其次，习近平总书记曾多次在讲话中提到"看不见的手"和"看得见的手"，可以查找相关资料，联系实际分析二者结合的必要性。

小 结

马克思通过对商品关系的深刻分析，创立了科学的劳动价值论，主要包括商品的二因素和生产商品的劳动的二重性及其相互关系的理论，价值量的规定性及其变化规律的理论，价值形式的发展和货币起源的理论，商品经济的基本矛盾和基本规律及其作用的理论等方面的内容。

马克思在继承英国古典政治经济学劳动创造价值理论的同时，创立了劳动二重性理论，第一次确定了什么样的劳动形成价值、为什么形成价值以及怎样形成价值，阐明了具体劳动和抽象劳动在商品价值形成中的不同作用，从而为揭示剩余价值的真正来源、创立剩余价值理论奠定了基础。此外，马克思的资本有机构成理论、资本积累理论、社会资本再生产理论等政治经济学的一系列重要理论的创立也都同劳动二重性理论有关。

第二节 资本主义经济制度

一、经典阅读

（一）资本主义经济制度的产生

创造资本关系的过程，只能是劳动者和他的劳动条件的所有权分离的过程，这个过程一方面使社会的生活资料和生产资料转化为资本，另一方面使直接生产者转化为雇佣工人。因此，所谓原始积累只不过是生产者和生产资料分离的历史过程。这个过程之所以表现为"原始的"，因为它形成资本及与之相适应的生产方式的前史。

资本主义社会的经济结构是从封建社会的经济结构中产生的。后者的解体使前者的要素得到解放。

马克思：《资本论》第 1 卷（1867 年），

《马克思恩格斯文集》第 5 卷，

人民出版社 2009 年版，第 822 页。

分工的进一步扩大是生产和交往的分离，是商人这一特殊阶级的形成。这种分离在随历史保存下来的城市（其中有住有犹太人的城市）里被继承下来，并很快就在新兴的城市中出现了。这样就产生了同邻近地区以外的地区建立贸易联系的可能性，这种可能性之变为现实，取决于现有的交通工具的情况，取决于政治关系所决定的沿途社会治安状况（大家知道，整个中世纪，商人都是结成武装商队行动的）以及取决于交往所及地区内相应的文化水平所决定的比较粗陋或比较发达的需求。

随着交往集中在一个特殊阶级手里，随着商人所促成的同城市近郊以外地区的通商的扩大，在生产和交往之间也立即发生了相互作用。

马克思、恩格斯：《德意志意识形态》（1845 年秋—1846 年 5 月），

《马克思恩格斯文集》第 1 卷，

人民出版社 2009 年版，第 559 页。

劳动者的奴役状态是产生雇佣工人和资本家的发展过程的起点。这一发展过程就是这种奴役状态的形式变换，就是封建剥削转化为资本主义剥削。要了解这一过程的经过，不必追溯太远。虽然在 14 和 15 世纪，在地中海沿岸的某些城市已经稀疏地出现了资本主义生产的最初萌芽，但是资本主义时代是从 16 世纪才开始的。在这个时代来到的地方，农奴制早已废除，中世纪的顶点——主权城市也早已衰落。

马克思：《资本论》第 1 卷（1867 年），

《马克思恩格斯文集》第 5 卷，

人民出版社 2009 年版，第 823 页。

这种原始积累在政治经济学中所起的作用，同原罪在神学中所起的作用几乎是一样的。亚当吃了苹果，人类就有罪了。人们在解释这种原始积累的起源的时候，就像在谈过去的奇闻逸事。在很久很久以前有两种人，一种是勤劳的、聪明的，而且首先是节俭的精英，另一种是懒惰的、耗尽了自己的一切、甚至耗费过了头的无赖汉。诚然，神学中关于原罪的传说告诉我们，人怎样被注定必须汗流满面才得糊口；而经济学中关于原罪的故事则向我们揭示，怎么会有人根本不需要这样做。但是，这无关紧要。于是出现了这样的局面：第一种人积累财富，而第二种人最后除了自己的皮以外没有可出卖的东西。大多数人的贫穷和少数人的富有就是从这种原罪开始的；前者无论怎样劳动，除了自己本身以外仍然没有可出卖的东西，而后者虽然早就不再劳动，但他们的财富却不断增加。

马克思：《资本论》第 1 卷（1867 年），

《马克思恩格斯文集》第 5 卷，

人民出版社 2009 年版，第 820—821 页。

大家知道，在真正的历史上，征服、奴役、劫掠、杀戮，总之，暴力起着巨大的作用。但是在温和的政治经济学中，从来就是田园诗占统治地位。正义和"劳动"自古以来就是唯一的致富手段，自然，"当前这一年"总是例外。事实上，原始积累的方法绝不是田园诗的东西。

马克思：《资本论》第 1 卷（1867 年），

《马克思恩格斯文集》第 5 卷，

人民出版社 2009 年版，第 821 页。

在原始积累的历史中，对正在形成的资本家阶级起过推动作用的一切变革，都是历史上划时代的事情；但是首要的因素是：大量的人突然被强制地同自己的生存资料分离，被当做不受法律保护的无产者抛向劳动市场。对农业生产者即农民的土地的剥夺，形成全部过程的基础。这种剥削的历史在不同的国家带有不同的色彩，按不同的顺序、在不同的历史时代通过不同的阶段。只有在英国，它才具有典型的形式，因此我们拿英国做例子。

马克思：《资本论》第1卷（1867年），

《马克思恩格斯文集》第5卷，

人民出版社2009年版，第823页。

要使资本主义生产方式的"永恒的自然规律"充分表现出来，要完成劳动者同劳动条件的分离过程，要在一极使社会的生产资料和生活资料转化为资本，在另一极使人民群众转化为雇佣工人，转化为自由的"劳动贫民"这一现代历史的杰作，就需要经受这种苦难。如果按照奥日埃的说法，货币"来到世间，在一边脸上带着天生的血斑"[1]，那么，资本来到世间，从头到脚，每个毛孔都滴着血和肮脏的东西。

马克思：《资本论》第1卷（1867年），

《马克思恩格斯文集》第5卷，

人民出版社2009年版，第870—871页。

（二）劳动力成为商品与货币转化为资本

直接生产者，劳动者，只有当他不再束缚于土地，不再隶属或从属于他人的时候，才能支配自身。其次，他要成为劳动力的自由出卖者，能把他的商品带到任何可以找到市场的地方去，他就必须摆脱行会的控制，摆脱行会关于学徒和帮工的制度以及关于劳动的约束性的规定。因此，使生产者转化为雇佣工人的历史运动，一方面表现为生产者从农奴地位和行会束缚下解放出来；对于我们的资产阶级历史学家来说，只有这一方面是存在的。但是另一方面，新被解放的人只有在他们被剥夺了一切生产资料和旧封建制度给予他们的一切生存保障之后，才能成为他们自身的出卖者。而对他们的这种剥夺的历史是用血和火的文字载入人类编年史的。

马克思：《资本论》第1卷（1867年），

《马克思恩格斯文集》第5卷，

人民出版社2009年版，第822页。

---

[1] 马利·奥日埃：《论公共信用及其古今史》[1842年巴黎版，第265页]，参见引文原著脚注。

　　从社会角度来看，工人阶级，即使在直接劳动过程以外，也同死的劳动工具一样是资本的附属物。甚至工人阶级的个人消费，在一定限度内，也不过是资本再生产过程的一个要素。不过，这个过程关心的是，它不让这些有自我意识的生产工具在它不断使他们的劳动产品从他们这一极移到资本那一极时跑掉。个人消费一方面保证他们维持自己和再生产自己，另一方面通过生活资料的耗费来保证他们不断重新出现在劳动市场上。罗马的奴隶是由锁链，雇佣工人则由看不见的线系在自己的所有者手里。他的独立性这种假象是由雇主的经常更换以及契约的法律拟制来保持的。

马克思：《资本论》第 1 卷（1867 年），

《马克思恩格斯文集》第 5 卷，

人民出版社 2009 年版，第 661—662 页。

　　在机器形式中对象化的劳动自然没有直接创造出任何一个人，但是它使较少的工人人数通过追加相对较少的活劳动，就能不仅把羊毛生产地消费掉，对羊毛加进新的价值，而且还以毛纱等等的形式保存羊毛的旧价值。同时，它又提供了羊毛扩大再生产的手段和刺激。在创造新价值时又保存旧价值，这是活劳动的自然恩惠。因此，随着劳动的生产资料的效能、规模和价值的增长，从而随着由劳动生产力的发展而造成的积累的增长，劳动在不断更新的形式中把不断膨胀的资本的价值保存下来并使之永久化。

马克思：《资本论》第 1 卷（1867 年），

《马克思恩格斯文集》第 5 卷，

人民出版社 2009 年版，第 700 页。

　　有了商品流通和货币流通，决不是具备了资本存在的历史条件。只有当生产资料和生活资料的占有者在市场上找到出卖自己劳动力的自由工人的时候，资本才产生；而单是这一历史条件就包含着一部世界史。因此，资本一出现，就标志着社会生产过程的一个新时代。

马克思：《资本论》第 1 卷（1867 年），

《马克思恩格斯文集》第 5 卷，

人民出版社 2009 年版，第 198 页。

同一切其他商品一样，劳动力也具有价值。这个价值是怎样决定的呢？

同任何其他商品的价值一样，劳动力的价值也是由生产从而再生产这种独特物品所必要的劳动时间决定的。就劳动力代表价值来说，它本身只代表在它身上对象化的一定量的社会平均劳动。劳动力只是作为活的个人的能力而存在。因此，劳动力的生产要以活的个人的存在为前提。假设个人已经存在，劳动力的生产就是这个个人本身的再生产或维持。活的个人要维持自己，需要有一定量的生活资料。因此，生产劳动力所必要的劳动时间，可以归结为生产这些生活资料所必要的劳动时间，或者说，劳动力的价值，就是维持劳动力占有者所必要的生活资料的价值。但是，劳动力只有表现出来才能实现，只有在劳动中才能发挥出来。而劳动力的发挥即劳动，耗费人的一定量的肌肉、神经、脑等等，这些消耗必须重新得到补偿。支出增多，收入也得增多。劳动力所有者今天进行劳动，他必须明天也能够在同样的精力和健康条件下重复同样的过程。因此，生活资料的总和应当足以使劳动者个人能够在正常的生活状况下维持自己。

马克思：《资本论》第1卷（1867年），

《马克思恩格斯文集》第5卷，

人民出版社2009年版，第198—199页。

为改变一般人的本性，使它获得一定劳动部门的技能和技巧，成为发达的和专门的劳动力，就要有一定的教育或训练，而这又得花费或多或少的商品等价物。劳动力的费用随着劳动力性质的复杂程度而不同。因此，这种教育费用——对于普通劳动力来说是微乎其微的——包括在生产劳动力所耗费的价值总和中。

劳动力的价值可以归结为一定量生活资料的价值。因此，它也随着这些生活资料的价值即生产这些生活资料所需要的劳动时间量的改变而改变。

马克思：《资本论》第1卷（1867年），

《马克思恩格斯文集》第5卷，

人民出版社2009年版，第200页。

（三）生产剩余价值是资本主义生产方式的绝对规律

劳动力的使用就是劳动本身。劳动力的买者消费劳动力，就是叫劳动力的卖者劳动。劳动力的卖者也就由此在现实上成为发挥作用的劳动力，成为工人，而在此以前，他只不过在可能性上是工人。为了把自己的劳动表现在商品中，他必须首先把它表现在使用价值中，表现在能满足某种需要的物中。因此，资本家要工人制造的是某种特殊的使用价值，是一定的物品。虽然使用价值或财物的生产是为了资本家，并且是在资本家的监督下进行的，但是这并不改变这种生产的一般性质。所以，劳动过程首先要撇开每一种特定的社会的形式来加以考察。

马克思:《资本论》第1卷（1867年），

《马克思恩格斯文集》第5卷，

人民出版社2009年版，第207页。

当一个使用价值作为产品退出劳动过程的时候，另一些使用价值，以前的劳动过程的产品，则作为生产资料进入劳动过程。同一个使用价值，既是这种劳动的产品，又是那种劳动的生产资料。所以，产品不仅是劳动过程的结果，同时还是劳动过程的条件。

马克思:《资本论》第1卷（1867年），

《马克思恩格斯文集》第5卷，

人民出版社2009年版，第211页。

在劳动过程中，劳动不断由动的形式转为存在形式，由运动形式转为对象性形式。一小时终了时，纺纱运动就表现为一定量的棉纱，于是一定量的劳动，即一个劳动小时，对象化在棉花中。我们说劳动小时，也就是纺纱工人的生命力在一小时内的耗费，因为在这里，纺纱劳动只有作为劳动力的耗费，而不是作为纺纱这种特殊劳动才具有意义。

马克思:《资本论》第1卷（1867年），

《马克思恩格斯文集》第5卷，

人民出版社2009年版，第221页。

我们的资本家所关心的是下述两点。第一，他要生产具有交换价值的使用价值，要生产用来出售的物品，商品。第二，他要使生产出来的商品的价值，大于生产该商品所需要的各种商品即生产资料和劳动力——为了购买它们，他已在商品市场上预付了宝贵的货币——的价值总和。他不仅要生产使用价值，而且要生产商品，不仅要生产使用价值，而且要生产价值，不仅要生产价值，而且要生产剩余价值。

马克思：《资本论》第1卷（1867年），

《马克思恩格斯文集》第5卷，

人民出版社2009年版，第217—218页。

必要劳动和剩余劳动之和，工人生产他的劳动力的补偿价值的时间和生产剩余价值的时间之和，构成他的劳动时间的绝对量——工作日（working day）。

马克思：《资本论》第1卷（1867年），

《马克思恩格斯文集》第5卷，

人民出版社2009年版，第266页。

不管生产方式本身由于劳动从属于资本而产生了怎样的变化，生产剩余价值或榨取剩余劳动，是资本主义生产的特定的内容和目的。

马克思：《资本论》第1卷（1867年），

《马克思恩格斯文集》第5卷，

人民出版社2009年版，第344页。

资本主义生产过程的动机和决定目的，是资本尽可能多地自行增殖，也就是尽可能多地生产剩余价值，因而也就是资本家尽可能多地剥削劳动力。随着同时雇用的工人人数的增加，他们的反抗也加剧了，因此资本为压制这种反抗所施加的压力也必然增加。

马克思：《资本论》第1卷（1867年），

《马克思恩格斯文集》第5卷，

人民出版社2009年版，第384页。

生产剩余价值即直接从工人身上榨取无酬劳动并把它固定在商品上的资本家，是剩余价值的第一个占有者，但决不是剩余价值的最后所有者。以后他还必须同在整个社会生产中执行其他职能的资本家，同土地所有者等等，共同瓜分剩余价值。因此，剩余价值分为各个不同的部分。它的各部分归不同类的人所有，并具有不同的、互相独立的形式，如利润、利息、商业利润、地租等等。

马克思:《资本论》第1卷（1867年），

《马克思恩格斯文集》第5卷，

人民出版社2009年版，第651页。

资本主义生产过程，在联系中加以考察，或作为再生产过程加以考察时，不仅生产商品，不仅生产剩余价值，而且还生产和再生产资本关系本身——一方面是资本家，另一方面是雇佣工人。

马克思:《资本论》第1卷（1867年），

《马克思恩格斯文集》第5卷，

人民出版社2009年版，第666—667页。

我们已经知道，货币怎样转化为资本，资本怎样产生剩余价值，剩余价值又怎样产生更多的资本。但是，资本积累以剩余价值为前提，剩余价值以资本主义生产为前提，而资本主义生产又以商品生产者握有较大量的资本和劳动力为前提。因此，这整个运动好像是在一个恶性循环中兜圈子，要脱出这个循环，就只有假定在资本主义积累之前有一种"原始"积累（亚当·斯密称为"预先积累"），这种积累不是资本主义生产方式的结果，而是它的起点。

马克思:《资本论》第1卷（1867年），

《马克思恩格斯文集》第5卷，

人民出版社2009年版，第820页。

（四）资本主义的基本矛盾与经济危机

因此，资本主义生产过程在本身的进行中，再生产出劳动力和劳动条件的分离。这样，它就再生产出剥削工人的条件，并使之永久化。它不断迫使工人为了生活而出卖自己的劳动力，同时不断使资本家能够为了发财致富而购买劳动力。现在已经不再是偶然的事情使资本家和工人作为买者和卖者在商品市场上相对立。过程本身必定把工人不断地当做自己劳动力的卖者投回商品市场，并把工人自己的产品不断地转化为资本家的购买手段。实际上，工人在把自己出卖给资本家以前就已经属于资本了。工人在经济上的隶属地位，是通过他的卖身行为的周期更新、雇主的更换和劳动的市场价格的变动来实现的，同时又被这些事实所掩盖。

马克思：《资本论》第1卷（1867年），
《马克思恩格斯文集》第5卷，
人民出版社2009年版，第665—666页。

可见，资本主义生产过程，在联系中加以考察，或作为再生产过程加以考察时，不仅生产商品，不仅生产剩余价值，而且还生产和再生产资本关系本身：一方面是资本家，另一方面是雇佣工人。

马克思：《资本论》第1卷（1867年），
《马克思恩格斯文集》第5卷，
人民出版社2009年版，第666—667页。

黑人就是黑人。只有在一定的关系下，他才成为奴隶。纺纱机是纺棉花的机器。只有在一定的关系下，它才成为资本。脱离了这种关系，它也就不是资本了，就像黄金本身并不是货币，砂糖并不是砂糖的价格一样。

人们在生产中不仅仅影响自然界，而且也互相影响。他们只有以一定的方式共同活动和互相交换其活动，才能进行生产。为了进行生产，人们相互之间便发生一定的联系和关系；只有在这些社会联系和社会关系的范围内，才会有他们对自然界的影响，才会有生产。

生产者相互发生的这些社会关系，他们借以互相交换其活动和参与全部生产活动的条件，当然依照生产资料的性质而有所不同。

马克思：《雇佣劳动与资本》（1847年12月），
《马克思恩格斯选集》第1卷，
人民出版社2012年版，第340页。

　　各个人借以进行生产的社会关系，即社会生产关系，是随着物质生产资料、生产力的变化和发展而变化和改变的。生产关系总合起来就构成所谓社会关系，构成所谓社会，并且是构成一个处于一定历史发展阶段上的社会，具有独特的特征的社会。古典古代社会、封建社会和资产阶级社会都是这样的生产关系的总和，而其中每一个生产关系的总和同时又标志着人类历史发展中的一个特殊阶段。

　　资本也是一种社会生产关系。这是资产阶级的生产关系，是资产阶级社会的生产关系。

马克思:《雇佣劳动与资本》(1847年12月)，

《马克思恩格斯选集》第1卷，

人民出版社2012年版，第340页。

　　商品不能自己到市场去，不能自己去交换。因此，我们必须找寻它的监护人，商品占有者。商品是物，所以不能反抗人。如果它不乐意，人可以使用强力，换句话说，把它拿走。为了使这些物作为商品彼此发生关系，商品监护人必须作为有自己的意志体现在这些物中的人彼此发生关系，因此，一方只有符合另一方的意志，就是说每一方只有通过双方共同一致的意志行为，才能让渡自己的商品，占有别人的商品。可见，他们必须彼此承认对方是私有者。这种具有契约形式的（不管这种契约是不是用法律固定下来的）法的关系，是一种反映着经济关系的意志关系。这种法的关系或意志关系的内容是由这种经济关系本身决定的。在这里，人们彼此只是作为商品的代表即商品占有者而存在。在研究进程中我们会看到，人们扮演的经济角色不过是经济关系的人格化，人们是作为这种关系的承担者而彼此对立着的。

马克思:《资本论》第1卷(1867年)，

《马克思恩格斯文集》第5卷，

人民出版社2009年版，第103—104页。

二、内容精要

（一）资本主义经济制度的产生

马克思主义揭示了人类社会发展的一般规律，即从原始社会、奴隶制社会、封建制社会、资本主义社会到共产主义社会的发展历程。资本主义社会是人类社会发展的必经阶段，也是人类社会进入共产主义社会的必经阶段。

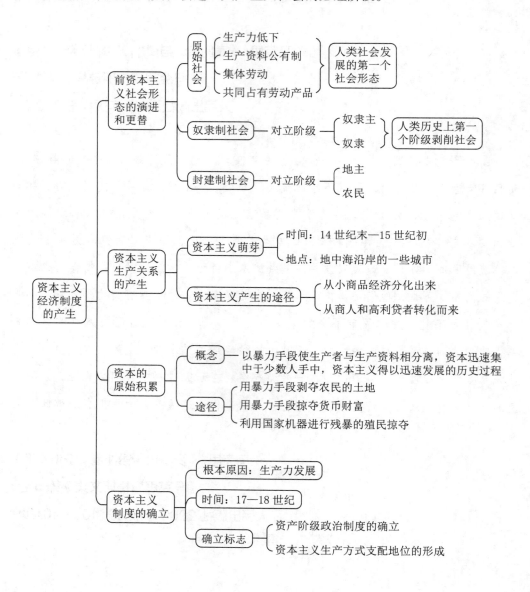

（二）劳动力成为商品与转化为资本

商品首先表现为一定量的货币，但货币本身并不就是资本。要注意区分作为货币的货币和作为资本的货币之间的关系。

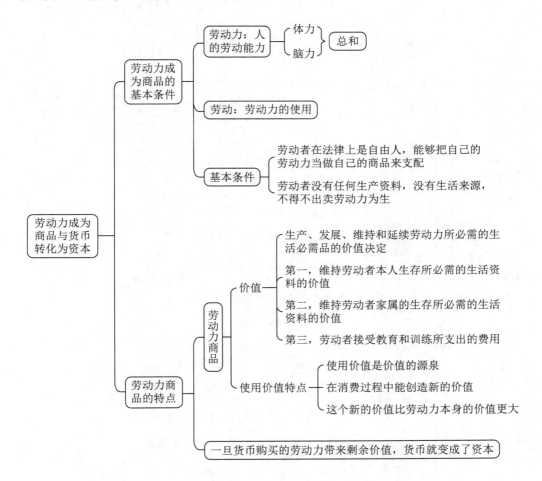

（三）生产剩余价值是资本主义生产方式的绝对规律

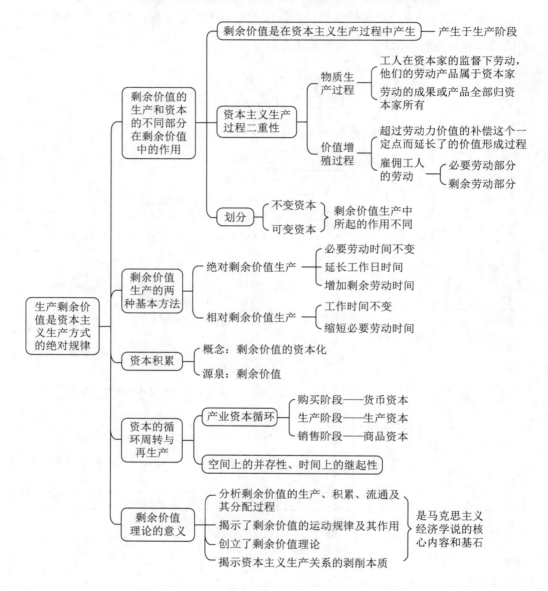

三、难点释惑

（一）区分资本积累与资本的原始积累

资本主义生产关系的形成是一个缓慢的过程。15 世纪末美洲和通往印度航道的新发现，世界市场的迅速扩大，要求商品生产以更大的规模和更快的速度发展，这一任务只能靠资本主义社会化大生产来实现。新兴资产阶级便开始进行资本的原始积累，利用暴力手段为资本主义的迅速发展创造条件。

所谓资本原始积累，就是以暴力手段使生产者与生产资料相分离，资本迅速集中于少数人手中，资本主义得以迅速发展的历史过程。资本原始积累主要是通过两个途径进行的：一是用暴力手段剥夺农民的土地，二是用暴力手段掠夺货币财富。资产阶级完成建国之后，利用国家政权的力量进行残酷的殖民掠夺是资本原始积累的又一个重要方式。

资本积累是把剩余价值转化为资本，是剩余价值的资本化。资本积累的源泉是剩余价值，资本积累规模的大小取决于资本家对工人的剥削程度、劳动生产率的高低、所用资本和所费资本之间的差额以及资本家预付资本的大小。这些因素都是加强和扩大对工人剥削的因素。因此，资本积累就是依靠剥削工人所创造的剩余价值而实现的，没有剩余价值，就不可能有资本积累。随着资本积累和生产规模的扩大，社会财富日益集中到资产阶级手中，而社会财富的直接创造者——无产阶级则只占有少部分社会财富。这样必然加剧社会的两极分化，即一极是财富越来越集中于少数人手中，另一极是多数人只拥有社会财富的较小部分。

概括地说，资本的原始积累是资本主义早期的一个特定发展过程，而资本积累则贯穿整个资本主义发展历史。

（二）正确理解资本主义经济危机的根源

资本主义发展到一定阶段，就会发生以生产过剩为基本特征的经济危机。当经济危机发生时，大量商品积压，大批生产企业减产或停工，许多金融机构倒闭，整个社会经济生活一片混乱。

经济危机的抽象的一般的可能性，源于资本总公式的矛盾。首先它是由货币作为流通手段和支付手段引起的。以货币为媒介的商品买卖在时间上分为两个相互独立的行为。资本首先表现为一定量的货币，但货币本身并不就是资本。作为货币的货币和作为资本的货币，在形式上有明显区别。在"W—G—W"这个公式中，W代表商品，G代表流通中的货币，这是商品流通公式，这个公式表明商品流通的目的是获得使用价值。在"G—W—G′"这个公式中，W代表商品，G代表的不是一般意义上的货币，而是作为资本的货币，G' 代表的是价值增值后的货币。这个公式表明资本运动的一般目的是价值增值，因此被称为"资本总公式"。

资本主义经济危机爆发的根本原因是资本主义的基本矛盾。即：生产社会化和生产资料资本主义私人占有之间的矛盾。在资本主义条件下，随着科学技术的进步和社会生产力的不断发展，资本主义生产不断社会化。但是，在资本家私人占有生产资料和剥削雇佣劳动者的生产关系中，社会化的生产力却变成资本的生产力，变成资本高效能地榨取剩余劳动、占有剩余价值、实现价值增值的能力。这样，已经社会化的、由劳动者共同使用的生产资料，本应该由劳动者共同所有，却被少数资本家私人占有；已经在社会范围内实行严密分工、协作而社会化了的生产过程，本应按照社会需要进行管理、调节和控制，却分别由各自追求最大限度利润和私人利益的少数资本家进行管理；共同劳动生产的社会化产品，本应由劳动者共同占有，用于满足社会需要，却被少数资本家私人占有、私人支配，成为他们的私有财产。这就形成了资本主义所特有的生产社会化和生产资料资本主义私人占有之间的矛盾。这是生产力和生产关系之间的矛盾在资本主义社会的具体体现。资本主义越发展，科学技术以至于社会生产力越发展，生产社会化的程度越高，不断发展的社会生产力就越成为资本的生产力，资本、生产资料、劳动产品就越来越集中在少数资本家的手里，资本主义基本矛盾的尖锐化就越是不可避免。

基本矛盾具体表现在以下两个方面：其一，生产无限扩大的趋势与劳动人民有支付能力的需求相对缩小的矛盾；其二，单个企业内部生产的有组织性和整个社会生产的无政府状态之间的矛盾。生产过剩是资本主义经济危机的本质特征，但是这种过剩是相对过剩，即相对于劳动人民有支付能力的需求来说社会生产的商品显得过剩，而不是与劳动人民的实际需要相比的绝对过剩。

四、典型案例

（一）认清殖民主义本质

1. 案例内容：

2021 年 6 月 17 日，外交部例行记者会

　　《中国日报》记者：日前，加拿大一处印第安人寄宿学校旧址发现了215具儿童遗骸，其中最小的孩子年仅3岁。联合国人权理事会多个报告员发表联合声明要求加方全面调查。中方对此有何评论？

　　赵立坚：前不久，加拿大一所原住民寄宿学校旧址发现了215名印第安原住民儿童的遗骸，令人痛心。联合国人权理事会真相权特别报告员、土著人权利特别报告员、儿童贩卖和性剥削问题特别报告员、法外处决问题特别报告员、酷刑问题特别报告员、强迫失踪问题工作组等特别机制专家发表联合声明，敦促加方对此进行全面调查，表示受害者有权获得正义和补偿。加拿大司法机构应对所有寄宿儿童的非正常死亡、遭受性暴力和虐待案件进行刑事调查，对尚在人世的加害者、包庇者进行起诉和惩处。

　　加拿大总理特鲁多公开承认，这并非一起孤立的事件。据加拿大"真相与和解委员会"调查认定，加历史上共有超过15万原住民儿童被迫离开父母，进入所谓"印第安寄宿学校"。这些孩子被迫放弃原有的信仰，改信基督教和天主教；被迫抛弃自己的民族语言，改说英语、法语；被迫抛弃传承的传统文化，改学白人习俗。孩子们营养不良，疏于照料，甚至遭到直接的虐待和性侵犯。各界有识之士多次指出，这种所谓"寄宿学校"制度无异于文化种族灭绝。尤其令人痛心的是，调查还发现了至少3200名原住民儿童在"寄宿学校"中死亡的记录，也有报道表示实际数字远超于此。因为加拿大政府不愿支付运输尸体的费用，许多死亡儿童被就近掩埋在"学校"操场。此次发现的215具原住民儿童尸骨，就是这一罪行的最新例证。

　　2. 讨论题：

　　（1）你如何看待"加拿大一处印第安人寄宿学校旧址发现了215具儿童遗骸"？

　　（2）你还了解哪些近代资本主义殖民过程中的其他罪行。

　　（3）为什么说"资本来到世间，从头到脚，每个毛孔都滴着血和肮脏的东西"？

　　3. 案例点评：

　　资本主义海外殖民对外侵略扩张是资本原始积累的重要手段和方式。资本主义国家利用国家权力，采取殖民扩张、殖民战争、建立特殊的商业垄断公司，劫掠殖民地、贩卖黑奴等一系列积聚财富的暴力手段，为资本主义工场手工业的发展开辟了市场，积累了资本。

殖民主义是强国用各种侵略手段使落后国家变为它们的殖民地、半殖民地或附属国的侵略政策。近代的资本主义即殖民主义，始于15世纪末西班牙、葡萄牙等国的海盗式的劫掠。17—18世纪，各主要资本主义国家先后使一系列落后国家不同程度地丧失独立地位，成为其依附国。19世纪末至20世纪初，资本主义发展到帝国主义阶段。帝国主义从经济上瓜分世界的同时，展开瓜分世界领土的激烈斗争，给殖民地国家带来沉重的灾难。

4．使用说明：

（1）本案例的教学目的和用途

本案例的教学目的是：通过介绍加拿大原住民儿童被害事件，引导同学关注资本主义发展早期的原始积累阶段，了解资本主义发展历史，认清资本主义"自由、民主"的伪装，正确看待殖民主义给殖民地国家带来的深重灾难，警惕历史虚无主义。

本案例的用途是：可用于第四章第二节关于"资本原始积累"部分的辅助学习，或者用于拓展知识阅读。

（2）本案例的结构及其分析思路的建议

本案例可以从三个部分展开：

第一部分，通过对案例引文部分的介绍，关注国内外社会生活热点问题。主动思考事件背后客观历史真相。

第二部分，展开深层次思考，如何历史地看待殖民主义。

第三部分，正确看待西方资本主义殖民统治。西方的殖民扩张把全世界都纳入资本主义体系中，客观上加强了世界各地区间的联系。首先，它导致了人种的重新分布。其次，西欧的海外殖民扩张，也促进了世界动植物的大交流。最后，它使世界地区间的经济联系更加密切，出现了全球性的经济关系。

小 结

对资本主义经济制度本质的探讨一定是在整个人类社会历史的长河中进行考量的。马克思主义科学地解释了人类社会发展的一般规律：即生产力与生产关系、经济基础与上层建筑矛盾发展所必然经历的原始社会、奴隶社会、封建社会、资本主义社会和共产主义社会。资本主义社会并不是人类历史的终结，而是人类社会发展进程中的一个重要阶段。

唯物史观和剩余价值学说是马克思一生的两大发现。马克思科学地解释了人类社会历史发展的必然规律、科学地揭示资产阶级剥削无情压榨工人阶级的剩余价值来源，并完整准确地指出，剩余价值产生于商品的生产环节，是由工人的劳动创造的，并为资本家无偿占有的新增价值。至此，空想社会主义转向科学社会主义。

第三节　资本主义上层建筑

一、经典阅读

（一）资本主义的民主制度及其本质

现代国家也只是资产阶级社会为了维护资本主义生产方式的一般外部条件使之不受工人和个别资本家的侵犯而建立的组织。现代国家，不管它的形式如何，本质上都是资本主义的机器，资本家的国家，理想的总资本家。它越是把更多的生产力据为己有，就越是成为真正的总资本家，越是剥削更多的公民。工人仍然是雇佣劳动者，无产者。资本关系并没有被消灭，反而被推到了顶点。但是在顶点上是要发生变革的。生产力归国家所有不是冲突的解决，但是这里包含着解决冲突的形式上的手段，解决冲突的线索。

　　　　　　　恩格斯：《社会主义从空想到科学的发展》（1880年1月—3月上半月），

《马克思恩格斯文集》第3卷，

人民出版社2009年版，第559—560页。

现代资产阶级本身是一个长期发展过程的产物，是生产方式和交换方式的一系列变革的产物。

资产阶级的这种发展的每一个阶段，都伴随着相应的政治上的进展。它在封建主统治下是被压迫的等级，在公社里是武装的和自治的团体，在一些地方组成独立的城市共和国，在另一些地方组成君主国中的纳税的第三等级；后来，在工场手工业时期，它是等级君主国或专制君主国中同贵族抗衡的势力，而且是大君主国的主要基础；最后，从大工业和世界市场建立的时候起，它在现代的代议制国家里夺得了独占的政治统治。现代的国家政权不过是管理整个资产阶级的共同事务的委员会罢了。

马克思、恩格斯：《共产党宣言》(1872年6月24日)，

《马克思恩格斯文集》第2卷，

人民出版社2009年版，第33页。

资产阶级在历史上曾经起过非常革命的作用。

资产阶级在它已经取得了统治的地方把一切封建的、宗法的和田园诗般的关系都破坏了。它无情地斩断了把人们束缚于天然尊长的形形色色的封建羁绊，它使人和人之间除了赤裸裸的利害关系，除了冷酷无情的"现金交易"，就再也没有任何别的联系了。它把宗教虔诚、骑士热忱、小市民伤感这些情感的神圣发作，淹没在利己主义打算的冰水之中。它把人的尊严变成了交换价值，用一种没有良心的贸易自由代替了无数特许的和自力挣得的自由。总而言之，它用公开的、无耻的、直接的、露骨的剥削代替了由宗教幻想和政治幻想掩盖着的剥削。

马克思、恩格斯：《共产党宣言》(1872年6月24日)，

《马克思恩格斯文集》第2卷，

人民出版社2009年版，第33—34页。

不应该忘记，资产阶级统治的彻底的形式正是民主共和国，虽然这种共和国由于无产阶级已经达到的发展水平而面临严重的危险，但是，像在法国和美国所表现的那样，它作为单纯的资产阶级统治，总还是可能的。可见，自由主义的"原则"

作为"一定的、历史地形成的"东西，实际上不过是一种不彻底的东西。自由主义的立宪君主政体是资产阶级统治的适当形式，那是（1）在初期，当资产阶级还没有和专制君主政体彻底决裂的时候，（2）在后期，当无产阶级已经使民主共和国面临严重的危险的时候。不过无论如何，民主共和国毕竟是资产阶级统治的最后形式：资产阶级统治将在这种形式下走向灭亡。

恩格斯：《致爱德华·伯恩施坦》（1884 年 3 月 24 日），

《马克思恩格斯文集》第 10 卷，

人民出版社 2009 年版，第 514—515 页。

资产阶级共和国在这里是表示一个阶级对其他阶级实行无限制的专制统治。它表明，在那些阶级构成发达、具备现代生产条件、拥有通过百年来的努力而使一切传统概念都融于其中的精神意识的旧文明国家里，共和国一般只是资产阶级社会的政治变革形式，而不是资产阶级社会的保守的存在形式。

马克思：《路易·波拿巴的雾月十八日》

（1851 年 12 月—1852 年 3 月 25 日），

《马克思恩格斯文集》第 2 卷，

人民出版社 2009 年版，第 480 页。

以往国家的特征是什么呢？社会为了维护共同的利益，最初通过简单的分工建立了一些特殊的机关。但是，随着时间的推移，这些机关——为首的是国家政权——为了追求自己的特殊利益，从社会的公仆变成了社会的主人。这样的例子不但在世袭君主国内可以看到，而且在民主共和国内也同样可以看到。正是在美国，同在任何其他国家中相比，"政治家们"都构成国民中一个更为特殊的更加富有权势的部分。在这个国家里，轮流执政的两大政党中的每一个政党，又是由这样一些人操纵的，这些人把政治变成一种生意，拿联邦国会和各州议会的议席来投机牟利，或是以替本党鼓动为生，在本党胜利后取得职位作为报酬。大家知道，美国人在最近 30 年来千方百计地想要摆脱这种已难忍受的桎梏，可是却在这个腐败的泥沼中越陷越深。正是在美国，我们可以最清楚地看到，本来只应为社会充当工具的国家政权怎样脱离社会而独立化。那里没有王朝，没有贵族，除了监视印第安人的少数士兵之外没有常备军，不存在拥有固定职位或享有年金的官僚。然而我们在那里却看到两大帮政治投机家，他们轮流执掌政权，以最肮脏的手段来达到最肮脏的目的，而国民却无力对付这两大政客集团，这些人表面上是替国民服务，实际上却是对国民进行统治和掠夺。

马克思：《法兰西内战》（1875 年 4—5 月）

《马克思恩格斯全集》第 3 卷，

人民出版社 2009 年版，第 110 页。

资产阶级国家的形式虽然多种多样，但本质是一样的：所有这些国家，不管怎样，归根到底一定都是资产阶级专政。

列宁：《国家与革命》（1917 年 11 月 30 日），

《列宁选集》第 3 卷，

人民出版社 2012 年版，第 140 页。

（二）资本主义意识形态及其本质

资产阶级抹去了一切向来受人尊崇和令人敬畏的职业的神圣光环。它把医生、律师、教士、诗人和学者变成了它出钱招雇的雇佣劳动者。

资产阶级撕下了罩在家庭关系上的温情脉脉的面纱，把这种关系变成了纯粹的金钱关系。

资产阶级揭示了，在中世纪深受反动派称许的那种人力的野蛮使用，是以极端怠惰作为相应补充的。它第一个证明了，人的活动能够取得什么样的成就。它创造了完全不同于埃及金字塔、罗马水道和哥特式教堂的奇迹；它完成了完全不同于民族大迁徙和十字军征讨的远征。

马克思、恩格斯：《共产党宣言》（1872 年 6 月 24 日），

《马克思恩格斯文集》第 2 卷，

人民出版社 2009 年版，第 34 页。

资产阶级除非对生产工具，从而对生产关系，从而对全部社会关系不断地进行革命，否则就不能生存下去。反之，原封不动地保持旧的生产方式，却是过去的一切工业阶级生存的首要条件。生产的不断变革，一切社会状况不停的动荡，永远的不安定和变动，这就是资产阶级时代不同于过去一切时代的地方。一切固定的僵化的关系以及与之相适应的素被尊崇的观念和见解都被消除了，一切新形成的关系等不到固定下来就陈旧了。一切等级的和固定的东西都烟消云散了，一切神圣的东西都被亵渎了。人们终于不得不用冷静的眼光来看他们的生活地位、他们的相互关系。

马克思、恩格斯：《共产党宣言》(1872年6月24日)，

《马克思恩格斯文集》第2卷，

人民出版社2009年版，第34—35页。

正如阶级的所有制的终止在资产者看来是生产本身的终止一样，阶级的教育的终止在他们看来就等于一切教育的终止。

资产者唯恐失去的那种教育，对绝大多数人来说是把人训练成机器。

但是，你们既然用你们资产阶级关于自由、教育、法等等的观念来衡量废除资产阶级所有制的主张，那就请你们不要同我们争论了。

你们的观念本身是资产阶级的生产关系和所有制关系的产物，正像你们的法不过是被奉为法律的你们这个阶级的意志一样，而这种意志的内容是由你们这个阶级的物质生活条件来决定的。

你们的利己观念使你们把自己的生产关系和所有制关系从历史的、在生产过程中是暂时的关系变成永恒的自然规律和理性规律，这种利己观念是你们和一切灭亡了的统治阶级所共有的。谈到古代所有制的时候你们所能理解的，谈到封建所有制的时候你们所能理解的，一谈到资产阶级所有制你们就再也不能理解了。

马克思、恩格斯：《共产党宣言》(1872年6月24日)，

《马克思恩格斯文集》第2卷，

人民出版社2009年版，第48页。

"现代社会"就是存在于一切文明国度中的资本主义社会，它或多或少地摆脱了中世纪的杂质，或多或少地由于每个国度的特殊的历史发展而改变了形态，或多或少地有了发展。"现代国家"却随着国境而异。它在普鲁士德意志帝国同在瑞士不一样，在英国同在美国不一样。所以，"现代国家"是一种虚构。

但是，不同的文明国度中的不同的国家，不管它们的形式如何纷繁，却有一个共同点：它们都建立在现代资产阶级社会的基础上，只是这种社会的资本主义发展程度不同罢了。所以，它们具有某些根本的共同特征。在这个意义上可以谈"现代国家制度"，而未来就不同了，到那时，"现代国家制度"现在的根基即资本主义社会已经消亡。

马克思：《哥达纲领批判》（1875年4月底—5月7日），

《马克思恩格斯文集》第3卷，

人民出版社2009年版，第444页。

只要阶级的统治完全不再是社会制度的形式，也就是说，只要不再有必要把特殊利益说成是普遍利益，或者把"普遍的东西"说成是占统治地位的东西，那么，一定阶级的统治似乎只是某种思想的统治这整个假象当然就会自行消失。

把占统治地位的思想同进行统治的个人分割开来，主要是同生产方式的一定阶段所产生的各种关系分割开来，并由此得出结论说，历史上始终是思想占统治地位，这样一来，就很容易从这些不同的思想中抽象出"思想"、观念等等，并把它们当做历史上占统治地位的东西，从而把所有这些个别的思想和概念说成是历史上发展着的概念的"自我规定"。在这种情况下，从人的概念、想象中的人、人的本质、人中能引申出人们的一切关系，也就很自然了。

马克思、恩格斯《德意志意识形态》（1845年秋—1846年5月）

《马克思恩格斯文集》第1卷，

人民出版社2009年版，第553页。

所有一切压迫阶级，为了维持自己的统治，都需要两种社会职能：一种是刽子手的职能，另一种是牧师的职能。刽子手的任务是镇压被压迫者的反抗和暴乱。牧师的使命是安慰被压迫者，给他们描绘一幅在保存阶级统治的条件下减少苦难和牺牲的前景（这做起来特别方便，只要不担保这种前景一定能"实现"……），从而使他们顺从这种统治，使他们放弃革命行动，打消他们的革命热情，破坏他们的革命决心。

> 列宁：《第二国际的破产》（1951 年 5—6 月），
>
> 《列宁选集》第 2 卷，
>
> 人民出版社 2012 年版，第 478 页。
>
> 艾奇逊当面撒谎，将侵略写成了"友谊"。

美帝国主义侵略中国的历史，自从一八四〇年帮助英国人进行鸦片战争起，直到被中国人民轰出中国止，应当写一本简明扼要的教科书，教育中国的青年人。美国是最早强迫中国给予治外法权的国家之一，这即是白皮书上提到的中美两国有史以来第一次签订的一八四四年望厦条约。就是在这个条约里，美国除了强迫中国接受五口通商等事而外，强迫中国接受美国人传教也是一条。美帝国主义比较其他帝国主义国家，在很长的时期内，更加注重精神侵略方面的活动，由宗教事业而推广到"慈善"文化和文化事业。

> 毛泽东：《"友谊"，还是侵略？》（1949 年 8 月 30 日），
>
> 《毛泽东选集》第 4 卷，
>
> 人民出版社 1991 年版，第 1505—1506 页。

二、内容精要

（一）资本主义政治制度及其本质

马克思主义资本主义政治制度是在资本主义经济基础之上建立的，它反映了资本主义社会的经济关系，反映了政治上占统治地位的资产阶级的要求。同时，资本主义政治制度作为上层建筑，又反过来保护其经济基础，为巩固和发展资本主义经济基础提供政治保障。

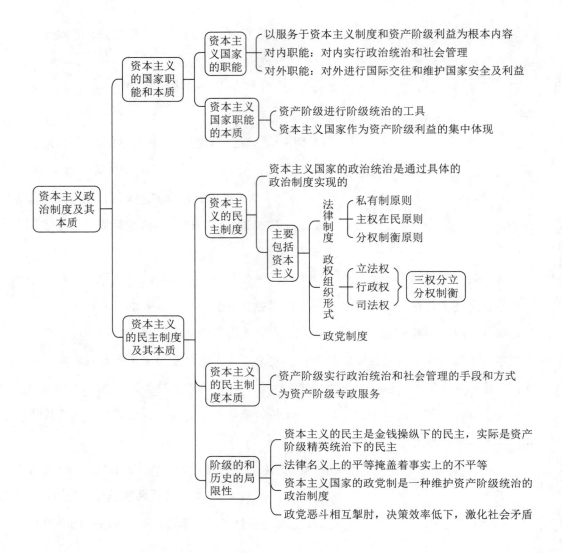

（二）资本主义意识形态及其本质

资本主义意识形态是在资本主义国家中占统治地位、反映了作为统治阶级的资产阶级利益和要求的各种思想理论和观念的总和。在资本主义国家中，占统治地位的政治、经济、法律、哲学、伦理、历史、文学、宗教等大多数人文社会科学的理论和学说，都属于资本主义意识形态的范畴，其中一以贯之的核心思想，主要是私有制神圣不可侵犯观念和个人主义价值观。

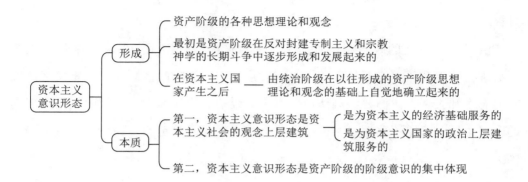

三、难点释惑

如何理解资本主义民主制度

资本主义的民主制度是为资本主义国家统治服务的。资本主义国家的政治统治是通过具体的政治制度实现的，主要有资本主义法律制度、政权组织形式、选举制度、政党制度等。所有这些，也就是资产阶级所标榜的资本主义民主制度。

资本主义民主制度是与资本主义生产方式相适应而发展起来的。随着资本主义生产方式的发展，资产阶级在反对封建专制主义的斗争中提出了符合自身利益和要求的政治诉求。

资本主义法律制度是资本主义民主制度的重要内容。宪法是资本主义国家法律制度的核心，规定了国家的社会、经济和政治制度，规定了国家权力结构及国家权力运作的原则，规定了公民的权利与义务。资本主义国家的宪法是在以下基本原则的基础上建立起来的：主要有私有制原则、主权在民原则、分权制衡原则、人权原则。

如何正确理解资本主义民主制度？资本主义的诸项政治制度是在资产阶级反对封建专制主义、维护自身利益和巩固自己政治统治的过程中逐渐形成、发展和完善起来的，是资产阶级革命最重要的政治成果。资本主义政治制度的形成和发展在人类社会历史的发展进程中曾经起过重要的进步作用。

但是，由于资本主义政治制度本质上是资产阶级实行政治统治和社会管理的手段和方式，是为资产阶级专政服务的，因此它不可避免地有其阶级的和历史的局限性。资本主义政治制度中的选举事实上是有钱人的游戏，是资本玩弄民意的过程。

由于资本主义的政治制度本质上是为资产阶级利益服务的，是服从于资产阶级进行统治和压迫需要的政治工具，对于资本主义的政治制度应该坚持辩证批判的态度和方法。我们要深刻认识资本主义政治制度作为资产阶级政治统治工具的阶级本质，坚定不移地走中国特色社会主义民主政治道路，建设社会主义法治国家。

四、典型案例

《人民日报》钟声：失序之责谁来负

1. 案例内容：

民主的目标理当是"治"，治理效果乃衡量民主实践优劣的标尺。显然，若问美式民主究竟给美国社会带来了怎样的"治"，这个答卷已经很难看了。美国社会长期呈现极化、撕裂的样貌，乱象丛生是其常态，在重大风险挑战面前也没交出多少好成绩。

多年来，美国治理失序之状总令世人目不暇接：美国政府一而再、再而三地出现"停摆"，新冠肺炎疫情肆虐，美国一些政客却在应不应该戴口罩这一问题上争执不下，"黑人的命也是命""停止仇恨亚裔"等抗议活动席卷全国，枪击事件频发，控枪法案却一直在华盛顿的政治漩涡中打转……层出不穷的治理之失，反映出美式民主的结构性问题。

美国一些政客常常自夸美式民主制度的"精巧设计"，而现实呈现的，却是"精巧设计"所孕育的"否决政治"怪胎：美国共和、民主两党恶斗不断升级，政府可以停摆，国会可以瘫痪，决策难以出笼。众所周知，两党在经济、种族、气候变化、执法、国际参与以及其他一系列问题上的分歧日益明显，议员们在诸多重大公共事项上更多地从党派利益出发投票，支持不同党派的选民在极端政客的挑唆煽动之下势不两立，政治狂热激发的政治仇恨，如同瘟疫一般在全国蔓延，成为美国社会持续动荡撕裂的根源。

究竟该由谁来承担治理之责？这个问题在美国竟然不容易找到答案。新冠肺炎疫情肆虐之际，"甩锅"专家们的厉声叫喊不绝于耳，总统指责州长，州长指责联邦政府……美国上空只见"甩来甩去的锅"，而美国民众的生命安全得不到及时充分的保障。毋庸讳言，美式民主带来的失序恶果，最终都是由美国民众承受的。

面对种种失序乱象，美国社会的失望情绪和反思之声此起彼伏。一个能够实现有效治理的社会，必然离不开强大的自我净化、自我完善、自我革新、自我提高之力。显而易见，美国政治怪圈难以孕育这样的力量。美国社会旷日持久的极化与撕裂积聚着矛盾，随着矛盾激化而衍变出对抗，因自不同事由而从失序走向失序，只是个时间问题。美式民主，岂不愁矣！

2. 讨论题：

（1）为什么西方的民主会失灵？

（2）如何理解西方民主的历史地位和作用？

3. 案例点评：

首先需要明确的是，资本主义政治制度是在资本主义经济基础之上建立的，它反映了资本主义社会的经济关系，反映了政治上占统治地位的资产阶级的要求。同时，资本主义政治制度作为上层建筑，又反过来保护其经济基础，为巩固和发展资本主义经济基础提供政治保障。

资本主义国家的政治统治不是凭空而来的，而是通过具体的政治制度实现的。这些政治制度包括资本主义法律制度、政权组织形式、选举制度、政党制度等，诸多政治制度相结合构成资产阶级所标榜的资本主义民主制度。

其次，需要辩证地看待资本主义民主制度的进步作用和局限性，资本主义民主制度是与资本主义生产方式相适应而发展起来的。资本主义政治制度本质上是资产阶级实行政治统治和社会管理的手段和方式，是为资产阶级专政服务的，因此它不可避免地有其阶级的和历史的局限性。

党的二十大报告进一步明确指出："全过程人民民主是社会主义民主政治的本质属性，是最广泛、最真实、最管用的民主。必须坚定不移走中国特色社会主义政治发展道路，坚持党的领导、人民当家作主、依法治国有机统一。"对比发现两种民主的本质区别。

4. 使用说明:

（1）本案例的教学目的和用途

本案例的教学目的是：通过介绍西方民主制度的失灵，思考西方所谓的民主只是形式上的民主和程序上的民主。进一步学习什么是全过程人民民主以及如何理解全过程人民民主。

本案例的用途是：可用于第四章第三节关于"资本主义上层建筑"部分的辅助学习，或者用于拓展知识阅读。

（2）本案例的结构及其分析思路的建议

本案例可以从三个部分展开：

第一部分，通过关注美国大选，进一步关注国际社会重大热点问题，引导学生自觉运用马克思主义基本立场、基本观点、基本方法，理论联系实际，不断提升学生发现问题、分析问题和解决问题的能力。

第二部分，思考自己对民主的理解和认识。进一步分析美国的民主只是形式上和程序上的民主，而且是为资产阶级统治服务的上层建筑。

第三部分，关注社会主义民主政治发展历程，全面理解"全过程人民民主"。人民民主制度是马克思主义基本原理同中国具体实际相结合的政治制度，是中国共产党的深刻实践。全过程人民民主是这一民主形态的精准表达。党的十九届六中全会强调，党的十八大以来，我们积极发展全过程人民民主，社会主义民主政治制度化、规范化、程序化全面推进，中国特色社会主义政治制度优越性得到更好发挥。全过程人民民主与西方鼓吹的自由民主有本质不同，具有鲜明的中国特色和不可取代的中国优势。

全过程人民民主要坚持中国共产党的领导，党的领导是全过程人民民主的根本政治保证。中国共产党从成立之日起就以实现中国人民当家作主和中华民族伟大复兴为己任，把马克思主义与中国实际相结合，不断探索符合中国国情的民主新路——人民民主，人民民主是中国共产党始终高举的旗帜。党的十八大以来，以习近平同志为核心的党中央不断深化对民主政治发展规律的认识，提出全过程人民民主的重大理念。

小　结

马克思主义科学地揭示了人类社会发展的基本矛盾。生产力决定生产关系，生产关系反作用于生产力；经济基础决定上层建筑，上层建筑对经济基础具有能动的反作用；二者从基本的适合到基本不适合再发展到新的基本的适合过程。资本主义政治制度是在资本主义经济基础之上建立的，它反映了资本主义社会的经济关系，反映了政治上占统治地位的资产阶级的要求。同时，资本主义政治制度作为上层建筑，又反过来保护其经济基础，为巩固和发展资本主义经济基础提供政治保障。

需要认清的是，生产力与生产关系、经济基础与上层建筑这对辩证矛盾中，生产力和经济关系是矛盾的主要方面，决定着事物发展方向。而生产力作为一种客观的物质力量是不断变化发展的，因此，需要新的与之相适应的生产关系和政治上层建筑的变革。

第五章 资本主义的发展及其趋势

学习目标

了解资本主义从自由竞争发展到垄断的进程，科学认识国家垄断资本主义和经济全球化的本质，正确认识第二次世界大战后资本主义的变化及其实质，当代资本主义变化的新特征，世界大变局下资本主义的矛盾与冲突，深刻理解资本主义的历史地位及其为社会主义所代替的历史必然性，坚定资本主义必然灭亡、社会主义必然胜利的信念。

学习要点

〇私人垄断资本主义的形成及特点

〇国家垄断资本主义的特点和实质

〇经济全球化的表现及其影响

〇第二次世界大战后资本主义的变化及其实质

〇当代资本主义变化的新特征

〇世界大变局下资本主义的矛盾与冲突

〇资本主义的历史地位及其为社会主义所代替的历史必然性

教材第四章和第五章是马克思主义政治经济学部分。第四章侧重从单个资本的循环维度出发展开研讨。第五章的研究视角进一步放大，从资本主义历史发展的纵向结构入手，讨论资本主义社会发展历程中的产生、发展和走向衰亡的过程。探讨资本主义从 19 世纪末 20 世纪初的自由竞争阶段发展到垄断阶段，分析第二次世界大战后，资本主义经历的短暂繁荣发展及与之相适应的经济和社会生活出现了一些变化。正确理解和认识资本主义发展过程中的进步性和局限性，剖析当代资本主义新变化，对于我们正确把握资本主义发展的历史趋势具有重要意义。

知识坐标

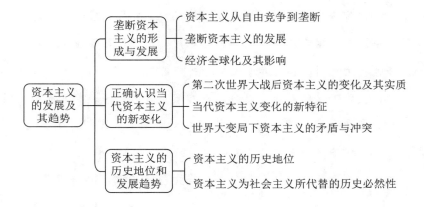

第一节　垄断资本主义的形成与发展

一、经典阅读

（一）资本主义从自由竞争到垄断

每一单个资本都是生产资料的或大或小的积聚，并且相应地指挥着一支或大或小的劳动军。每一个积累都成为新的积累的手段。这种积累随着执行资本职能的财富数量的增多而扩大这种财富在单个资本家手中的积聚，从而扩大大规模生产和特殊的资本主义的生产方法的基础。社会资本的增长是通过许多单个资本的增长来实现的……因此，积累一方面表现为生产资料和对劳动的支配权的不断增长的积聚，另一方面，表现为许多单个资本的互相排斥。

马克思：《资本论》第1卷（1867年），

《马克思恩格斯文集》第5卷，

人民出版社2009年版，第721页。

社会总资本这样分散为许多单个资本，或它的各部分间的互相排斥，又遇到各部分间的互相吸引的反作用。这已不再是生产资料和对劳动的支配权的简单的、和积累等同的积聚。这是已经形成的各资本的积聚，是它们的个体独立性的消灭，是资本家剥夺资本家，是许多小资本转化为少数大资本。这一过程和前一过程不同的地方就在于，它仅仅以已经存在的并且执行职能的资本在分配上的变化为前提，因而，它的作用范围不受社会财富的绝对增长或积累的绝对界限的限制。资本所以能在这里，在一个人手中膨胀成很大的量，是因为它在那里，在许多人手中丧失了。这是不同于积累和积聚的本来意义的集中。

马克思：《资本论》第1卷（1867年），

《马克思恩格斯文集》第5卷，

人民出版社2009年版，第721—722页。

随着资本主义生产方式的发展，在正常条件下经营某种行业所需要的单个资本的最低限量提高了。因此，较小的资本挤到那些大工业还只是零散地或不完全地占领的生产领域中去。在那里，竞争的激烈程度同互相竞争的资本的多少成正比，同互相竞争的资本的大小成反比。竞争的结果总是许多较小的资本家垮台，他们的资本一部分转入胜利者手中，一部分归于消灭。除此而外，一种崭新的力量——信用事业，随同资本主义的生产而形成起来。起初，它作为积累的小小的助手不声不响地挤了进来，通过一根根无形的线把那些分散在社会表面上的大大小小的货币资金吸引到单个的或联合的资本家手中；但是很快它就成了竞争斗争中的一个新的可怕的武器；最后，它转化为一个实现资本集中的庞大的社会机构。

马克思：《资本论》第 1 卷（1867 年），
《马克思恩格斯文集》第 5 卷，
人民出版社 2009 年版，第 722 页。

资本主义最典型的特点之一，就是工业蓬勃发展，生产集中于愈来愈大的企业的过程进行得非常迅速。现代工业调查提供了说明这一过程的最完备最确切的材料。

列宁：《帝国主义是资本主义发展的最高阶段》（1916 年 1—6 月），
《列宁选集》第 2 卷，
人民出版社 2012 年版，第 584 页。

美国所有企业的全部价值，差不多有一半掌握在仅占企业总数百分之一的企业手里！而这 3000 个大型企业包括 258 个工业部门。由此可见，集中发展到一定阶段，可以说就自然而然地走到垄断。因为几十个大型企业彼此之间容易达成协议；另一方面，正是企业的规模巨大造成了竞争的困难，产生了垄断的趋势。这种从竞争到垄断的转变，不说是最新资本主义经济中最重要的现象，也是最重要的现象之一。

列宁：《帝国主义是资本主义发展的最高阶段》（1916 年 1—6 月），
《列宁选集》第 2 卷，
人民出版社 2012 年版，第 585 页。

资本主义发展到了最高阶段，有一个极重要的特点，就是所谓联合制，即把不同的工业部门联合在一个企业中，这些部门或者是依次对原料进行加工（如把矿石炼成生铁，把生铁炼成钢，可能还用钢制造各种成品），或者是一个部门对另一个部门起辅助作用（如加工下脚料或者副产品，生产包装用品，等等）。

列宁：《帝国主义是资本主义发展的最高阶段》（1916 年 1—6 月），

《列宁选集》第 2 卷，

人民出版社 2012 年版，第 586 页。

在半个世纪以前马克思写《资本论》的时候，绝大多数经济学家都认为自由竞争是一种"自然规律"。官方学者曾经力图用缄默这种阴谋手段来扼杀马克思的著作，因为马克思对资本主义所作的理论和历史的分析，证明了自由竞争产生生产集中，而生产集中发展到一定阶段就导致垄断。现在，垄断已经成了事实。经济学家们正在写大堆大堆的著作，叙述垄断的某些表现，同时却继续齐声宣告："马克思主义被驳倒了。"但是，英国有句谚语说得好：事实是顽强的东西，不管你愿不愿意，你都得重视事实……生产集中产生垄断，则是现阶段资本主义发展的一般的和基本的规律。

列宁：《帝国主义是资本主义发展的最高阶段》（1916 年 1—6 月），

《列宁选集》第 2 卷，

人民出版社 2012 年版，第 587—588 页。

对垄断组织的历史可以作如下的概括：（1）19 世纪 60 年代和 70 年代是自由竞争发展的顶点即最高阶段。这时垄断组织还只是一种不明显的萌芽。（2）1873 年危机之后，卡特尔有一段很长的发展时期，但卡特尔在当时还是一种例外，还不稳固，还是一种暂时现象。（3）19 世纪末的高涨和 1900—1903 年的危机。这时卡特尔成了全部经济生活的基础之一。资本主义转化为帝国主义。

列宁：《帝国主义是资本主义发展的最高阶段》（1916 年 1—6 月），

《列宁选集》第 2 卷，

人民出版社 2012 年版，第 589—590 页。

（二）经济全球化及其影响

不断扩大产品销路的需要，驱使资产阶级奔走于全球各地。它必须到处落户，到处开发，到处建立联系。

资产阶级，由于开拓了世界市场，使一切国家的生产和消费都成为世界性的了。使反动派大为惋惜的是，资产阶级挖掉了工业脚下的民族基础。古老的民族工业被消灭了，并且每天都还在被消灭。它们被新的工业排挤掉了，新的工业的建立已经成为一切文明民族的生命攸关的问题；这些工业所加工的，已经不是本地的原料，而是来自极其遥远的地区的原料；它们的产品不仅供本国消费，而且同时供世界各地消费。旧的、靠本国产品来满足的需要，被新的、要靠极其遥远的国家和地带的产品来满足的需要所代替了。过去那种地方的和各民族的自给自足和闭关自守状态，被各民族的各方面的互相往来和各方面的互相依赖所代替了。物质的生产是如此，精神的生产也是如此。各民族的精神产品成了公共的财产。民族的片面性和局限性日益成为不可能，于是由许多种民族的和地方的文学形成了一种世界的文学。

马克思、恩格斯：《共产党宣言》，

《马克思恩格斯文集》第 2 卷，

人民出版社 2009 年版，第 35 页。

资产阶级，由于一切生产工具的迅速改进，由于交通的极其便利，把一切民族甚至最野蛮的民族都卷到文明中来了。它的商品的低廉价格，是它用来摧毁一切万里长城、征服野蛮人最顽强的仇外心理的重炮。它迫使一切民族——如果它们不想灭亡的话——采用资产阶级的生产方式；它迫使它们在自己那里推行所谓的文明，即变成资产者。一句话，它按照自己的面貌为自己创造出一个世界。

马克思、恩格斯：《共产党宣言》，

《马克思恩格斯文集》第 2 卷，

人民出版社 2009 年版，第 35—36 页。

经济全球化是我们谋划发展所要面对的时代潮流。"经济全球化"这一概念虽然是冷战结束以后才流行起来的，但这样的发展趋势并不是什么新东西。早在 19 世纪，马克思、恩格斯在《德意志意识形态》《共产党宣言》《1857—1858 年经济学手稿》《资本论》等著作中就详细论述了世界贸易、世界市场、世界历史等问题。《共产党宣言》指出："资产阶级，由于开拓了世界市场，使一切国家的生产和消费都成为世界性的了。"马克思、恩格斯的这些洞见和论述，深刻揭示了经济全球化本质、逻辑、过程，奠定了我们今天认识经济全球化的理论基础。

经济全球化大致经历了 3 个阶段。一是殖民扩张和世界市场形成阶段，西方国家靠巧取豪夺、强权占领、殖民扩张，到第一次世界大战前基本完成了对世界的瓜分，世界各地区各民族都被卷入资本主义世界体系之中。二是两个平行世界市场阶段，第二次世界大战结束之后，一批社会主义国家诞生，殖民地半殖民地国家纷纷独立，世界形成社会主义和资本主义两大阵营，在经济上则形成了两个平行的市场。三是经济全球化阶段，随着冷战结束，两大阵营对立局面不复存在，两个平行的市场随之不复存在，各国相互依存大幅增加，经济全球化快速发展演化。

习近平：《深入理解新发展理念》（2016 年 1 月 18 日），

《习近平谈治国理政》第 2 卷，

外文出版社 2017 年版，第 210—211 页。

经济全球化是时代潮流。大江奔腾向海，总会遇到逆流，但任何逆流都阻挡不了大江东去。动力助其前行，阻力促其强大。尽管出现了很多逆流、险滩，但经济全球化方向从未改变、也不会改变。世界各国要坚持真正的多边主义，坚持拆墙而不筑墙、开放而不隔绝、融合而不脱钩，推动构建开放型世界经济。要以公平正义为理念引领全球治理体系变革，……推动经济全球化朝着更加开放、包容、普惠、平衡、共赢的方向发展，让世界经济活力充分迸发出来。

习近平：《共创后疫情时代美好世界》（2022 年 1 月 17 日）

《习近平谈治国理政》第 4 卷，

外文出版社 2022 年版，第 485 页。

二、内容精要

（一）资本主义从自由竞争到垄断

资本主义的发展经历了两个阶段：自由竞争资本主义和垄断资本主义。19世纪70年代以前，资本主义处于自由竞争阶段；从19世纪70年代开始，自由竞争资本主义逐步向垄断资本主义发展；19世纪末20世纪初，垄断代替自由竞争并占据统治地位，垄断资本主义得以形成。这一时期，垄断资本主义主要以私人垄断资本为

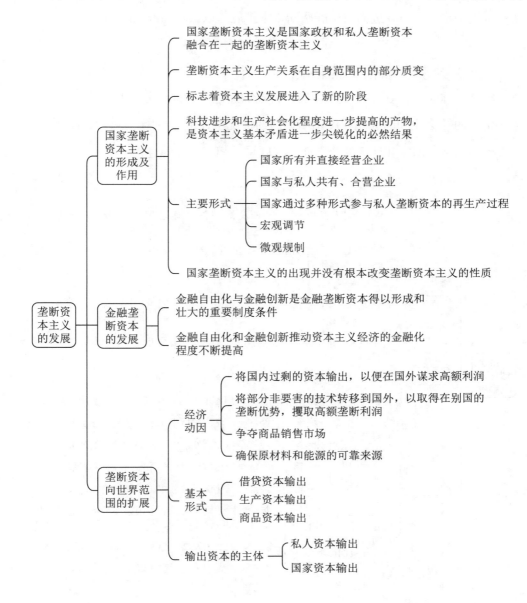

基础，所以又叫私人垄断资本主义。私人垄断资本主义是在生产集中和资本集中的基础上形成的。

（二）垄断资本主义的发展

资本主义由自由竞争进入垄断阶段后，随着科学技术的进步和生产社会化程度的进一步提高，私人垄断资本与社会化大生产之间的矛盾日益尖锐化，以致严重阻碍生产力的进一步发展，这在客观上推动私人垄断资本与国家政权相结合，金融垄断资本进一步发展，并进而向国际垄断资本扩展，以谋求高额垄断利润。

（三）经济全球化及其影响

经济全球化是指在生产不断发展、科技加速进步、社会分工和国际分工不断深化、生产的社会化和国际化程度不断提高的情况下，世界各国、各地区的经济活动越来越超出某一国家和地区的范围而相互联系、相互依赖的过程。

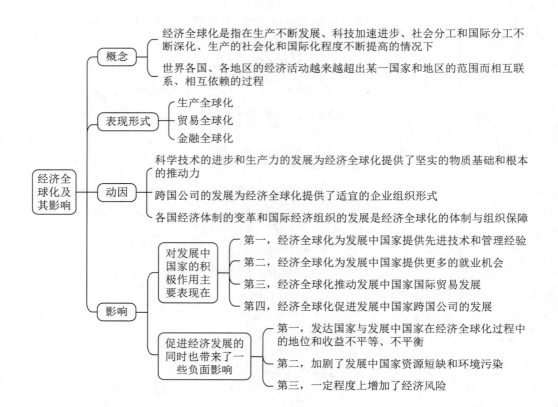

三、难点释惑

垄断只有资本主义国家才有吗？我们国家有没有垄断？

根据垄断的定义，"所谓垄断，是指少数资本主义大企业为了获得高额利润，通过相互协议或联合，对一个或几个部门商品的生产、销售和价格进行操纵和控制"。垄断从主体上来看，是"少数资本主义大企业"，目的是"为获得高额利润"，具体方式"通过协议或联合"，表现是"对一个或者几个商品的生产、销售和价格进行操纵和控制"。

为了预防和制止垄断行为，保护市场公平竞争，鼓励创新，提高经济运行效率，维护消费者利益和社会公共利益，促进社会主义市场经济健康发展，早在 2007 年 8 月 30 日《中华人民共和国反垄断法》已由中华人民共和国第十届全国人民代表大会常务委员会第二十九次会议并通过。其核心要义是为预防和制止垄断行为，保护市场公平竞争，提高经济运行效率，维护消费者利益和社会公共利益，促进社会主义市场经济健康发展，制定的法律。

《中华人民共和国反垄断法》（2022 年修正）已由中华人民共和国第十三届全国人民代表大会常务委员会第三十五次会议于 2022 年 6 月 24 日通过，自 2022 年 8 月 1 日起施行。

在总则第二条中明确指出："中华人民共和国境内经济活动中的垄断行为，适用本法；中华人民共和国境外的垄断行为，对境内市场竞争产生排除、限制影响的，适用本法"，切实维护有序的经济环境，保障消费者权益。

四、典型案例

加强反垄断监管是为了更好发展

1. 案例内容：

近日，市场监管总局根据举报，在前期核查研究的基础上，对阿里巴巴集团控股有限公司实施"二选一"等涉嫌垄断行为立案调查。

近年来，我国线上经济蓬勃发展，新业态、新模式层出不穷，但与此同时，线上经济凭借数据、技术、资本优势也呈现市场集中度越来越高的趋势，市场资源加速向头部平台集中。近期召开的中央政治局会议和中央经济工作会议均明确要求强化反垄断和防止资本无序扩张，得到社会热烈反响和广泛支持。可见，反垄断已成为关系全局的紧迫议题。

反垄断、反不正当竞争，是完善社会主义市场经济体制、推动高质量发展的内在要求。公平竞争是市场经济的核心，只有竞争环境公平，才能实现资源有效配置和企业优胜劣汰，而垄断阻碍公平竞争、扭曲资源配置、损害市场主体和消费者利益、扼杀技术进步，是监管者一直高度警惕的发展和安全隐患。如果超越法律法规限制，放任市场垄断、无序扩张、野蛮生长，终将使整个行业无法实现健康可持续发展。

放眼全球，反垄断是国际惯例，有利于保护市场公平竞争和创新，维护消费者权益。面对互联网这个"超级平台"，世界各国和经济体反垄断执法机构均采取了严格的监管态度和制约措施。加强反垄断监管，保护消费者合法权益，维护公平竞争市场秩序，激发市场活力，已成为大势所趋、人心所向。

（《人民日报》，2020年12月25日第7版）

2. 讨论题：

（1）你认为垄断是好的？还是不好的？

（2）为什么国家出台《反垄断法》？

3. 案例点评：

不以规矩，不成方圆。首先明确，互联网空间不是法外之地。虽然平台经济领域竞争呈现出一些新特点，但互联网行业不是反垄断法外之地，所有企业都应当严格遵守反垄断法律法规，维护市场公平竞争，确保整个行业的健康有序发展。

其次，此次立案调查，并不意味着国家对平台经济鼓励、支持的态度有所改变，恰恰是为了更好规范和发展平台经济，引导、促进其健康发展，以期为中国经济高质量发展作出更大贡献。相信通过加强反垄断监管，能够消除影响平台经济健康发展的障碍，平台经济也将迎来更好的发展环境。

4. 使用说明：

（1）本案例的教学目的和用途

本案例的教学目的是：通过介绍国家对反垄断、反不正当竞争的重要举措，引导学生有意识地关注社会现实生活，将理论与社会生活实际相结合，将理论与自身实际相结合。

本案例的用途是：可用于第五章第一节关于"垄断资本主义的发展"部分的辅助学习，或者用于拓展知识阅读。

（2）本案例的结构及其分析思路的建议

本案例可以从两个部分展开：

第一部分，通过案例，引导学生思考，"垄断是好的吗?"引导学生对所学知识点进行深入思考，关注社会现实生活中的垄断组织及垄断行为，并探讨垄断的目的和意义。

第二部分，通过案例，引导学生思考，垄断是为垄断组织和垄断资本家服务的，短时期内，消费者可能获得一定的"优惠"。但从根本上分析，这仍然是垄断条件下竞争的一种形式，其目的是快速占领市场，最终目的仍然是要获得高额垄断利润，学生应认清垄断的实质。

小　结

自由竞争引起生产集中和资本集中，生产集中和资本集中发展到一定阶段必然引起垄断。资本主义由自由竞争阶段转向私人垄断资本主义，进而发展到国家垄断资本主义阶段。国家垄断资本主义是垄断资本主义生产关系在自身范围内的部分质变，标志着资本主义发展进入了新的阶段。这并没有改变资本主义国家性质，也没有解决资本主义根本矛盾及周期性爆发的经济危机。经济全球化是资本主义经济发展必然结果，我们要正确认识当代资本主义的新变化。

第二节　正确认识当代资本主义的新变化

一、经典阅读

资本主义的变化及其实质

资本主义生产的历史趋势被归结成这样："资本主义生产本身由于自然变化的必然性，造成了对自身的否定"；它本身已经创造出了新的经济制度的要素，它同时给社会劳动生产力和一切生产者个人的全面发展以极大的推动；实际上已经以一种集体生产方式为基础的资本主义所有制只能转变为社会所有制。

马克思：《给〈祖国纪事〉杂志编辑部的信》（1877 年 10—11 月），

《马克思恩格斯文集》第 3 卷，

人民出版社 2009 年版，第 465 页。

希法亭写道："愈来愈多的工业资本不属于使用这种资本的工业家了。工业家只有通过银行才能取得对资本的支配权，对于工业家来说，银行代表这种资本的所有者。另一方面，银行也必须把自己愈来愈多的资本固定在工业上。因此，银行愈来愈变成工业资本家。通过这种方式实际上变成了工业资本的银行资本，即货币形式的资本，我把它叫做金融资本。""金融资本就是由银行支配而由工业家运用的资本。"①

这个定义不完全的地方，就在于它没有指出最重要的因素之一，即生产和资本的集中发展到了会导致而且已经导致垄断的高度。但是，在希法亭的整个叙述中，尤其是在我摘引这个定义的这一章的前两章里，着重指出了资本主义垄断组织的作用。

生产的集中；从集中生长起来的垄断；银行和工业日益融合或者说长合在一

---

① 鲁·希法亭：《金融资本》，1912 年莫斯科版，第 338—339 页。

起，——这就是金融资本产生的历史和这一概念的内容。

列宁：《帝国主义是资本主义发展的最高阶段》（1916 年 1—6 月），

《列宁选集》第 2 卷，

人民出版社 2012 年版，第 612—613 页。

在考察这些变革时，必须时刻把下面两者区别开来：一种是生产的经济条件方面所发生的物质的、可以用自然科学的精确性指明的变革，一种是人们借以意识到这个冲突并力求把它克服的那些法律的、政治的、宗教的、艺术的或哲学的，简言之，意识形态的形式。我们判断一个人不能以他对自己的看法为根据，同样，我们判断这样一个变革时代也不能以它的意识为根据；相反，这个意识必须从物质生活的矛盾中，从社会生产力和生产关系之间的现存冲突中去解释。无论哪一个社会形态，在它所能容纳的全部生产力发挥出来以前，是决不会灭亡的；而新的更高的生产关系，在它的物质存在条件在旧社会的胎胞里成熟以前，是决不会出现的。所以人类始终只提出自己能够解决的任务，因为只要仔细考察就可以发现，任务本身，只有在解决它的物质条件已经存在或者至少是在生成过程中的时候，才会产生。

马克思：《〈政治经济学批判〉序言》（1859 年），

《马克思恩格斯文集》第 2 卷，

人民出版社 2009 年版，第 592 页。

二、内容精要

（一）第二次世界大战后资本主义的变化及其实质

第二次世界大战后，资本主义经济政治都发生了变化。学习和了解变化的主要表现、原因和实质，以及如何正确看待这种新变化。

虽然资本主义在第二次世界大战后发生了一系列变化，但根本上并没有改变资本主义制度的本质，并没有克服资本主义的基本矛盾，也没有改变马克思主义关于资本主义的基本论断和科学性。根源于资本主义基本矛盾的经济危机依然是资本主义不可克服的痼疾。正确认识资本主义的这些新变化，有助于我们深刻洞察资本主

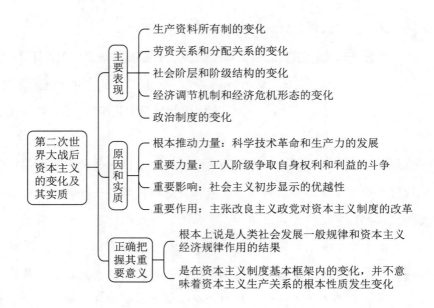

义本质，同时实事求是地分析和借鉴资本主义发展过程中出现的符合社会化大生产要求的积极因素为我所用。

（二）当代资本主义变化的新特征

进入 21 世纪后，伴随着经济全球化的不断深入发展，新一轮科技革命和产业

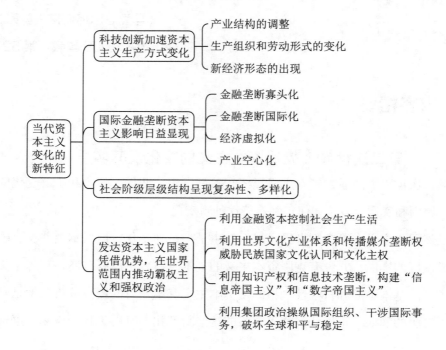

变革进入空前密集活跃期，社会化大生产在世界范围内更大规模、更大范围、更深层次展开，世界格局深度调整，资本主义又呈现出一些新变化和新特征。

三、难点释惑

如何理解 2008 年国际金融危机以来资本主义的矛盾与冲突

由美国次贷危机引发的 2008 年国际金融危机是自 20 世纪 30 年代经济大萧条以来最为严重的全球性经济危机，它迅速从局部发展到全球，从发达国家传导到新兴市场国家，从金融领域扩散到实体经济领域，造成了一系列灾难性后果。在这场危机的影响下，西方国家的经济生活、政治生活和社会民生等方面都出现了各种问题。第一，经济发展失调。2008 年国际金融危机之后，西方主要资本主义国家采取各种措施应对危机，虽暂时避免了金融秩序崩溃，但经济发展仍然面临一系列问题。具体表现为虚拟经济与实体经济发展失衡、政治体制失灵、社会融合机制失效等问题。以上种种情况显示了当代资本主义社会的乱象。这些现象背后的深层次原因和根源，归根结底还在于资本主义制度本身，在于资本主义的基本矛盾。正因为如此，西方国家的一些有识之士提出了对资本主义制度和价值观的质疑。

四、典型案例

华尔街危机："占领华尔街"，作别"美国梦"

1. 案例内容：

2011 年 9 月 17 日，美国宪法日当天，以抗议华尔街的贪婪、高失业率及社会分配不均为主要内容的"占领华尔街"运动在纽约爆发。示威者手举标语牌走上华尔街等金融区，游行到《纽约时报》广场，并占领祖科蒂公园作为大本营。

"99%"的哀鸣。"占领华尔街"运动，原本不过是由加拿大非营利杂志《广告克星》策划并通过网络发起的一系列"印度甘地式"和平抗议，倡议书中的宣言很快引起共鸣："我们共同的特点是占人口总数 99% 的普罗大众，对于仅占总数 1% 的人的贪婪和腐败，我们再也无法忍受。"

"占领华尔街"的抗议者代表着美国民众中绝望的大多数，他们当中大多数为中下层民众和学生，没有明确的领袖。他们高喊着"我们是99%"，对1%的富人的贪婪和腐败提出抗议。

"占领"运动从华尔街起步如风暴般席卷全美，甚至波及全球。示威活动开始升级，并与警方展开对峙。"占领华尔街"运动先是获得了美国工会的支持，后又得到美国大专院校的学生支持，全美70多所高校积极响应。在不到一个月的时间，运动蔓延到美国各大城市，由"占领华尔街"发展到"占领洛杉矶""占领芝加哥""占领高校"……10月6日，反华尔街的怒火开始烧到美国首都华盛顿，上演一场上千人参与的"占领华盛顿"运动。运动还越过边境线经由加拿大向西方主要国家的大中城市迅速蔓延，令"占领"行动声势到达顶峰。

很多人抱怨自己的"美国梦"正在破灭。他们伤心、失望的同时，将矛头直指华尔街的吸金者搞垮了美国经济，却肥了自己的钱袋。不是单纯宣泄愤怒情绪，而是争取实现一个深远而艰难的政治目标，所以这次运动没有采取传统的示威抗议方式，而是采取了长期"占领"美国金融资本聚集的心脏地带的方式。

（《人民日报》2011年12月29日）

2. 讨论题：

（1）华尔街在哪里？有哪些特殊的功能和性质？什么人要占领华尔街？为什么要占领华尔街？

（2）如果真的占领华尔街，能够解决美国当前资本主义制度危机吗？

3. 案例点评：

占领华尔街运动并非凭空出现，长期以来，西方国家标榜民主并不遗余力地向外输出民主，但近年来移植西式民主的国家陷入动荡，西方国家本身也出现了某些治理危机，暴露出西式民主的弊端和局限。始自2008年的金融危机令世界经济陷入最低谷。由于美国民主制度的失灵，两党制的制度设计中，政治变成了维护政党私利的工具，最终沦为两党恶斗。美国经济持续疲软，贫富差距进一步扩大，贫困人口大量增加，失业率长期维持在9%以上。成千上万失去了工作的人依然找不到工作，还有越来越多的美国人可能失去工作。

"1% 有、1% 治、1% 享"，"占领华尔街"运动口号正是美国中产阶级觉醒运动的直接体现，美式"民主"是欺骗劳动群众的假民主，彻底揭露资产阶级民主的虚伪性和欺骗性。

但占领华尔街运动并不能真正意义上解决美国民主政治失灵问题，也不能从根本上改变资本主义政治制度本身。资本主义社会同历史上有过的一切其他社会制度一样，其产生、发展以及最终为另一种更高级的社会制度所代替，都是由人类社会发展的一般规律决定的，是客观的不以人的意志为转移的自然历史过程。

4. 使用说明：

（1）本案例的教学目的和用途

本案例的教学目的是：以"占领华尔街"运动为主，通过介绍其发生的社会背景、运动经过、示威口号等方面的内容，展现西方民主制度下普通中产阶级的生活状况。

本案例的用途是：可用于第五章第二节关于"正确认识当代资本主义的新变化"部分的辅助学习，或者用于拓展知识阅读。

（2）本案例的结构及其分析思路的建议

本案例可以从三个部分展开：

第一部分，引起学生关注"占领华尔街运动"，并通过查找资料，进一步了解运动的背景、起因、经过及结果。

第二部分，通过对"占领华尔街运动"的介绍，引导学生思考，引发这一运动背后的社会根源有哪些？运动参与者有哪些诉求？进一步了解资本主义民主制度的本质。

第三部分，通过对"占领华尔街运动"的评析，引导学生正确看待资本主义民主制度的本质，加深对民主的理解和认识。进一步引导学生增强全过程人民民主的理解和认识。

小　结

当代资本主义发生的新变化根源于人类社会基本矛盾，即生产力与生产关系、经济基础与上层建筑之间的矛盾。由于资本主义自身不能解决的社会化大生产与生产资料的资本主义私人占有制之间的根本矛盾，使得在其发展进程中周期性出现以生产的相对过程为本质特征的经济危机。马克思和恩格斯关于资本主义社会基本矛盾的分析充分证明了资本主义必然消亡、社会主义必然胜利的科学论断。资本主义最终消亡、社会主义最终胜利，必然是一个很长的历史过程。

第三节 资本主义的历史地位和发展趋势

一、经典阅读

（一）资本主义的历史地位

资产阶级在它的不到一百年的阶级统治中所创造的生产力，比过去一切世代创造的全部生产力还要多，还要大。自然力的征服，机器的采用，化学在工业和农业中的应用，轮船的行驶，铁路的通行，电报的使用，整个整个大陆的开垦，河川的通航，仿佛用法术从地下呼唤出来的大量人口——过去哪一个世纪料想到在社会劳动里蕴藏有这样的生产力呢？

马克思、恩格斯：《共产党宣言》（1872 年 6 月 24 日），

《马克思恩格斯文集》第 2 卷，

人民出版社 2009 年版，第 36 页。

一离开这个简单流通领域或商品交换领域，——庸俗的自由贸易论者用来判断资本和雇佣劳动的社会的那些观点、概念和标准就是从这个领域得出的，——就会看到，我们的剧中人的面貌已经起了某些变化。原来的货币占有者作为资本家，昂首前行；劳动力占有者作为他的工人，尾随于后。一个笑容满面，雄心勃勃；一个战战兢兢，畏缩不前，像在市场上出卖了自己的皮一样，只有一个前途——让人家来鞣。

马克思：《资本论》第 1 卷（1867 年），

《马克思恩格斯文集》第 5 卷，

人民出版社 2009 年版，第 205 页。

工场手工业分工不仅只是为资本家而不是为工人发展社会的劳动生产力，而且靠使各个工人畸形化来发展社会的劳动生产力。它生产了资本统治劳动的新条件。因此，一方面，它表现为社会的经济形成过程中的历史进步和必要的发展因素，另一方面，它表现为文明的和精巧的剥削手段。

马克思：《资本论》第 1 卷（1867 年），

《马克思恩格斯文集》第 5 卷，

人民出版社 2009 年版，第 422 页。

资产阶级历史时期负有为新世界创造物质基础的使命：一方面要造成以全人类互相依赖为基础的普遍交往，以及进行这种交往的工具；另一方面要发展人的生产力，把物质生产变成对自然力的科学支配。资产阶级的工业和商业正为新世界创造这些物质条件，正像地质变革创造了地球表层一样。只有在伟大的社会革命支配了资产阶级时代的成果，支配了世界市场和现代生产力，并且使这一切都服从于最先进的民族的共同监督的时候，人类的进步才会不再像可怕的异教神怪那样，只有用被杀害者的头颅做酒杯才能喝下甜美的酒浆。

马克思：《不列颠在印度统治的未来结果》（1853 年 7 月 22 日），

《马克思恩格斯文集》第 2 卷，

人民出版社 2009 年版，第 691 页。

（二）资本主义为社会主义所代替的历史必然性

共产主义并不剥夺任何人占有社会产品的权力，它只剥夺利用这种占有去奴役他人劳动的权力。

有人反驳说，私有制一消灭，一切活动就会停止，懒惰之风就会兴起。

这样说来，资产阶级社会早就应该因懒惰而消亡了，因为这个社会里劳者不获，获者不劳。所有这些顾虑，都可以归结为这样一个同义反复：一旦没有资本，也就不再有雇佣劳动了。

马克思、恩格斯：《共产党宣言》，

《马克思恩格斯文集》第 2 卷，

人民出版社 2009 年版，第 47—48 页。

总之，共产党人到处都支持一切反对现存的社会制度和政治制度的革命运动。

在所有这些运动中，他们都强调所有制问题是运动的基本问题，不管这个问题的发展程度怎样。

最后，共产党人到处都努力争取全世界民主政党之间的团结和协调。

共产党人不屑于隐瞒自己的观点和意图。他们公开宣布：他们的目的只有用暴力推翻全部现存的社会制度才能达到。让统治阶级在共产主义革命面前发抖吧。无产者在这个革命中失去的只是锁链。他们获得的将是整个世界。

全世界无产者，联合起来！

马克思、恩格斯：《共产党宣言》，

《马克思恩格斯文集》第 2 卷，

人民出版社 2009 年版，第 66 页。

随着那些掠夺和垄断这一转化过程的全部利益的资本巨头不断减少，贫困、压迫、奴役、退化和剥削的程度不断加深，而日益壮大的、由资本主义生产过程本身的机制所训练、联合和组织起来的工人的反抗也不断增长。资本的垄断成了与这种垄断一起并在这种垄断之下繁盛起来的生产方式的桎梏。生产资料的集中和劳动的社会化，达到了同它们的资本主义外壳不能相容的地步。这个外壳就要炸毁了，资本主义的丧钟就要响了。剥夺者就要被剥夺了。

马克思：《资本论》第 1 卷（1867 年），

《马克思恩格斯文集》第 5 卷，

人民出版社 2009 年版，第 874 页。

社会力量完全像自然力一样，在我们还没有认识和考虑到它们的时候，起着盲目的、强制的和破坏的作用。但是，一旦我们认识了它们，理解了它们的活动、方向和作用，那么，要使它们越来越服从我们的意志并利用它们来达到我们的目的，就完全取决于我们了。这一点特别适用于今天的强大的生产力。只要我们固执地拒绝理解这种生产力的本性和性质（而资本主义生产方式及其辩护士正是抗拒这种理解的），它就总是像上面所详细叙述的那样，起违反我们、反对我们的作用，把我们置于它的统治之下。但是，它的本性一旦被理解，它就会在联合起来的生产者手中从魔鬼似的统治者变成顺从的奴仆。

　　　　　　恩格斯：《社会主义从空想到科学的发展》（1880 年 1 月—3 月上半月），

《马克思恩格斯文集》第 3 卷，

人民出版社 2009 年版，第 560 页。

　　资本主义生产方式日益把大多数居民变为无产者，从而就造成一种在死亡的威胁下不得不去完成这个变革的力量。这种生产方式日益迫使人们把大规模的社会化的生产资料变成为国家财产，因此它本身就指明完成这个变革的道路。无产阶级将取得国家政权，并且首先把生产资料变为国家财产。但是这样一来，它就消灭了作为无产阶级的自身，消灭了一切阶级差别和阶级对立，也消灭了作为国家的国家。

　　　　　　恩格斯：《社会主义从空想到科学的发展》（1880 年 1 月—3 月上半月），

《马克思恩格斯文集》第 3 卷，

人民出版社 2009 年版，第 561 页。

　　现在，劳动资料的占有者还继续占有产品，虽然这些产品已经不是他的产品，而完全是别人劳动的产品了。这样，现在按社会化方式生产的产品已经不归那些真正使用生产资料和真正生产这些产品的人占有，而是归资本家占有。生产资料和生产实质上已经社会化了。但是，它们仍然服从于这样一种占有形式，这种占有形式是以个体的私人生产为前提，因而在这种形式下每个人都占有自己的产品并把这个产品拿到市场上去出卖。生产方式虽然已经消灭了这一占有形式的前提，但是它仍然服从于这一占有形式。赋予新的生产方式以资本主义性质的这一矛盾，已经包含着现代的一切冲突的萌芽。新的生产方式越是在一切有决定意义的生产部门和一切在经济上起决定作用的国家里占统治地位，并从而把个体生产排挤到无足轻重的残余地位，社会化生产和资本主义占有的不相容性，也必然越加鲜明地表现出来。

　　　　　　恩格斯：《社会主义从空想到科学的发展》（1880 年 1 月—3 月上半月），

《马克思恩格斯文集》第 3 卷，

人民出版社 2009 年版，第 550—551 页。

因为在资本主义社会里，生产资料要不先变为资本，变为剥削人的劳动力的工具，就不能发挥作用。生产资料和生活资料的资本属性的必然性，像幽灵一样横在这些资料和工人之间。唯独这个必然性阻碍着生产的物的杠杆和人的杠杆的结合，唯独它不允许生产资料发挥作用，不允许工人劳动和生活。一方面，资本主义生产方式暴露出它没有能力继续驾驭这种生产力。另一方面，这种生产力本身以日益增长的威力要求消除这种矛盾，要求摆脱它作为资本的那种属性，要求在事实上承认它作为社会生产力的那种性质。

恩格斯:《社会主义从空想到科学的发展》(1880 年 1 月—3 月上半月)，

《马克思恩格斯文集》第 3 卷，

人民出版社 2009 年版，第 557 页。

二、内容精要

（一）资本主义历史地位

资本主义社会同历史上有过的一切其他社会制度一样，其产生、发展以及最终为另一种更高级的社会制度所代替，都是由人类社会发展的一般规律决定的，是客观的不以人的意志为转移的自然历史过程。

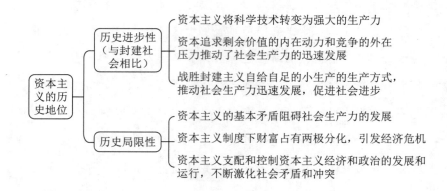

（二）资本主义为社会主义所代替的历史必然性

从人类社会发展历史长河来看，资本主义只是这一过程中的必经阶段，资本主义为社会主义所取代是历史发展的基本趋势。

	资本主义基本矛盾"包含着现代的一切冲突的萌芽"
资本主义为社会主义所代替的历史必然性	资本积累推动资本主义基本矛盾不断激化并最终否定资本主义自身
	国家垄断资本主义是资本社会化的更高形式，将成为社会主义的前奏
	资本主义社会存在着资产阶级和无产阶级两大阶级之间的矛盾和斗争

三、难点释惑

如何理解资本主义为社会主义所代替的历史必然性

马克思一生中有两大发现，唯物史观和剩余价值学说。马克思主义创立的唯物史观是历史观上的一场伟大的革命，具有深刻的革命性，它不仅为科学认识历史、解释历史奠定了基础，更重要的是，它还为改变历史、创造历史提供了动力和方向。

唯物史观科学地揭示了人类社会发展的根本原因和基本矛盾，即生产力和生产关系的矛盾与经济基础和上层建筑的矛盾，它是人类社会的最普遍的矛盾，是社会发展的根本动力。从人类社会发展的长河看，先后经历了原始社会、奴隶制社会、封建主义社会、资本主义社会和未来的共产主义社会。资本主义终究要为社会主义所取代，这是历史发展的基本趋势。资本主义的内在矛盾决定了资本主义必然为社会主义所代替。

任何一个社会形态发展演进都是生产力和生产关系这对社会基本矛盾运动变化的产物，资本主义社会也是如此。生产力与生产关系从基本的适合到基本的不适合再到新的基本的适合，资本主义取代封建主义社会的过程中，资本主义生产方式是新事物，代表先进的生产力和生产关系。由于生产力是不断发展的客观物质力量，是不以人的意志为转移的。生产力的发展需要与之相适应的生产关系随之变化发展，但每个社会所能够容纳的调整和发展的空间是有限度的。当资本主义的生产方式不能够满足社会基本矛盾发展需要的时候，就会产生新的共产主义的生产方式。

马克思、恩格斯在《共产党宣言》中提出："资产阶级的灭亡和无产阶级的胜利是同样不可避免的。"马克思在《〈政治经济学批判〉序言》中又提出"两个决不会"，即："无论哪一个社会形态，在它所能容纳的全部生产力发挥出来以前，是决不会灭亡的；而新的更高的生产关系，在它的物质存在条件在旧社会的胎胞里成熟以前，是决不会出现的。"

四、典型案例

（一）马克思说过"瘟疫也是资本主义的丧钟"吗？

1. 案例内容：

马克思说过"瘟疫也是资本主义的丧钟"吗？并没有！为什么还会给人这样的一种错觉呢？原来这种表达方式"很马克思"！

马克思、恩格斯在著作中经常运用"瘟疫"和"丧钟"之类的表述对资本主义生产方式和资本主义制度进行揭露和批判。

关于"瘟疫"。马克思、恩格斯更多运用比喻的手法来对资本主义生产方式及资本主义制度进行批判。关于"丧钟"。马克思、恩格斯认为资本主义私有制、工人为争取自身权利而进行的斗争、资产阶级的腐朽统治、社会主义的传播等为资本主义敲响了丧钟。

马克思、恩格斯是怎么看待瘟疫与资本主义制度呢？在他们的论著中，对瘟疫本身及其危害性的研究多有涉及。除瘟疫本身外，马克思、恩格斯的论著中还多有出现"传染病""疾病""疫病""霍乱""天花""伤寒""肺结核""黑死病""瘰疬"等关键词，认为这些恶性传染病在城市化初期的欧洲各国极易流行，严重威胁着工人的健康和生命安全。马克思、恩格斯认为，瘟疫等灾害的发生，首先遭殃的是工人阶级，他们的健康状况得不到保障，生产资料进一步丧失，从而造成工人的赤贫和人口的相对过剩。而这一切的发生，却与资本主义生产方式和资本主义制度密不可分。在工人阶级的健康和生命安全受到威胁时，无产阶级也进行了不懈的抗争。如发生于 1845 年英国和爱尔兰的马铃薯病灾，导致 3 年的农业歉收和 1847 年全欧经济危机，成为 1848 年欧洲革命的导火索。

正如恩格斯在《共产主义原理》中所指出的："现今的一切贫困灾难，完全是由已不适合于时间条件的社会制度造成的"，"用建立新社会制度的办法来彻底铲除这一切贫困的手段已经具备"，这就"需要对我们的直到目前为止的生产方式，以及同这种生产方式一起对我们的现今的整个社会制度实行完全的变革"。

2. 讨论题：

（1）你是如何理解有人将"瘟疫也是资本主义丧钟"这句话认作马克思名言这一事情的？

（2）结合所学知识，你认为战争、疾病与资本主义发展进程是怎样地关联在一起的。

3. 案例点评：

马克思、恩格斯在论著中常用"瘟疫"和"丧钟"之类的表述，对资本主义生产方式和资本主义制度进行揭露和批判。但是，马克思、恩格斯并没有说过"瘟疫也是资本主义的丧钟"这句话。即便如此，这句打着马克思旗号的"名言"瞬间风靡网络，让人不得不叹服马克思的"神预言"。然而，正如有学者所指出的那样，马克思不需要以这样的方式彰显其当代存在。这样的方式，其实是对马克思主义的"低级红"。谣言止于智者，我们应当坚持实事求是的原则，倡导实事求是的学风与文风，准确地、客观地、全面地宣传、研究马克思主义。只有这样，才能真正地把马克思主义作为自己的"看家本领"，也才能在新时代更好地坚持和发展马克思主义。

4. 使用说明：

（1）本案例的教学目的和用途

本案例的教学目的是：通过厘清马克思是否说过"瘟疫也是资本主义的丧钟"这一文本出发，关注国内外社会重大事件背后，人们对马克思主义的关注和理解。

本案例的用途是：可用于第五章第三节关于"资本主义为社会主义所代替的历史必然性"部分的辅助学习，或者用于拓展知识阅读。

（2）本案例的结构及其分析思路的建议

本案例可以从三个部分展开：

第一部分，关注关于对马克思"瘟疫也是资本主义丧钟"这句话的理解和讨论。介绍马克思主义在世界范围内的传播及马克思在资本主义世界的影响，联系导论部分，前后呼应。

第二部分，利用所学知识分析资本主义发展与战争、疾病之间的联系。进一步启发学生对人类历史上的战争和疾病进行考量，分析在前资本主义社会与资本主义社会，战争与疾病的影响有哪些新变化和新特点。

第三部分，深入理解资本主义被共产主义代替的长期性和历史必然性。认识到推翻资本主义不是轻轻松松就能完成的，资产阶级不会主动退出历史舞台，共产主义是需要全体无产阶级不懈奋斗才能获得胜利的。

小　结

资本主义政治制度的形成和发展在人类社会历史的发展进程中起着重要的进步作用，但这种进步性仅仅体现在资本主义推翻封建主义专制的特定历史时期。作为反映资本主义经济基础的资本主义政治制度和意识形态本身即是为维护占统治地位的资产阶级的利益和要求，为巩固和发展资本主义经济基础提供政治保障。但随着社会主要矛盾日益激化和尖锐化，生产力的发展和旧的生产关系、经济基础的发展和旧的上层建筑之间的矛盾冲突不断升级，旧的生产关系和政治上层建筑已经不再能够满足发展了的生产力和新的经济基础的要求，社会革命爆发的时代也就到来了。人类社会将会进入另一个崭新的新世界！

第六章　社会主义的发展及其规律

学习目标

学习和了解社会主义五百年的发展历程，把握科学社会主义基本原则，认识社会主义建设过程的长期性，明确社会主义发展道路的多样性，把握新时代中国特色社会主义在社会主义发展史上的里程碑意义。遵循社会主义在实践中开拓前进的发展规律，以昂扬奋进的姿态推进社会主义事业走向光明未来。

学习要点

〇社会主义五百年的历史进程

〇科学社会主义基本原则

〇科学社会主义基本原则与中国特色社会主义

〇社会主义建设过程的长期性

〇社会主义发展道路的多样性

〇社会主义在中国焕发出蓬勃生机

科学社会主义理论是马克思主义的三大组成部分之一，是我国共产党执政的社会主义国家治国理政的基本原则和指导思想。大学生在升入大学之前的各个学习阶段，都曾经或多或少地接触到社会主义理论，尤其是高中阶段，学生已经系统地学习了科学社会主义理论的一些基础知识，这是本专题内容教学开展的比较有利的条件。

知识坐标

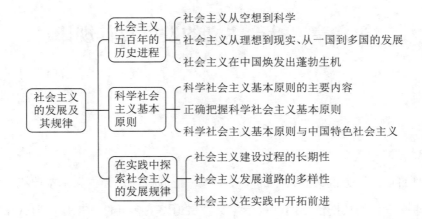

社会主义的发展及其规律
- 社会主义五百年的历史进程
  - 社会主义从空想到科学
  - 社会主义从理想到现实、从一国到多国的发展
  - 社会主义在中国焕发出蓬勃生机
- 科学社会主义基本原则
  - 科学社会主义基本原则的主要内容
  - 正确把握科学社会主义基本原则
  - 科学社会主义基本原则与中国特色社会主义
- 在实践中探索社会主义的发展规律
  - 社会主义建设过程的长期性
  - 社会主义发展道路的多样性
  - 社会主义在实践中开拓前进

第一节 社会主义五百年的历史进程

一、经典阅读

（一）社会主义从空想到科学

德国的理论上的社会主义永远不会忘记，它是站在圣西门、傅立叶和欧文这三个人的肩上的。虽然这三个人的学说含有十分虚幻和空想的性质，但他们终究是属于一切时代最伟大的智士之列的，他们天才地预示了我们现在已经科学地证明了其正确性的无数真理。

恩格斯:《〈德国农民战争〉序言》(1874年7月1日)

《马克思恩格斯文集》第2卷,

人民出版社2009年第1版,第218页。

这种历史情况也决定了社会主义创始人的观点。不成熟的理论，是同不成熟的资本主义生产状况、不成熟的阶级状况相适应的。解决社会问题的办法还隐藏在不发达的经济关系中，所以只有从头脑中产生出来。社会所表现出来的只是弊病，消除这些弊病是思维着的理性的任务。于是，就需要发明一套新的更完善的社会制度，并且通过宣传，可能时通过典型示范，从外面强加于社会。这种新的社会制度是一开始就注定要成为空想的，它越是制定得详尽周密，就越是要陷入纯粹的幻想。

恩格斯:《社会主义从空想到科学的发展》(1880年1月—3月上半月),

《马克思恩格斯文集》第3卷,

人民出版社2009年版,第528—529页。

（二）社会主义从理想到现实

在共产主义社会中国家制度会发生怎样的变化呢？换句话说，那时有哪些同现在的国家职能相类似的社会职能保留下来呢？这个问题只能科学地回答；否则，即使你把"人民"和"国家"这两个词联接一千次，也丝毫不会对这个问题的解决有所帮助。

在资本主义社会和共产主义社会之间，有一个从前者变为后者的革命转变时期。同这个时期相适应的也有一个政治上的过渡时期，这个时期的国家只能是无产阶级的革命专政。

马克思：《哥达纲领批判》（1875 年 4—5 月）

《马克思恩格斯全集》第 3 卷，

人民出版社 2009 年版，第 444—445 页。

法国从 1789 年起的经济发展和政治发展使巴黎在最近 50 年来形成了这样的局面：那里爆发的每一次革命都不能不带有某种无产阶级的性质，就是说，用鲜血换取了胜利的无产阶级，在胜利之后总是提出自己的要求。这些要求或多或少是含糊不清的，甚至是混乱的，这与巴黎工人每次达到的发展程度有关，但是，所有这些要求归根到底都是要消灭资本家和工人之间的阶级对立。至于这一点如何才能实现，的确谁也不知道。然而，这一要求本身，尽管还很不明确，可是对现存社会制度已经含有一种威胁；而且提出这个要求的工人们还拥有武装；因此，掌握国家大权的资产者的第一个信条就是解除工人的武装。于是，在每次工人赢得革命以后就产生新的斗争，其结果总是工人失败。

马克思：《法兰西内战》（恩格斯 1891 年版导言，1875 年 4—5 月）

《马克思恩格斯全集》第 3 卷，

人民出版社 2009 年版，第 101 页。

公社一开始想必就认识到，工人阶级一旦取得统治权，就不能继续运用旧的国家机器来进行管理；工人阶级为了不致失去刚刚争得的统治，一方面应当铲除全部旧的、一直被利用来反对工人阶级的压迫机器，另一方面还应当保证本身能够防范自己的代表和官吏，即宣布他们毫无例外地可以随时撤换。

马克思：《法兰西内战》（1875 年 4—5 月）

《马克思恩格斯全集》第 3 卷，

人民出版社 2009 年版，第 110 页。

从资本主义向共产主义过渡，当然不能不产生非常丰富和多样的政治形式，但本质必然是一样的：都是无产阶级专政。

列宁：《国家与革命》（1917 年 11 月 30 日 ），

《列宁选集》第 3 卷，

人民出版社 2012 年版，第 140 页。

共产主义革命将不是仅仅一个国家的革命，而是将在一切文明国家里，至少在英国、美国、法国、德国同时发生的革命，在这些国家的每一个国家中，共产主义革命发展得较快或较慢，要看这个国家是否有较发达的工业，较多的财富和比较大量的生产力。因此，在德国实现共产主义革命最慢最困难，在英国最快最容易。共产主义革命也会大大影响世界上其他国家，会完全改变并大大加速它们原来的发展进程。它是世界性的革命，所以将有世界性的活动场所。

恩格斯：《共产主义原理》（1847 年 10—11 月 ），

《马克思恩格斯全集》第 3 卷，

人民出版社 2009 年版，第 686 页。

（三）社会主义在中国焕发出强大生机活力

一九一七年的俄国革命唤醒了中国人，中国人学得了一样新的东西，这就是马克思列宁主义。中国产生了共产党，这是开天辟地的大事变。孙中山也倡导"以俄为师"，主张"联俄联共"。总之是从此以后，中国改换了方向。

毛泽东：《唯心历史观的破产》（1949 年 9 月 16 日 ），

《毛泽东选集》第 4 卷，

人民出版社 1991 年版，第 1514 页。

把马克思主义的普遍真理同我国的具体实际结合起来，走自己的道路，建设有中国特色的社会主义，这就是我们总结长期历史经验得出的基本结论。

中国的事情要按照中国的情况来办，要依靠中国人自己的力量来办。独立自主，自力更生，无论过去、现在和将来，都是我们的立足点。

邓小平：《中国共产党第十二次全国代表大会开幕词》（1982年9月1日），

《邓小平文选》第3卷，

人民出版社2001年版，第3页。

各国人民的处境和命运千差万别，但对美好生活的不懈追求、为改变命运的不屈奋斗是一致的，也是最容易引起共鸣的。马克思说："凡是民族作为民族所做的事情，都是他们为人类社会而做的事情"。在艰苦卓绝的奋斗中，中国人民以一往无前的决心和意志，以前所未有的智慧和力量，开辟了中国特色社会主义道路，创造了经济快速发展和社会长期稳定两大奇迹，创造了人类文明新形态，大幅提高了中国文化软实力。国际社会希望解码中国的发展道路和成功秘诀，了解中国人民的生活变迁和心灵世界。

习近平：《展示中国文艺新气象，铸就中华文化新辉煌》（2021年12月14日），

《习近平谈治国理政》第4卷，

外文出版社2022年版，第325页。

二、内容精要

（一）社会主义从空想到科学

在社会主义500年的发展历程中，前330年为空想社会主义。1848年《共产党宣言》的公开发表标志着科学社会主义的诞生。空想社会主义在330年的发展历程可以划分为三个阶段。

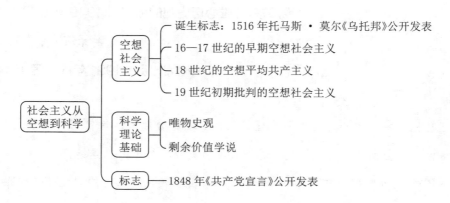

社会主义从空想到科学
- 空想社会主义
  - 诞生标志：1516年托马斯·莫尔《乌托邦》公开发表
  - 16—17世纪的早期空想社会主义
  - 18世纪的空想平均共产主义
  - 19世纪初期批判的空想社会主义
- 科学理论基础
  - 唯物史观
  - 剩余价值学说
- 标志——1848年《共产党宣言》公开发表

（二）社会主义从理想到现实、从一国到多国的发展

科学社会主义自产生之后，逐步与工人运动相结合，指导无产阶级政党的革命斗争，并在这个过程中不断完善和发展。在这种理论与实践的互动中，社会主义从理想变为现实，从一国发展到多国。

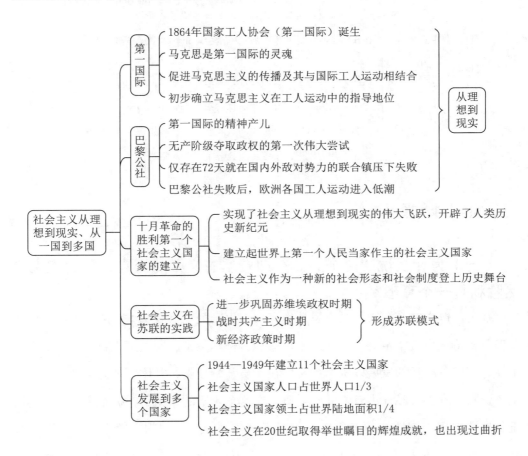

（三）社会主义在中国焕发出蓬勃生机

十月革命一声炮响，给中国送来了马克思列宁主义。在中国人民和中华民族的伟大觉醒中，在马克思列宁主义同中国工人运动的紧密结合中，1921 年 7 月，中国共产党应运而生，并成为中国社会主义运动的领导力量。中国产生了共产党，这是开天辟地的大事件，深刻改变了近代以后中华民族发展的方向和进程，深刻改变了中国人民和中华民族的前途和命运，深刻改变了世界发展的趋势和格局。中国共产党领导的社会主义事业经过了从新民主主义革命到社会主义革命、建设、改革的发

展过程，在百年奋斗中不断发展壮大，在 21 世纪焕发出勃勃生机。

```
                    ┌ 1921年7月中国共产党诞生，成为中国社会主义运动的领导力量
                    ├ 1949年10月1日，中华人民共和国诞生
                    ├ 新中国前30年探索取得多方面巨大成绩，为新时期开创中国特色
                    │  社会主义提供宝贵经验、理论准备和物质基础
   社会主义在        ├ 1978年12月，党的十一届三中全会，重新确立了解放思想、实事
   中国焕发出  ──────┤  求是的思想路线
   蓬勃生机          ├ 党的十三届四中全会后，开创全面改革开放新局面
                    ├ 党的十四大，我国开始建立社会主义市场经济体制
                    ├ 党的十六大以后，推进党的执政能力建设和先进性建设
                    └ 党的十八大以来，中国特色社会主义进入新时代
```

三、难点释惑

（一）为什么说"两个必然"即资本主义必然灭亡、社会主义必然胜利是一个真理？

在《共产党宣言》中，马克思从生产力与生产关系这对基本矛盾历史演变的角度来分析论证出资本主义的灭亡是不可避免。资本主义制度虽然比封建制度更有进步性，但随着时代的发展，资本主义内在矛盾开始显露，具体表现为生产社会化与生产资料资本主义私人占有之间的矛盾，在这个矛盾的作用下，资本主义社会不可避免地要出现周期性的经济危机。"两个必然"的实现离不开无产阶级的斗争。社会主义代替资本主义是历史必然的，但在实现过程中，需要发挥人们的主观能动性，即无产阶级的革命斗争。随着资本主义发展，人们日益分化为两个大阶级即资产阶级和无产阶级，而随着无产阶级斗争从自发到自觉的发展，特别是无产阶级政党的成立和发挥领导作用，无产阶级终将取得革命的胜利。

1859 年，在《〈政治经济学批判〉序言》中，马克思指出："无论哪一个社会形态，在它所能容纳的全部生产力发挥出来以前，是决不会灭亡的；而新的更高的生产关系，在它的物质存在条件在旧社会的胎胞里成熟以前，是决不会出现的。"这就是"两个决不会"的论断。"两个必然"是"两个决不会"的必然结果，"两个决

不会"是"两个必然"的过程，因此，了解"两个必然"从"两个必然"与"两个决不会"的关系入手是十分必要的。

（二）导致苏联解体、东欧剧变的最根本原因是什么？

苏联模式有自己的弊端，东欧一些社会主义国家因为照搬苏联模式造成"水土不服"而引发国内经济社会危机。苏联从 20 世纪 50 年代中期以后开始改革，尽管取得了一定成绩，缓和了经济社会矛盾，但并未从根本上解决问题。特别是在西方国家开始新科技革命的情况下，僵化的苏联模式严重制约了经济发展。在此情况下，苏共领导人推动的所谓改革背离了正确方向，把社会主义改革变成了向资本主义的"改向"，加上西方资本主义国家施行的"和平演变"战略，最终导致了苏共解散、苏联解体。东欧各国的改革也经历了曲折的过程，尽管各个国家的具体情况有所不同，但在当时大背景下相继发生巨变，放弃了社会主义道路。

导致苏联解体、东欧剧变的最根本原因是政治方向出了问题：放弃了社会主义道路，放弃了共产党的领导地位，放弃了马克思列宁主义，把纠正领袖的错误发展成全盘否定党的奋斗历史，直到丑化和歪曲历史，从根本上动摇了原来的理想信念，结果使得已经相当严重的经济、政治、社会、民族矛盾进一步激化，最终酿成了制度剧变、国家解体的历史悲剧。

四、典型案例

（一）案例一：托马斯·莫尔和《乌托邦》

1. 案例内容

托马斯·莫尔是欧洲文艺复兴时期英国杰出的人文主义者，1478 年生，由于据说在宗教问题上违抗英王亨利八世，被判处死刑而不得不泰然自若地走上断头台，时在 1535 年。

他在《乌托邦》这部不朽的著作中，为当日英国广大劳苦群众所遭受的水深火热的痛苦，慷慨陈词，大声疾呼。不仅如此，他还指出造成这种痛苦的根源，并提出具体的办法和措施，要一劳永逸地彻底解决他认为是具有普遍性的重大社会问题。

莫尔供职本国政府，对于自己同胞在都铎王朝专制统治下所受的苦难，观察直接，了解特别深刻。最关心而且急于想纠正的，是大批农民被暴力从自己耕地上撵走及因此而引起的一系列严重后果。贵族豪绅把耕地一片接一片地圈起，作为牧场，用来养羊，提供纺织毛呢需要的羊毛。这就是所谓圈地运动。成千上万的农民被迫离开累世居住的家园，无法就业，到处流浪，以致或是饿死沟壑，或是沦为盗匪。在英王政府的血腥统治下，流浪有罪，讨饭有罪，盗窃当然更有罪，总之，刑律苛烦，百姓动辄得咎，性命不保。在都铎王朝卵翼下的英国大贵族、大商人，为了喂肥自己，不惜和反动政府狼狈为奸，剥削镇压劳动群众。莫尔在《乌托邦》中关于他那个时代——资本原始积累的初期所谓"羊吃人"的情况的描绘非常逼真，令读者为之感动，马克思在《资本论》中曾部分地加以引用。

莫尔对时政的不满与批评，达到异常坦率的地步。可是由于他所面对的亨利八世，是一个刚愎残忍的暴君，他觉得如果用隐蔽假托的方式陈述自己的观点，可能会有好的效果。这种方式颇类似我国古代诗人的主文谲谏，可惜仍然不曾取得应有的效果，只是使他的书流传后世，作为文学杰作，尤其是作为社会主义思想史上的一部伟大的文献；这也是作者几百年来享有盛名的主要原因。

莫尔在 1516 年写成《乌托邦》，采取了非常严肃的态度，使用的是当时学术界通行的拉丁语，但是书中人名、地名以及其他专名，都是杜撰。"乌托邦"（Utopia）这个词本身就是据古希腊语虚造出来的，六个字母中有四个元音，读起来很响，指的却是"无何有之乡"，不存在于客观世界。

（［英］托马斯·莫尔:《乌托邦》（序言），戴镏龄译，商务印书馆 1982 年版。）

2. 讨论题

（1）为什么托马斯·莫尔能够写出空想社会主义的著名作品《乌托邦》？

（2）社会主义的诞生和资本主义早期发展之间的关系是什么？

3. 案例点评

第一，从马克思主义唯物史观的观点来分析当时生产力的发展、社会生产关系的缓慢变革，是一个必然过程。

第二，社会主义思想伴随着资本主义的早期发展而产生，是对资本主义早期发展的不公平不正义的一种思想纠正。因此，资本主义发展 500 年，社会主义从一种思想形态的产生开始，也已经有 500 多年的历史了。

小　结

社会主义代替资本主义是人类历史发展的必然趋势。科学社会主义自产生之后，逐步与工人运动相结合，指导无产阶级政党的革命斗争，并在这个过程中不断完善和发展。在这种理论与实践的互动中，社会主义从理想变为现实。苏维埃俄国是世界上第一个社会主义国家。在这 500 余年的历史岁月中，社会主义经历了从空想到科学、从理想到现实、从一国到多国的发展，也经历了从东欧剧变到中国特色社会主义蓬勃兴起的过程。本节站在马克思主义大历史观视野，通过对社会主义五百年历史进程的学习和认识，立足中国两个一百年奋斗目标，从 21 世纪人类历史发展制高点上，学习和掌握科学社会主义历史曲折发展和光明前景，深入总结社会主义运动的历史经验，我们对世界社会主义事业的发展充满信心。

第二节　科学社会主义基本原则

一、经典阅读

（一）科学社会主义基本原则的主要内容

无论是发现现代社会中有阶级存在或发现各阶级间的斗争，都不是我的功劳。在我以前很久，资产阶级历史编纂学家就已叙述过阶级斗争的历史发展，资产阶级经济学家也已对各个阶级作过经济上的分析。我所加上的新内容就是证明了下列几点：（1）阶级的存在仅仅同生产发展的一定历史阶段相联系；（2）阶级斗争必然要导致无产阶级专政；（3）这个专政不过是达到消灭一切阶级和进入无阶级社会的过渡。

马克思：《致约瑟夫·魏德迈》（1852 年 3 月 5 日），

《马克思恩格斯文集》第 10 卷，

人民出版社 2009 年版，第 106 页。

只有在社会生产力发展到一定程度，发展到甚至对我们现代条件来说也是很高的程度，才有可能把生产提高到这样的水平，以致使得阶级差别的消除成为真正的进步，使得这种消除可以持续下去，并且不致在社会的生产方式中引起停滞甚至倒退。

恩格斯：《流亡者文献》（1874年5月—1875年4月），

《马克思恩格斯文集》第3卷，

人民出版社2009年版第1版，第389页。

资产阶级生存和统治的根本条件，是财富在私人手里的积累，是资本的形成和增殖；资本的条件是雇佣劳动。雇佣劳动完全是建立在工人的自相竞争之上的。资产阶级无意中造成而又无力抵抗的工业进步，使工人通过结社而达到的革命联合代替了他们由于竞争而造成的分散状态。于是，随着大工业的发展，资产阶级赖以生产和占有产品的基础本身也就从它的脚下被挖掉了。它首先生产的是它自身的掘墓人。资产阶级的灭亡和无产阶级的胜利是同样不可避免的。

马克思、恩格斯：《共产党宣言》，

《马克思恩格斯文集》第2卷，

人民出版社2009年版，第43页。

从资本主义生产方式产生的资本主义占有方式，从而资本主义的私有制，是对个人的、以自己劳动为基础的私有制的第一个否定。但资本主义生产由于自然过程的必然性，造成了对自身的否定。这是否定的否定。这种否定不是重新建立私有制，而是在资本主义时代的成就的基础上，也就是说，在协作和对土地及靠劳动本身生产的生产资料的共同占有的基础上，重新建立个人所有制。

马克思：《资本论》第1卷（1867年），

《马克思恩格斯文集》第5卷，

人民出版社2009年版，第874页。

（二）正确把握科学社会主义基本原则

有一句著名的格言说：几何公理要是触犯了人们的利益，那也一定会遭到反驳的。自然史理论触犯了神学的陈腐偏见，引起了并且直到现在还在引起最激烈的斗争。马克思的学说直接为教育和组织现代社会的先进阶级服务，指出这一阶级的任务，并且证明现代制度由于经济的发展必然要被新的制度所代替，因此这一学说在其生命的途程中每走一步都得经过战斗，也就不足为奇了。

列宁：《马克思主义和修正主义》（1908年4月3日［16日］以前），

《列宁选集》第2卷，

人民出版社2012年版，第1页。

矢志不渝为共产主义远大理想和中国特色社会主义共同理想而奋斗。《共产党宣言》揭示的人类社会最终走向共产主义的必然趋势，奠定了共产党人坚定理想信念、坚守精神家园的理论基础。理想信念的确立，是一种理性的选择，而不是一时的冲动，光有朴素的感情是远远不够的，还必须有深厚的理论信仰作支撑，否则一有风吹草动就会发生动摇。只要我们掌握了马克思主义基本原理，就能够深刻认识到实现共产主义是由一个一个阶段性目标逐步达成的漫长历史过程，需要若干代人接续奋斗、艰苦奋斗、不懈奋斗；就能够深刻认识到中国特色社会主义是实现中华民族伟大复兴的必由之路，也是中国共产党人带领人民追求崇高理想、开辟光明未来的成功道路。

习近平：《学习马克思主义基本理论是共产党人的必修课》

（2018年4月23日），

《求是》2019年第22期，第9页。

科学社会主义基本原则不能丢，丢了就不是社会主义。同时，科学社会主义也绝不是一成不变的教条。我说过，当代中国的伟大社会变革，不是简单延续我国历史文化的母版，不是简单套用马克思主义经典作家设想的模板，不是其他国家社会主义实践的再版，也不是国外现代化发展的翻版。社会主义并没有定于一尊、一成不变的套路，只有把科学社会主义基本原则同本国具体实际、历史文化传统、时代要求紧密结合起来，在实践中不断探索总结，才能把蓝图变为美好现实。

习近平：《不断开辟当代中国马克思主义、二十一世纪马克思主义新境界》

（习近平在纪念马克思诞辰 200 周年大会上的讲话 2018 年 5 月 4 日），

《习近平谈治国理政》第 3 卷，外文出版社 2020 年版，第 76 页。

二、内容精要

（一）科学社会主义基本原则的主要内容

科学社会主义基本原则是社会主义事业发展规律的集中体现，是马克思主义政党领导人民进行社会主义革命、建设、改革的基本遵循。马克思、恩格斯在创立科学社会主义理论并用以指导国际工人运动的过程中，逐步形成了科学社会主义基本原则。这些原则在后来的社会主义革命和建设中得到了证实、丰富和发展。

主要表现在，第一，资本主义必然灭亡，社会主义必然胜利。第二，无产阶级是最先进最革命的阶级，肩负着推翻资本主义旧世界、建立社会主义和共产主义新世界的历史使命。第三，无产阶级革命是无产阶级进行斗争的最高形式，以建立无产阶级专政的国家政权为目的。第四，要在生产资料公有制基础上组织生产，以满足全体社会成员的需要为生产的根本目的。第五，要对社会生产进行有计划的指导和调节，实行按劳分配原则。第六，要合乎自然规律地改造和利用自然，努力实现人与自然的和谐共生。第七，必须坚持科学的理论指导，大力发展社会主义先进文化。第八，无产阶级政党是无产阶级的先锋队，社会主义事业必须始终坚持无产阶级政党的领导。第九，社会主义社会要大力解放和发展生产力，逐步消灭剥削和消除两极分化，实现共同富裕和社会全面进步，并最终向共产主义社会过渡。第十，共产主义是人类最美好的社会，实现共产主义是共产党人的最高理想。

（二）科学社会主义基本原则与中国特色社会主义

中国特色社会主义是根植于中国大地、反映中国人民意愿、适应中国和时代发展进步要求的科学社会主义，集中体现了科学社会主义基本原则与当代中国实际、中华优秀传统文化的有机统一。中国特色社会主义之所以是社会主义而不是什么别的主义，就是因为中国特色社会主义始终坚持科学社会主义基本原则不动摇，始终没有背离科学社会主义基本原则。中国特色社会主义实现了科学社会主义基本原则与当代中国实际、中华优秀传统文化的有机结合。中国特色社会主义既坚持了科学社会主义基本原则，又具有鲜明的民族特色和时代特色。习近平新时代中国特色社会主义思想是当代中国马克思主义、二十一世纪马克思主义，是中华文化和中国精神的时代精华，实现了马克思主义中国化新的飞跃。

三、难点释惑

如何准确理解"社会主义社会要在生产资料公有制基础上组织生产，以满足全体社会成员的需要为生产的根本目的"？

社会主义社会必须坚持生产资料公有制。马克思、恩格斯认为，生产资料私有制是造成资本主义罪恶的总根源，因而未来的新社会应该是以公有制为基础的社会。无产阶级夺取政权后，要利用自己的政治统治，建立社会主义公有制并尽快增加生产力的总量。生产资料公有制是社会主义经济制度的根基，社会主义国家任何时候都不能放弃。各国共产党人应该根据本国生产力发展水平和要求，探索社会主义公有制的具体实现形式。

党的二十届三中全会《决定》提出进一步全面深化改革必须贯彻的"六个坚持"重大原则，其中之一是"坚持以人民为中心"。坚持人民至上，既是价值观，也是方法论。社会主义社会的生产目的是满足全体人民的需要。在资本主义社会，生产的目的是资本的增殖，这是由资本主义制度特别是其生产资料私有制所决定的。在社会主义社会，生产的根本目的是满足人民群众的需要，这是由社会主义制度特别是生产资料公有制所决定的。社会主义社会是以人民为中心的社会，实现好、维护好、发展好人民群众的根本利益是社会主义的本质要求。社会主义条件下的企业和经济组织要坚持经济效益与社会效益相统一，履行相应社会责任。

四、典型案例

（一）人类历史上第一个无产阶级政权——巴黎公社

1. 案例内容：

材料1：1871年3月18日，在法国阶级矛盾和民族矛盾空前激化的复杂形势下，法国工人阶级和革命群众举行武装起义，推翻资产阶级统治，随后建立了巴黎公社。这是人类历史上第一个工人阶级政权。

巴黎公社废除了资产阶级国家的官僚机构，创建了工人阶级自己的政府，组织人民群众积极参加国家的管理。巴黎公社废除了资产阶级的特权制度，对所有公职人员实行全面的普选制和撤换制，取消高薪制。巴黎公社废除了资产阶级政府的常备军，代之以人民武装国民自卫军，把枪杆子掌握在工人阶级手中。巴黎公社采取了一系列"带有社会主义倾向"的政治、经济、社会、文化、教育等变革措施，维护工人阶级和劳动大众的利益。

尽管巴黎公社在人类历史长河中仅仅存在了短暂的72天，但它作为无产阶级革命和无产阶级专政的精彩预演、作为人类社会追求解放和进步的精彩浓缩，其原则是不朽的、其价值是永存的、其精神是永恒的。马克思、恩格斯深刻总结巴黎公社正反两方面经验教训，丰富和发展了关于无产阶级革命和无产阶级专政的学说，进一步深化了科学社会主义基本原理。

材料二：《国际歌》是一首具有深远历史意义和现实影响力的歌曲，它不仅是无产阶级的战歌，也是全世界被压迫者和被剥削者的共同心声。这首歌的诞生，源于1871年法国巴黎公社的失败。作为公社领导人的欧仁·鲍狄埃，在公社失败后，怀着满腔的热血和愤怒，创作了诗歌《英特纳雄耐尔》，这首诗后来成了《国际歌》的歌词。

1888年，比利时工人作曲家皮埃尔·狄盖特将这首诗谱上了曲子，从而使得《国际歌》在全世界范围内传播开来。这首歌曲，以其激昂的旋律和深刻的歌词，迅速成为国际共产主义运动的标志性歌曲，尤其是在俄国十月革命中，发挥了巨大的宣传和鼓动作用。

20世纪20年代，随着共产主义运动在世界各国的传播，这首在俄国广为流传的法语歌曲，作为《第三国际党歌》被翻译成中文版本，介绍到中国。1920年至1922年，在苏俄学习的瞿秋白根据俄文版译配了中文版《国际歌》，并将之发表在《新青年》创刊号上，从此，《国际歌》开始在中国传播。

1923年夏，萧三、陈乔年对瞿秋白译配的版本进行了修订。1924年至1927年的大革命风暴，这首歌曲传遍了中国大地，成为广大人民群众反抗压迫、争取解放的战斗号角。经过不断地修订和完善，到20世纪60年代，中文版《国际歌》最终定型。

《国际歌》的歌词，表达了对共产主义理想的坚定信仰，对全世界无产阶级和被压迫民族的深切同情，以及对资本主义制度的深刻批判。这首歌曲，以其磅礴的气势和激昂的旋律，成为全世界无产阶级和劳动人民的共同精神财富。

在中国，《国际歌》不仅是一首歌曲，更是一种精神象征，它代表着中国人民对共产主义事业的坚定信仰，对社会主义祖国的热爱，以及对全世界被压迫民族的深切同情。在新的历史条件下，我们仍然需要发扬《国际歌》的精神，坚定信仰，为实现中华民族伟大复兴的中国梦而努力奋斗。

2. 讨论题：

（1）巴黎公社所确立的科学社会主义原则，以及对后世无产阶级专政有借鉴意义的基本原则是什么？

（2）巴黎公社与《国际歌》有怎样的关系？

3. 案例点评：

巴黎公社是一次无产阶级革命的伟大尝试，马克思在《青年面临职业时的选择》里写道："如果我们选择了最能为人类福利而劳动的职业，那么，重担就不能把我们压倒，因为这是为大家而献身；那时我们所感到的就不是可怜的、有限的、自私的乐趣，我们的幸福将属于千百万人，我们的事业将默默地、但是永恒发挥作用地存在下去，面对我们的骨灰，高尚的人们将洒下热泪。"巴黎公社的革命者们就是这么一批带有高尚道德情操的人，他们为了大多数人的利益而慷慨赴死，具有伟大的斗争精神，具有伟大的历史意义，作为"第一国际的精神产儿"，成为一座鼓舞后世的社会主义运动的丰碑。

小　结

科学社会主义是与空想社会主义相对而言的、关于社会主义的科学的理论体系、理论模型与实践模式。科学社会主义是人类一切文明成果的结晶。科学社会主义是关于社会主义的本质、性质、特征和发展规律的科学理论，是由科学的哲学、经济学、社会管理学、行为科学等科学理论组成的完整严密的理论体系，是人类关于社会发展理论的最新成果。如果要从科学社会主义纷繁复杂的理论体系中概括出一些基本原则，将科学社会主义区别于其他的什么主义，那就应该进行综合提炼，将一些最基本的原则挑出来。科学社会主义一般原则是社会主义事业发展规律的集中体现，是马克思主义政党领导人民进行社会主义革命、建设、改革的基本遵循。通过学习本节内容，我们应该从思想理论视角，来对一些重大而基础性的理论问题辨析清楚。同时通过学习科学社会主义基本原则，也更加深入地了解中国特色社会主义的源头活水。

第三节　在实践中探索社会主义的发展规律

一、经典阅读

世界历史发展的一般规律，不仅丝毫不排斥个别发展阶段在发展的形式或顺序上表现出特殊性，反而是以此为前提的。他们甚至没有想到，例如，俄国是个介于文明国家和初次被这场战争最终卷入文明之列的整个东方各国即欧洲以外各国之间的国家，所以俄国能够表现出而且势必表现出某些特殊性，这些特殊性当然符合世界发展的总的路线，但却使俄国革命有别于以前西欧各国的革命，而且这些特殊性到了东方国家又会产生某些局部的新东西。

列宁：《论我国革命（评尼·苏汉诺夫的札记）》1923 年 1 月 16 日和 17 日），

《列宁选集》第 4 卷，

人民出版社 2012 年版，第 776 页。

人们自己创造自己的历史，但是他们并不是随心所欲地创造，并不是在他们自己选定的条件下创造，而是在直接碰到的、既定的、从过去承继下来的条件下创造。

马克思：《路易·波拿巴的雾月十八日》（1851 年 12 月中—1852 年 3 月 25 日），

《马克思恩格斯选集》第 1 卷，

人民出版社 2012 年版，第 669 页。

人们自己创造自己的历史，但是到现在为止，他们并不是按照共同的意志，根据一个共同的计划，甚至不是在一个有明确界限的既定社会内来创造自己的历史。他们的意向是相互交错的，正因为如此，在所有这样的社会里，都是那种以偶然性为其补充和表现形式的必然性占统治地位。在这里通过各种偶然性来为自己开辟道路的必然性，归根结底仍然是经济的必然性。

恩格斯：《恩格斯致瓦尔特·博尔吉乌斯》（1894 年 1 月 25 日），

《马克思恩格斯文集》第 10 卷，

人民出版社 2009 年版，第 669 页。

美、英、法、德这些先进的帝国主义国家的政治形式更加各不相同，虽然它们在本质上是一样的。在人类从今天的帝国主义走向明天的社会主义的道路上，同样会表现出这种多样性。一切民族都将走向社会主义，这是不可避免的，但是一切民族的走法却不会完全一样，在民主的这种或那种形式上，在无产阶级专政的这种或那种形态上，在社会生活各方面的社会主义改造的速度上，每个民族都会有自己的特点。

列宁：《论面目全非的马克思主义和"帝国主义经济主义"》（1924 年），

《列宁选集》第 2 卷，

人民出版社 2012 年版，第 777 页。

党的十八届三中全会提出，经济体制改革是全面深化改革的重点，核心问题是处理好政府和市场的关系，使市场在资源配置中起决定性作用，更好发挥政府作用。提出使市场在资源配置中起决定性作用，是我们党对中国特色社会主义建设规律认识的一个新突破，是马克思主义中国化的一个新的成果，标志着社会主义市场经济发展进入了一个新阶段。

> 习近平：《"看不见的手"和"看得见的手"都要用好》（习近平在主持十八届中央政治局第十五次集体学习的讲话要点，2014 年 5 月 26 日），《习近平谈治国理政》第 1 卷，外文出版社 2018 年版，第 116 页。

坚持适应我国经济发展主要矛盾变化完善宏观调控。我们提出，宏观调控必须适应发展阶段性特征和经济形势变化，该扩大需求时要扩大需求，该调整供给时要调整供给，相机抉择，开准药方。现阶段我国经济发展主要矛盾已转化成结构性问题，矛盾的主要方面在供给侧，主要表现在供给结构不能适应需要结构的变化。这时如果一味刺激需求只会积累更多风险、透支未来增长。我们抓主要矛盾和矛盾的主要方面，及时调整宏观调控思路，把推进供给侧结构性改革作为经济工作的主线，为保持我国经济持续健康发展开出治本良药。

> 习近平：《长期坚持、不断丰富发展新时代中国特色社会主义经济思想》（习近平在中央经济工作会议上的讲话要点，2017 年 12 月 18 日），《习近平谈治国理政》第 3 卷，外文出版社 2020 年版，第 235 页。

二、内容精要

（一）社会主义建设的长期性

由于经济文化相对落后，率先进入社会主义社会的俄国、中国以及其他国家不可避免地遇到了一系列困难与问题，使这些国家的社会主义建设不能不具有长期性。第一，生产力发展状况的制约，第二，经济基础和上层建筑发展状况的制约，第三，国际环境的严峻挑战，第四，马克思主义执政党对社会主义发展道路的探索和对社会主义建设规律的认识，需要一个长期的过程。对于经济文化相对落后的国家建设社会主义的长期性，必须有充分的估计。社会主义制度的出现只有一百年的时间，在人类历史的长河中不过是短暂的一瞬间。人类历史上其他社会制度的更替，都经历了曲折漫长的过程。在经济文化相对落后的国家建立起社会主义制度，是社会制度的根本变革。同资产阶级革命不同，无产阶级取得政权只是万里长征走完了第一步，任重而道远。它面临着崇高宏伟而又艰巨复杂的历史任务，建设社会主义必然要经历一个漫长的发展过程。

（二）社会主义发展道路的多样性

社会主义的发展道路不是单一性的，而是多样性的。社会主义在发展过程中，由于各国国情的特殊性，即经济、政治、文化的差异性，生产力发展水平的不同，无产阶级政党自身成熟程度的不同，阶级基础与群众基础构成状况的不同，革命传统的不同，以及历史和现实的、国内和国际的各种因素的交互作用，社会主义发展道路必然呈现出多样性的特点。第一，各个国家的生产力发展状况和社会发展阶段决定了社会主义发展道路具有不同的特点。第二，历史文化传统的差异性是造成不同国家社会主义发展道路多样性的重要条件。第三，时代和实践的不断发展，是造成社会主义发展道路多样性的现实原因。时代是不断前进的，实践是不断发展的。

既然社会主义发展道路具有多样性，那么努力探索适合本国国情的社会主义发展道路，就是无产阶级执政党必须领导全国人民为之奋斗的神圣使命和光荣任务。第一，探索社会主义发展道路，必须坚持对待马克思主义的科学态度。坚持以马克思主义为指导，最重要的是坚持马克思主义对于研究未来社会制度的科学方法。第二，探索社会主义发展道路，必须从当时当地的历史条件出发，坚持"走自己的路"。立足本国国情，走自己的路，是社会主义历史经验的总结。各国的国情不同，情况又在不断地变化，因此，马克思主义基本原理在不同时间、不同国家的实际运用，也应该不同。第三，探索社会主义发展道路，必须充分吸收人类一切文明成果。实践证明，不同国家试图用同样的"一条道路""一种模式"发展社会主义是行不通的，发展社会主义不能照搬苏联社会主义的模式，照搬别国模式从来不能成功，这是一个被历史反复证明了的颠扑不破的真理。

（三）社会主义在实践中开拓前进

纵观社会主义的发展历程，可以看到一个突出特点，即社会主义是在实践中开拓前进、不断发展的。在实践中开拓前进是社会主义事业发展的必然要求。习近平总书记指出："社会主义从来都是在开拓中前进的。"这是对社会主义历史进程的全面总结，也是对社会主义事业发展的深刻启示。首先，社会主义是亿万人民群众的伟大实践。其次，社会主义实践是一个不断探索的过程。再次，实践探索中出现某种曲折并不改变社会主义的前进趋势。最后，推进社会主义实践发展必须有开拓奋进的精神状态。

社会主义在实践中开拓前进必须遵循客观规律。社会主义是人类历史发展到一定阶段的产物，是推动人类历史向更高发展阶段迈进的重要力量。要把社会主义事业放到全部人类历史进程中来考察，放到人类历史进步发展的大趋势中来把握。在实践中把社会主义事业推向前进，就必须遵循人类社会的发展规律。社会主义革命和建设有共同规律，但也有各自不同的特殊规律。社会主义国家的共产党人要在实践中探索和遵循社会主义建设的规律，回答什么是社会主义、怎样建设社会主义的根本性问题。社会主义在实践中开拓前进必须遵循共产党执政规律。历史证明，遵循共产党执政规律，社会主义事业就发展壮大；违背执政规律，社会主义事业就遭受挫折。共产党执政规律具有丰富的理论内涵和实践要求。执政最根本的是人心向背。

以自信担当、开拓奋进的姿态走向社会主义光明未来。首先，正确认识21世纪世界社会主义的形势。苏联解体、东欧剧变使世界社会主义进入低潮时期，但这并不意味着社会主义的失败。其次，充分估计中国特色社会主义的成功实践对世界社会主义发展的意义。最后，坚定信心，振奋精神，以开拓奋进的姿态走向社会主义光明未来。

三、难点释惑

（一）经济文化相对落后国家建设社会主义的长期性

由于社会主义国家最早在经济文化相对落后的俄国实现，长期以来，马克思主义发展史上一直存在着一个重大理论问题，就是如何将马克思、恩格斯根据西欧经济文化特点而建构起来的社会主义运动一般规律，推广到全世界各个国家的问题。列宁在晚年探索了一个新经济政策，可惜时间很短就取消了。

　　经济文化相对落后国家建设社会主义，必须首先要从唯物史观基本规律出发，将大力发展生产力作为根本任务，同时，正确处理好经济基础和上层建筑发展状况之间的相互关系，使得两者相适应，进而推动和促进社会主义的发展。经济文化相对落后的国家在经济发展过程中，面临的国际环境挑战还比较严峻，一方面经济文化长期处于劣势，另一方面，西方国家不放过一切条件对社会主义国家展开"和平演变"等。经济文化相对落后国家要想实现社会主义，还必须加强执政党建设，以一个先进的党来整合社会，带领人民做出正确决策，而对现实的准确把握的挑战性也比较大，因为共产党对社会主义发展道路的探索和对社会主义建设规律的认识必然是一个长期的过程。

（二）社会主义在实践中开拓前进

　　中国特色社会主义是干出来的，幸福生活是奋斗而来的，马克思主义将实践的观点作为自身首要的和基本的观点，社会主义必须在实践中开拓前进、不断发展。要重视亿万人民群众的伟大实践，调动亿万人民在创造美好生活的过程中创新创造积极性。在实践中肯定会有曲折，有挫折，这都是很正常的，既要认识到一定曲折的不可避免性又要尽可能地避免某些曲折，使社会主义顺利发展；既要能够直面曲折、承认曲折，又要不因曲折而改变初衷和失去信念，还要总结经验教训，努力战胜和走出曲折，使社会主义不断发展。同时，在社会主义实践中又要有一定的开拓奋进精神状态。中国共产党从成立之日起，就把伟大建党精神作为自己的初心使命，不断开拓创新、勇于自我革命，在不断迎接挑战、克服困难而奋勇前进的过程中，不断实践。

四、典型案例

（一）马克思谈俄国跨越"卡夫丁峡谷"的问题

1. 案例内容：

马克思给维·伊·查苏利奇的复信

1881 年 3 月 8 日于伦敦西北区梅特兰公园路 41 号

亲爱的女公民：

最近十年来定期发作的神经痛妨碍了我，使我不能较早地答复您 2 月 16 日的来信。承蒙您向我提出问题，但很遗憾，我却不能给您一个适合于发表的简短说明。几个月前，我曾经答应给圣彼得堡委员会（注：指俄国民意党执行委员会。民意党是 1879 年 8 月成立的俄国最大的民粹派组织。）就同一题目写篇文章。可是，我希望寥寥几行就足以消除您因误解所谓我的理论而产生的一切疑问。

在分析资本主义生产的起源时，我说：

"因此，在资本主义制度的基础上，生产者和生产资料彻底分离了……全部过程的基础是对农民的剥夺。这种剥夺只是在英国才彻底完成了……但是，西欧的其他一切国家都正在经历着同样的运动。"

可见，这一运动的"历史必然性"明确地限于西欧各国。造成这种限制的原因在第 32 章的下面这一段里已经指出：

"以自己的劳动为基础的私有制……被以剥削他人劳动即以雇佣劳动为基础的资本主义私有制所排挤。"

因此，在这种西方的运动中，问题是把一种私有制形式变为另一种私有制形式。相反地，在俄国农民中，则是要把他们的公有制变为私有制。

由此可见，在《资本论》中所作的分析，既没有提供肯定俄国农村公社有生命力的论据，也没有提供否定农村公社有生命力的论据，但是，我根据自己找到的原始材料对此进行的专门研究使我深信：这种农村公社是俄国社会新生的支点；可是要使它能发挥这种作用，首先必须排除从各方面向它袭来的破坏性影响，然后保证它具备自然发展的正常条件。

亲爱的女公民，您忠实的

卡尔·马克思写于

1881 年 3 月 8 日

（第一次用俄文发表于《马克思恩格斯文库》1924 年版第 1 卷并用原文发表于

《马克思恩格斯全集》1985 年历史考证版第 1 部分第 25 卷，原文是法文，

选自《马克思恩格斯全集》第 25 卷，人民出版社 2001 年版，第 482—483 页。）

2. 讨论题：

（1）马克思对经济文化相对落后国家建设社会主义所需要具备的条件有哪些探索？

（2）为什么说中国成功走出一条中国式现代化道路？

3. 案例点评：

马克思对于德国和俄国革命前途的思考具有非常重要的现实意义，马克思在这之前对社会主义运动或无产阶级革命思考，主要是基于西欧的经济社会文化特点而提出，具体到不发达国家的社会主义运动和未来，马克思显得非常谨慎，为了回复查苏利奇的信，他做了大量研究，先后草拟了四个稿子，反复修改，最终的答复也并不是太复杂。1882 年，马克思、恩格斯在《共产党宣言》俄文第二版序言中说：假如俄国革命将成为西方无产阶级革命的信号而双方互相补充的话，那么现今的俄国土地公有制便能成为共产主义发展的起点。

一是显示出马克思本人作为一个卓越的思想家实事求是的作风，不会用理论去框定现实，而是通过认真研究，得出一个站得住脚的科学的结论。二是显示出对于落后国家开展社会主义运动所遵循的规律和条件，具有相对于大工业已经发展起来的西欧社会主义运动来说，具有高度的复杂性，必须要做到具体问题具体分析，走历史发展的必由之路。

4. 使用说明：

（1）本案例的教学目的和用途

本案例的教学目的是：引导学生从世界历史发展的高度，来思考人类社会发展

趋势，坚持不是原则决定现实，而是在现实中寻找需要坚持的原则结论。

本案例的用途是：可用于第六章第三节"在实践中探索社会主义的发展规律"部分的辅助学习，或者用于拓展知识阅读。

（2）本案例的结构及其分析思路的建议

本案例可以从三个部分展开：

一是从马克思主义唯物史观的角度，展开对人类社会发展一般规律的学习。

二是从世界社会主义发展现实运动的角度来展开思考，认识到探索社会主义发展道路必须从当时当地的历史条件出发，坚持"走自己的路"。

三是引导学生更好理解马克思主义和本国国情、中华优秀传统文化相结合，即坚持"两个结合"的重要意义。

小　结

总之，由于经济文化相对落后，率先进入社会主义社会的俄国、中国以及其他国家不可避免地遇到了一系列困难与问题，使这些国家的社会主义建设不能不具有长期性。20 世纪 80 年代末 90 年代初苏联、东欧社会主义国家出现的挫折，导致世界社会主义运动陷入低谷。但是社会主义运动出现的上述问题本身并不要求我们抛弃社会主义道路，而转向走向资本主义道路。要引导大学生认识到建设好社会主义是一个崇高宏伟而又艰巨复杂的历史任务，建设社会主义必然要经历一个漫长的发展过程。但同时，国际共产主义运动的历史表明，在无产阶级如何进行社会主义革命、夺取政权、建立社会主义制度的问题上，一些国家已经找到了自己的道路，积累了相应的经验。通过本节学习可以得出一个结论，即纵观社会主义的发展历程，可以看到一个突出特点，即社会主义是在实践中开拓前进、不断发展的。要在当今时代正确看待世界社会主义的发展态势，正确看待中国特色社会主义实践探索对于世界社会主义事业的深远意义，做到以开拓奋进的精神开辟社会主义事业发展的新未来。

第七章　共产主义崇高理想及其最终实现

学习目标

　　学习和掌握预见未来社会的科学方法论原则，把握共产主义社会的基本特征，深刻认识实现共产主义的历史必然性和长期性，把握共产主义远大理想与中国特色社会主义共同理想的辩证关系，坚定理想信念，投身新时代中国特色社会主义事业。

学习要点

　　　　○预见未来社会的科学方法论原则

　　　　○共产主义社会的基本特征

　　　　○共产主义理想实现的必然性

　　　　○共产主义理想实现的长期性

　　　　○共产主义远大理想与中国特色社会主义共同理想的关系

　　从荡气回肠的社会主义五百年发展历程中，我们可以学习和掌握科学社会主义的基本原则，深入总结社会主义运动的历史经验，从而对世界社会主义事业的发展充满了信心，同时也应深刻认识到，在经济文化相对落后的国家，建设社会主义具有必然性和长期性的特点。社会主义发展道路本身就有多样性，遵循社会主义在实践中开拓前进的发展规律，才能以昂扬奋进的姿态推进社会主义事业走向光明未来。

　　长风破浪会有时，中国人民在中国共产党的领导下，全面贯彻习近平新时代中国特色社会主义思想，以自信担当的精神状态，以开拓奋进的奋斗姿态，把中国发展进步的命运牢牢掌握在自己手中，把符合社会发展规律的社会主义事业不断推向前进，走向社会主义的光明未来。社会主义经过长期的发展，在高度发达的基础上，最终将走向共产主义。共产主义不仅是一种科学的理论和这种理论指导下的现实的运动，而且是一种未来的社会制度和社会形态。实现共产主义是人类历史发展的必然趋势，是马克思主义最崇高的社会理想。当代大学生应该把握历史发展的规律，树立中国特色社会主义共同理想和共产主义远大理想，从自我做起，从现在做起，在追求崇高理想的过程中实现自己的人生价值。

知识坐标

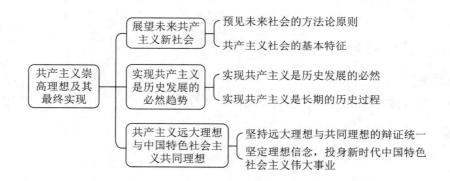

第一节　展望未来共产主义新社会

一、经典阅读

（一）预见未来社会的方法论原则

谁都知道，例如《资本论》这部叙述科学社会主义的主要的和基本的著作，对于未来只是提出一些最一般的暗示，它考察的只是未来的制度所由以长成的那些现有的因素。谁都知道，在未来的远景方面，从前的社会主义者所写的东西多得多，他们极详细地描绘了未来的社会，想以这种制度的美景吸引人类，说那时人们不需要有斗争，那时人们的社会关系不是建立在剥削上，而是建立在合乎人的本性条件的真正进步原则上。尽管有一大批叙述过这种思想的极有才华的人物和坚定不移的社会主义者，然而，只要大机器工业还未把工人无产阶级群众卷入政治生活的漩涡，只要工人无产阶级斗争的真正口号还未发现，他们的理论始终是脱离生活的，他们的纲领始终是脱离人民的政治运动的。

> **列宁：《什么是"人民之友"以及他们如何攻击社会民主党人？》**
>
> （1894 年 4 月），
>
> 《列宁选集》第 1 卷，
>
> 人民出版社 2012 年版，第 51 页。

马克思的全部理论，就是运用最彻底、最完整、最周密、内容最丰富的发展论去考察现代资本主义。自然，他也就要运用这个理论去考察资本主义的即将到来的崩溃和未来共产主义的未来的发展。

究竟根据什么材料可以提出未来共产主义的未来发展问题呢？

这里所根据的是，共产主义是从资本主义中产生出来的，它是历史地从资本主义中发展出来的，它是资本主义所产生的那种社会力量发生作用的结果。马克思丝毫不想制造乌托邦，不想凭空猜测无法知道的事情。马克思提出共产主义的问题，正像一个自然科学家已经知道某一新的生物变种是怎样产生以及朝着哪个方向演变才提出该生物变种的发展问题一样。

> 列宁：《国家与革命》（1917 年 11 月 30 日），
> 《列宁选集》第 3 卷，
> 人民出版社 2012 年版，第 186—187 页。

新思潮的优点又恰恰在于我们不想教条地预期未来，而只是想通过批判旧世界发现新世界。以前，哲学家们把一切谜底都放在自己的书桌里，愚昧的凡俗世界只需张开嘴等着绝对科学这只烤乳鸽掉进来就得了。而现在哲学已经世俗化了，最令人信服的证明就是哲学意识本身，不但从外部，而且从内部来说都卷入了斗争的漩涡。

> 马克思：《马克思致阿尔诺德·卢格》（1843 年 9 月），
> 《马克思恩格斯文集》第 10 卷，
> 人民出版社 2009 年版，第 7 页。

海因岑先生异想天开地认为，共产主义是一种从一定的理论原则即自己的核心出发并由此得出进一步的结论的教义。海因岑先生大错特错了。共产主义不是教义，而是运动。它不是从原则出发，而是从事实出发。共产主义者不是把某种哲学作为前提，而是把迄今为止的全部历史，特别是这一历史目前在文明各国造成的实际结果作为前提。

> 恩格斯：《共产主义者和卡尔·海因岑》（1847 年 10 月 3 日），
> 《马克思恩格斯文集》第 1 卷，
> 人民出版社 2009 年版，第 671—672 页。

（二）共产主义社会将是物质财富极大丰富，人民精神境界极大提高，每个人自由而全面发展的社会

"财产公有"制度不是任何时候都可以实现的，它必须建立在因发展工业、农业、贸易等而产生的大量的生产力和生活资料的基础之上，建立在因使用机器、化

学方法和其他辅助手段而使生产力和生活资料无限增长的可能性的基础之上。……建立在这样的基础上：在每一个人的意识或感觉中都存在着这样的原理，它们是颠扑不破的原则，是整个历史发展的结果，是无须加以论证的。

恩格斯：《共产主义信条草案》（1847 年 6 月 9 日）

《马克思恩格斯全集》第 42 卷，

人民出版社 1979 年版，第 373 页。

在共产主义社会高级阶段，在迫使个人奴隶般地服从分工的情形已经消失，从而脑力劳动和体力劳动的对立也随之消失之后；在劳动已经不仅仅是谋生的手段，而且本身成了生活的第一需要之后；在随着个人的全面发展，他们的生产力也增长起来，而集体财富的一切源泉都充分涌流之后，——只有在那个时候，才能完全超出资产阶级权利的狭隘眼界，社会才能在自己的旗帜上写上：各尽所能，按需分配！

马克思：《哥达纲领批判》（1875 年），

《马克思恩格斯选集》第 3 卷，

人民出版社 2012 年版，第 364—365 页。

二、内容精要

（一）预见未来社会的方法论原则

马克思主义经典作家站在科学的立场上，提出并自觉运用了预见社会的方法论原则。这是我们展望未来理想社会的基本依据，同时我们也应该结合社会主义国家特别是中国发展的历史经验，自觉运用和发展这些科学的方法论原则。

预见未来社会的方法论原则
- 在揭示人类社会发展一般规律的基础上指明社会发展的方向
- 在剖析资本主义旧世界的过程中阐发未来新世界的特点
- 在社会主义社会发展中不断深化对未来共产主义社会的认识
- 立足于揭示未来社会的一般特征，而不对各种细节作具体描绘

（二）共产主义社会的基本特征

马克思主义经典作家揭示了共产主义社会的基本特征，各国马克思主义者在自身的实践中不断深化对这些特征的认识。

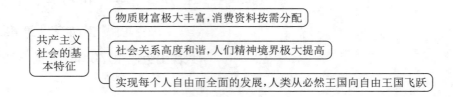

共产主义社会的基本特征
- 物质财富极大丰富，消费资料按需分配
- 社会关系高度和谐，人们精神境界极大提高
- 实现每个人自由而全面的发展，人类从必然王国向自由王国飞跃

三、难点释惑

如何理解人的全面发展是从必然王国向自由王国的不断发展的历史过程？

每个人都想实现自由而全面发展，共产主义正是实现这一目标的社会。马克思主义哲学的基本原理中，有必然王国和自由王国这样两个基本概念。人类的历史就是一个不断地从必然王国向自由王国发展的历史。在社会历史中，必然王国指人受盲目必然性的支配，特别是受自己所创造的社会关系的奴役和支配的社会状态；自由王国指人自己成为自然界和社会的主人，摆脱了盲目性，能够自觉地创造自己历史的社会状态。必然王国向自由王国的发展是一个无限的过程。

马克思认为自由王国按照事物的本性来说，它存在于真正的物质生产领域的彼岸，但并不是说物质生产领域的彼岸就是自由王国，只有当人类把自己能力的发展作为目的本身时才有真正的自由王国。物质生产活动的"此岸"和"彼岸"的对立，实质上是劳动时间和自由时间的对立。自由王国的实现，是物质生产活动"此岸"和"彼岸"对立的扬弃，是劳动时间和自由时间的对立的扬弃。其直接表现就是实现劳动的普遍化。

实现人的自由而全面发展，是马克思主义追求的根本价值目标，也是共产主义社会的根本特征。共产主义是人类解放的实现，那时人类将最终从支配他们生活和命运的异己力量中解放出来，实现从必然王国向自由王国的飞跃，开始自觉地创造自己的历史。

四、典型案例

（一）习近平总书记谈学习和实践马克思主义关于人类社会发展规律的思想

1. 案例内容：

马克思是全世界无产阶级和劳动人民的革命导师，是马克思主义的主要创始人，是马克思主义政党的缔造者和国际共产主义的开创者，是近代以来最伟大的思想家。两个世纪过去了，人类社会发生了巨大而深刻的变化，但马克思的名字依然在世界各地受到人们的尊敬，马克思的学说依然闪烁着耀眼的真理光芒……

马克思主义是科学的理论，创造性地揭示了人类社会发展规律。

在马克思提出科学社会主义之前，空想社会主义者早已存在，他们怀着悲天悯人的情感，对理想社会有很多美好的设想，但由于没有揭示社会发展规律，没有找到实现理想的有效途径，因而也就难以真正对社会发展发生作用。马克思创建了唯物史观和剩余价值学说，揭示了人类社会发展的一般规律，揭示了资本主义运行的特殊规律，为人类指明了从必然王国向自由王国飞跃的途径，为人民指明了实现自由和解放的道路……

学习马克思，就要学习和实践马克思主义关于人类社会发展规律的思想。马克思科学揭示了人类社会最终走向共产主义的必然趋势。马克思、恩格斯坚信，未来社会"将是这样一个联合体，在那里，每个人的自由发展是一切人的自由发展的条件"，"无产者在这个革命中失去的只是锁链。他们获得的将是整个世界。"马克思坚信历史潮流奔腾向前，只要人民成为自己的主人、社会的主人、人类社会发展的主人，共产主义理想就一定能够在不断改变现存状况的现实运动中一步一步实现。马克思主义奠定了共产党人坚定理想信念的理论基础。我们要全面掌握辩证唯物主义和历史唯物主义的世界观和方法论，深刻认识实现共产主义是由一个一个阶段性目标逐步达成的历史过程，把共产主义远大理想同中国特色社会主义共同理想统一起来、同我们正在做的事情统一起来，坚定中国特色社会主义道路自信、理论自信、制度自信、文化自信，坚守共产党人的理想信念，像马克思那样，为共产主义奋斗终身。

（习近平:《在纪念马克思诞辰 200 周年大会上的讲话》
人民出版社 2018 年版，第 1—17 页。）

2. 讨论题:

（1）阅读讲话原文，总结一下习近平总书记提到的要学习的马克思主义思想理论都有哪些?

（2）共产主义的理想昭示在远方，马克思与空想社会主义者相比在展望未来社会上有什么区别?

3. 案例点评:

2018 年 5 月 4 日，纪念马克思诞辰 200 周年大会在北京人民大会堂隆重举行。习近平总书记强调，我们纪念马克思，是为了向人类历史上最伟大的思想家致敬，也是为了宣示我们对马克思主义科学真理的坚定信念。马克思主义始终是我们党和国家的指导思想，是我们认识世界、把握规律、追求真理、改造世界的强大思想武器。新时代，中国共产党人仍然要学习马克思，学习和实践马克思主义，高扬马克思主义伟大旗帜，不断从中汲取科学智慧和理论力量，更有定力、更有自信、更有智慧地坚持和发展新时代中国特色社会主义，让马克思、恩格斯设想的人类社会美好前景不断在中国大地上生动展现出来。

习近平总书记还就加强马克思主义学习提出要求，特别指出了学习马克思，就要学习和实践马克思主义关于人类社会发展规律的思想，把共产主义远大理想同中国特色社会主义共同理想统一起来、同我们正在做的事情统一起来，坚定中国特色社会主义道路自信、理论自信、制度自信、文化自信，坚守共产党人的理想信念。

4. 使用说明:

本案例的教学目的是:通过原文学习习近平总书记在纪念马克思诞辰 200 周年大会上的讲话，深刻理解和掌握预见未来社会的科学方法论原则，把握共产主义社会的基本特征。

本案例的用途是:可用于第七章第一节关于"展望未来共产主义新社会"的学习，或者用于拓展知识阅读。

小　结

对未来社会的预见，其立场、观点、方法是否科学，这既是正确预见未来的基本前提，也是马克思主义区别于空想社会主义的根本所在。展望未来共产主义社会不能带有空想性质和幻想色彩，要懂得人类社会发展的客观规律，要在揭示人类社会发展一般规律的基础上指明社会发展的方向；不能抽象地、随意地谈论未来社会，而应该在剖析资本主义旧世界的过程中阐发未来新世界的特点；不能从原则出发，把某种哲学作为前提，而应该在社会主义社会发展中不断深化对未来共产主义社会的认识；不可能也不必要去对遥远的未来作具体的设想和描绘，而应该立足于揭示未来社会的一般特征，指出未来社会发展的方向、原则。马克思主义经典作家为我们揭示了共产主义社会的基本特征，这就是：物质财富极大丰富，消费资料按需分配；社会关系高度和谐，人们精神境界极大提高；实现每个人自由而全面的发展，人类从必然王国向自由王国飞跃。各国马克思主义者也在自身的实践中不断深化对这些特征的认识。最终会发现，经过社会主义的必经阶段后，实现共产主义是历史发展的必然趋势。

第二节　实现共产主义是历史发展的必然趋势

一、经典阅读

（一）实现共产主义是历史发展的必然

这个阶级斗争的历史包括有一系列发展阶段，现在已经达到这样一个阶段，即被剥削被压迫的阶级（无产阶级），如果不同时使整个社会一劳永逸地摆脱一切剥削、压迫以及阶级差别和阶级斗争，就不能使自己从进行剥削和统治的那个阶级（资产阶级）的奴役下解放出来。

恩格斯：《1888 年英文版序言》（1888 年 1 月 30 日），

《马克思恩格斯选集》第 1 卷，

人民出版社 2012 年版，第 385 页。

共产党人把自己的主要注意力集中在德国，因为德国正处在资产阶级革命的前夜，因为同 17 世纪的英国和 18 世纪的法国相比，德国将在整个欧洲文明更进步的条件下，拥有发展得多的无产阶级去实现这个变革，因而德国的资产阶级革命只能是无产阶级革命的直接序幕。

马克思、恩格斯：《共产党宣言》（1872 年 6 月 24 日），

《马克思恩格斯文集》第 2 卷，

人民出版社 2009 年版，第 66 页。

社会主义这个阶段，又可能分为两个阶段，第一个阶段是不发达的社会主义，第二个阶段是比较发达的社会主义。后一个阶段可能比前一个阶段需要更长的时间。经过后一个阶段，到了物质产品、精神财富都极为丰富和人们共产主义觉悟大大提高的时候，就可以进入共产主义社会了。

毛泽东：《读苏联〈政治经济学教科书〉的谈话（节选）》

（1959 年 12 月—1960 年 2 月），

《毛泽东文集》第 8 卷，

人民出版社 1996 年版，第 116 页。

（二）实现共产主义是长期的历史过程

在以交换价值为基础的资产阶级社会内部，产生出一些交往关系和生产关系，它们同时又是炸毁这个社会的地雷。……如果我们在现在这样的社会中没有发现隐蔽地存在着无阶级社会所必需的物质生产条件和与之相适应的交往关系，那么一切炸毁的尝试都是唐·吉诃德的荒唐行为。

马克思：《交换价值和社会交换关系的性质》（1857—1858 年），

《马克思恩格斯文集》第 8 卷，人民出版社 2009 年版，第 54 页。

按照马克思主义观点，共产主义社会是物质极大丰富的社会。因为物质极大丰富，才能实现各尽所能、按需分配的共产主义原则。社会主义是共产主义第一阶段，当然这是一个很长很长的历史阶段。社会主义时期的主要任务是发展生产

力，使社会物质财富不断增长，人民生活一天天好起来，为进入共产主义创造物质条件。

邓小平：《答美国记者迈克·华莱士问》（1986 年 9 月 2 日），

《邓小平文选》第 3 卷，人民出版社 1993 年版，第 171 页。

按需分配，没有极大丰富的物质条件是不可能的。要实现共产主义，一定要完成社会主义阶段的任务。社会主义的任务很多，但根本一条就是发展生产力，在发展生产力的基础上体现出优于资本主义，为实现共产主义创造物质基础。我们在一个长时期里忽视了发展社会主义社会的生产力。

邓小平：《改革是中国发展生产力的必由之路》（1985 年 8 月 28 日），

《邓小平文选》第 3 卷，人民出版社 1993 年版，第 137 页。

对人民实行民主，对敌人实行专政，这就是人民民主专政。运用人民民主专政的力量，巩固人民的政权，是正义的事情，没有什么输理的地方。我们搞社会主义才几十年，还处在初级阶段。巩固和发展社会主义制度，还需要一个很长的历史阶段，需要我们几代人、十几代人，甚至几十代人坚持不懈地努力奋斗，决不能掉以轻心。

邓小平：《在武昌、深圳、珠海、上海等地的谈话要点》

1992 年 1 月 18 日—2 月 21 日，

《邓小平文选》第 3 卷，人民出版社 1993 年版，第 379—380 页。

共产主义决不是"土豆烧牛肉"那么简单，不可能唾手可得、一蹴而就，但不能因为实现共产主义理想是一个漫长的过程，就可以认为那是虚无缥缈的海市蜃楼，就不去做一个忠诚的共产党员。革命理想高于天。实现共产主义是我们共产党人的最高理想，而这个最高理想是需要一代又一代人接力奋斗的。如果大家都觉得这是看不见摸不着的东西，没有必要为之奋斗和牺牲，那共产主义就真的永远实现不了了。

习近平：《做焦裕禄式的县委书记》（2015 年 1 月 12 日），

《习近平谈治国理政》第 2 卷，外文出版社 2017 年版，第 142 页。

二、内容精要

（一）实现共产主义是历史发展的必然

共产主义一定能够实现，这是由人类社会的发展规律所决定的。人类社会从低级到高级的发展，是一个社会形态发展和交替的过程。奴隶社会取代原始社会，封建社会取代奴隶社会，资本主义社会取代封建社会，社会主义社会取代资本主义社会，社会主义社会经过长期发展进入共产主义社会，这是一个客观必然的历史进程。

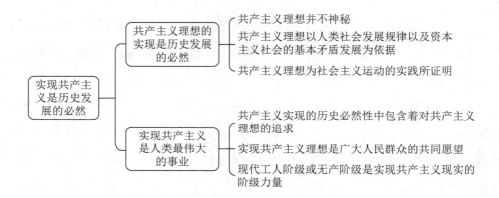

（二）实现共产主义是长期的历史过程

共产主义一定要实现，共产主义一定能够实现，但共产主义的实现是一个十分漫长而且充满艰难曲折的历史过程。实现共产主义必须经历许多历史阶段。

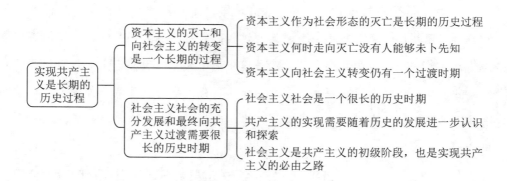

三、难点释惑

实现共产主义为何具有长期性、曲折性？

资本主义的灭亡和向社会主义的转变是一个长期的过程。社会主义社会的充分发展和最终向共产主义过渡需要很长的历史时期。"资产阶级的灭亡和无产阶级的胜利是同样不可避免的"，这是客观必然性；"无论哪一个社会形态，在它所能容纳的全部生产力发挥出来以前，是决不会灭亡的；而新的更高的生产关系，在它的物质存在条件在旧社会的胎胞里成熟以前，是决不会出现的"，这是实现的时间和条件。

共产主义一定要实现，共产主义一定能够实现，但共产主义的实现是一个十分漫长而且充满艰难曲折的历史过程。从理论上讲，马克思主义所揭示的社会形态发展与更替的规律是一般的历史规律，是只有在漫长的历史过程中才能显现出来的规律性。"社会形态"是大跨度的历史概念，每一个社会形态的产生发展，都会经历一个很长的历史时期，而旧的社会形态走向没落并为新的社会形态所代替，也是一个长期的历史过程。从资本主义到共产主义的转变是一种根本的转变，它不仅仅是具体制度的更替，更是整个社会的根本改造，因而必然是一个长期而艰难的历史过程。

实现共产主义必须经历许多历史阶段。资本主义从兴盛走向衰落和灭亡需要相当长的历史时期；从资本主义到社会主义有一个过渡时期，这是一个充满矛盾和斗争的复杂历史过程；共产主义社会的第一阶段即社会主义社会是一个长期的历史过程，特别是从不发达的社会主义到发达的社会主义，更有一个长期发展的过程；最后，从发达的社会主义向共产主义的转变和过渡，也需要一定的历史时期。

四、典型案例

英特纳雄耐尔一定要实现

1. 案例内容

2021 年，中央纪委国家监委网站相继推出了《一百堂党史课》系列视频，其中第三课就是《英特纳雄耐尔一定要实现》。"这是最后的斗争，团结起来到明天，英特纳雄耐尔就一定要实现！"一声呐喊，犹如一道划破漫漫长夜的闪电，将为人类解放而奋斗的情怀与渴望民族复兴的诉求融为一体，激荡起一代代中国共产党人跃动不息的理想脉搏。

中国共产党人的信仰，蕴含着取之不尽、用之不竭的力量。"敢教日月换新天"，这就是信仰的力量，也是信仰给共产党人的底气。有了坚定的信仰，所以中国共产党人不认命、不服输。久困于穷，冀以小康。这是中华民族千年追求的梦想，更是中国共产党人在信仰指引下前赴后继的百年拼搏。

信仰的力量，穿越时空，历久弥新，激励着一代又一代共产党人前赴后继。2020 年初，新冠肺炎疫情突然暴发，中国经受了一场艰苦卓绝的历史大考。在逆行出征、奔赴前线的关键时刻，许多医护人员坚定地说出"我是党员我先上"，舍生忘死驰援武汉；无数基层党员干部主动请缨，在社区乡村抗疫一线奔忙奋战，用行动践行信仰。他们说，"作为共产党员，冲在前面是我义不容辞的责任"。有些共产党员倒在了抗击疫情第一线，以生命筑起坚实的防线。他们不惧危险、冲锋在前的样子，正是信仰力量在当代中国最真实的写照。从 1921 年到 2021 年，从驾驶轻舟穿越迷雾到引领巨轮破浪前行，中国共产党人的坚定信仰，汇聚成势不可挡的力量。这力量，曾支撑中国共产党人迎难而上、浴血奋战，取得一个又一个伟大胜利；这力量，也必将引领中华民族昂首走向复兴，在新时代铸就新的辉煌。

2. 讨论题：

（1）观看这堂党史课并思考："共产主义一定会实现"的自信源自何处？

（2）列举身边的共产党员为人民服务、为共产主义奋斗的典型事迹？你从中学到了什么？

3. 案例点评：

中国共产党一经成立，就把实现共产主义作为党的最高理想和最终目标，义无反顾肩负起实现中华民族伟大复兴的历史使命，团结带领人民进行了艰苦卓绝的斗争，谱写了气吞山河的壮丽史诗。人类社会从低级到高级的发展，是一个社会形态发展和更替的过程。共产主义一定能实现，这是人类最伟大的事业。只是我们现在急不得，因为共产主义的实现是一个十分漫长而且充满艰难曲折的历史过程，资本主义的灭亡和向社会主义的转变需要时间，社会主义社会的充分发展和最终向共产主义过渡也需要时间。

那么，生长在中国特色社会主义新时代的我们现在应该为之做些什么呢？党的二十届三中全会强调："当前和今后一个时期是以中国式现代化全面推进强国建设、民族复兴伟业的关键时期。"一代人有一代人的长征路，作为新时代的青年要在中国式现代化建设中挺膺担当。一方面，我们要坚持远大理想与共同理想的辩证统一，认识到坚持和发展中国特色社会主义是中华民族通向共产主义的必由之路，正确认识和把握共产主义远大理想与中国特色社会主义共同理想的关系；另一方面，坚定理想信念，投身到新时代中国特色社会主义伟大事业中去。当代青年肩负历史重任，必将大有可为，也必将大有作为，要勇做担当中华民族伟大复兴大任的时代新人，在实现中华民族伟大复兴中国梦的生动实践中放飞青春梦想。

4. 使用说明：

本案例的教学目的是：树立共产主义的坚定信仰，更深入地学习马克思主义，进一步坚定理想信念，不断补足精神上的钙质。同时通过不断地学习和实践，在持续的党性修养磨炼中，磨砺出对马克思主义的坚定信仰，锻造对共产主义理想的坚定信念，在一点一滴为党和国家事业奋斗的实践中，感悟出信仰的无限力量。

本案例的用途是：用于第七章第二节关于"实现共产主义是历史发展的必然趋势"的学习，或者用于拓展知识阅读。

小 结

本节紧紧围绕这样一个问题展开的——共产主义最终会实现吗？社会主义经过长期的发展，在高度发达的基础上，最终将走向共产主义。共产主义不仅是一种科学的理论和这种理论指导下的现实的运动，而且是一种未来的社会制度和社会形态。实现共产主义是人类历史发展的必然趋势，是马克思主义最崇高的社会理想。实现共产主义具有历史必然性，实现共产主义是长期的历史过程。高级阶段是建立在初级阶段基础之上的，没有初级阶段的发展，也不会有高级阶段的到来，社会主义是实现共产主义的必由之路。可以说，坚持社会主义道路，坚持社会主义制度，是我们在当代世界为共产主义事业作出的重要贡献。放弃社会主义道路也就是放弃对共产主义理想的追求，就是对共产主义事业的背叛。

第三节　共产主义远大理想与中国特色社会主义共同理想

一、经典阅读

（一）坚持远大理想与共同理想的辩证统一

我们一定要经常教育我们的人民，尤其是我们的青年，要有理想。为什么我们过去能在非常困难的情况下奋斗出来，战胜千难万险使革命胜利呢？就是因为我们有理想，有马克思主义信念，有共产主义信念。我们干的是社会主义事业，最终目的是实现共产主义。

邓小平：《一靠理想二靠纪律才能团结起来》（1985 年 3 月 7 日），

《邓小平文选》第 3 卷，人民出版社 1993 年版，第 110 页。

中国特色社会主义是党的最高纲领和基本纲领的统一。中国特色社会主义的基本纲领。……是从我国正处于并将长期处于社会主义初级阶段的基本国情出发的，也没有脱离党的最高理想。我们既要坚定走中国特色社会主义道路的信念，也要胸怀共产主义的崇高理想。

习近平：《关于坚持和发展中国特色社会主义的几个问题》（2013 年 1 月 5 日），

《十八大以来重要文献选编》（上），中央文献出版社 2014 年版，第 116 页。

理想信念不可能凭空产生，也不可能轻而易举坚守。我们要经受住"四大考验"、抵御住"四种危险"，必须立足当前、着眼长远，深刻认识共产主义远大理想和中国特色社会主义共同理想的辩证关系，既不能离开发展中国特色社会主义事业、实现民族复兴的现实工作而空谈远大理想，也不能因为实现共产主义是一个漫长的历史过程就讳言甚至丢掉远大理想。

习近平：《重整行装再出发，以永远在路上的执着把全面从严治党引向深入》

《习近平谈治国理政》第 2 卷，外文出版社 2020 年版，第 505—506 页。

（二）坚定理想信念，投身新时代中国特色社会主义事业

行百里者半九十。距离实现中华民族伟大复兴的目标越近，我们越不能懈怠、越要加倍努力，越要动员广大青年为之奋斗。时光荏苒，物换星移。时间之河川流不息，每一代青年都有自己的际遇和机缘，都要在自己所处的时代条件下谋划人生、创造历史。青年是标志时代的最灵敏的晴雨表，时代的责任赋予青年，时代的光荣属于青年。

> 习近平：《青年要自觉践行社会主义核心价值观》（2014 年 5 月 4 日），
> 《十八大以来重要文献选编》（中），
> 中央文献出版社 2016 年版，第 2 页。

青年理想远大、信念坚定，是一个国家、一个民族无坚不摧的前进动力。中国梦是国家的梦、民族的梦，也是包括广大青年在内的每个中国人的梦。"得其大者可以兼其小"。只有把人生理想融入国家和民族的事业中，才能最终成就一番事业。青年时代树立正确的理想、坚定的信念十分紧要，不仅要树立，而且要在心中扎根，一辈子都能坚持为之奋斗。这样的有志青年，成千上万这样的有志青年，正是党、国家、人民所需要的。

> 习近平：《习近平关于青少年和共青团工作论述摘编》
> 中央文献出版社 2017 年版，第 23 页。

新时代中国青年要树立对马克思主义的信仰、对中国特色社会主义的信念、对中华民族伟大复兴中国梦的信心，到人民群众中去，到新时代新天地中去，让理想信念在创业奋斗中升华，让青春在创新创造中闪光！

> 习近平：《发扬五四精神，不负伟大时代》（2019 年 4 月 30 日），
> 《习近平谈治国理政》第 3 卷，
> 外文出版社 2020 年版，第 334 页。

未来属于青年，希望寄予青年。一百年前，一群新青年高举马克思主义思想火炬，在风雨如晦的中国苦苦探寻民族复兴的前途。一百年来，在中国共产党的旗帜

下，一代代中国青年把青春奋斗融入党和人民事业，成为实现中华民族伟大复兴的先锋力量。新时代的中国青年要以实现中华民族伟大复兴为己任，增强做中国人的志气、骨气、底气，不负时代，不负韶华，不负党和人民的殷切希望。

习近平：《在庆祝中国共产党成立 100 周年大会上的讲话》，

人民出版社 2021 年版，第 23 页。

勤学苦练、增强本领。"褚小者不可以怀大，绠短者不可以汲深。"我们处在前所未有的变革时代，干着前无古人的伟大事业，如果知识不够、眼界不宽、能力不强，就会耽误事。年轻干部精力充沛、思维活跃、接受能力强，正处在长本事、长才干的大好时期，一定要珍惜光阴、不负韶华，如饥似渴学习，一刻不停提高。

习近平：《努力成为可堪大用能担重任的栋梁之才》（2021 年 9 月 1 日），

《习近平谈治国理政》第 4 卷，

外文出版社 2022 年版，第 535 页。

二、内容精要

（一）正确认识和把握共产主义远大理想与中国特色社会主义共同理想的关系

理想是指引人们奋斗方向的航标，也是推动人们前进的强大精神动力。一个社会不能没有理想，一个人也不能没有理想。个人的理想必须同社会发展进步的大趋势相一致。共产主义理想是建立在科学基础上的社会理想，是人类最伟大的社会理想。在坚持和发展中国特色社会主义的实践中，我们不但要坚定中国特色社会主义共同理想，而且要进一步树立共产主义远大理想。

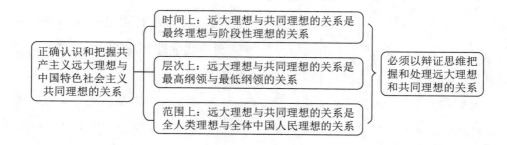

（二）坚定理想信念，投身新时代中国特色社会主义事业

青年是祖国的未来、民族的希望。青年兴则国家兴，青年强则国家强。实现中华民族伟大复兴的中国梦，夺取新时代中国特色社会主义的伟大胜利，将全国各族人民的共同理想变为现实，需要一代又一代有志青年接续奋斗。青年一代的理想信念、精神状态、综合素质，是一个国家发展活力的重要体现，也是一个国家核心竞争力的重要因素。青年一代有理想、有本领、有担当，国家就有前途，民族就有希望。

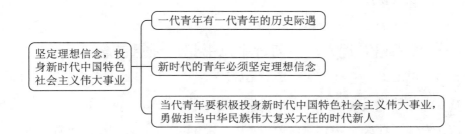

三、难点释惑

共产主义远大理想与中国特色社会主义共同理想的关系？

首先，从时间上看，远大理想与共同理想的关系是最终理想与阶段性理想的关系。共产主义远大理想也就是我们的最终理想，它的实现需要许多代人的接续奋斗，在这个接续奋斗的过程中，会有一些阶段性的理想。只有通过实现一个一个的阶段性理想，才能最终实现共产主义远大理想。

其次，从层次上看，远大理想与共同理想的关系是最高纲领与最低纲领的关系。我们党的最高理想和最终目标是实现共产主义，这也是我们党的最高行动纲领。但追求党的理想和实行党的纲领，必须从中国当下的实际出发，从实现最近的目标开始。我们党早在新民主主义革命时期就明确了最高纲领与最低纲领，并阐明了二者的关系。

最后，从范围来看，远大理想与共同理想的关系也是全人类理想与全体中国人民理想的关系。共产主义远大理想体现的是全人类解放的共性，是面向全人类的。

中国人民当然要树立远大理想，但这个理想不只属于中国人民，而是属于全人类。因此，从这个意义上讲，共产主义理想也是"共同理想"，而且是面向全人类的更大的共同理想。而中国特色社会主义共同理想，主要是面向中国人民和中华民族成员的，是全体中华儿女和中国人民的"共同理想"，无疑具有"共同"性，但与全人类相比，又体现了"中国特色"，体现了中国人民在社会主义和共产主义理想方面的个性特色。

四、典型案例

（一）"平语"近人——习近平总书记谈理想信念

1. 案例内容：

在革命、建设、改革各个历史时期，中国共产党始终高度重视青年、关怀青年、信任青年，对青年一代寄予殷切期望。中国共产党从来都把青年看作是祖国的未来、民族的希望，从来都把青年作为党和人民事业发展的生力军，从来都支持青年在人民的伟大奋斗中实现自己的人生理想。

现在，我们比历史上任何时期都更接近实现中华民族伟大复兴的目标，比历史上任何时期都更有信心、更有能力实现这个目标。行百里者半九十。距离实现中华民族伟大复兴的目标越近，我们越不能懈怠，越要加倍努力，越要动员广大青年为之奋斗。

展望未来，我国青年一代必将大有可为，也必将大有作为。这是"长江后浪推前浪"的历史规律，也是"一代更比一代强"的青春责任。广大青年要勇敢肩负起时代赋予的重任，志存高远，脚踏实地，努力在实现中华民族伟大复兴的中国梦的生动实践中放飞青春梦想。

广大青年一定要坚定理想信念。"功崇惟志，业广惟勤。"理想指引人生方向，信念决定事业成败。没有理想信念，就会导致精神上"缺钙"。中国梦是全国各族人民的共同理想，也是青年一代应该牢固树立的远大理想。中国特色社会主义是我们党带领人民历经千辛万苦找到的实现中国梦的正确道路，也是广大青年应该牢固确立的人生信念。

2. 讨论题:

(1)理想信念对一个人有什么作用?

(2)如何确立正确的理想信念并为之努力奋斗?

3. 案例点评:

本案例节选了习近平总书记在2013年"五四"青年节同各界优秀青年代表座谈时讲话的一部分。十八大以来,习近平总书记围绕理想信念发表了一系列重要讲话,尤其是着眼于如何坚定理想信念提出了一系列基本原则和具体要求。一要抓好思想理论建设,掌握历史唯物主义世界观和方法论;二要抓好党性教育,始终保持共产党人的本色;三要抓好道德建设,彰显共产党人的人格力量;四要实干兴邦,将"顶天"的理想和"立地"的行动统一起来;五要强化理想信念的体制机制保障,将思想建党与制度建党、以德治党与依规治党结合起来。

4. 使用说明:

本案例的教学目的是:大学生处于人生观和价值观形成的关键期,新时代中国青年要尽早树立对马克思主义的信仰、对中国特色社会主义的信念、对中华民族伟大复兴中国梦的信心,用自己的实际行动让理想信念在创业奋斗中升华,让青春在创新创造中闪光。

本案例的用途是:可用于第七章第三节关于"共产主义远大理想与中国特色社会主义共同理想"的学习,或者用于拓展知识阅读。

(二)广大青年要积极投身中国特色社会主义伟大事业

1. 案例内容:

在新的征程上,如何更好把青年团结起来、组织起来、动员起来,为实现第二个百年奋斗目标、实现中华民族伟大复兴的中国梦而奋斗,是新时代中国青年运动和青年工作必须回答的重大课题。共青团要增强引领力、组织力、服务力,团结带领广大团员青年成长为有理想、敢担当、能吃苦、肯奋斗的新时代好青年,用青春的能动力和创造力激荡起民族复兴的澎湃春潮,用青春的智慧和汗水打拼出一个更加美好的中国!

革命人永远是年轻。中国共产党立志于中华民族千秋伟业,百年恰是风华正茂。列宁曾经引用恩格斯的话说过："我们是未来的党，而未来是属于青年的。我们是革新者的党，而总是青年更乐于跟着革新者走。我们是跟腐朽的旧事物进行忘我斗争的党，而总是青年首先投身到忘我斗争中去。"历史和现实都证明，中国共产党是始终保持青春特质的党，是永远值得青年人信赖和追随的党。

在实现中华民族伟大复兴的征程上，中国共产党是先锋队，共青团是突击队，少先队是预备队。入队、入团、入党，是青年追求政治进步的"人生三部曲"。中国共产党始终向青年敞开大门，热情欢迎青年源源不断成为党的新鲜血液。共青团要履行好全团带队政治责任，规范和加强少先队推优入团、共青团推优入党工作机制，着力推动党、团、队育人链条相衔接、相贯通。各级党组织要高度重视培养和发展青年党员，特别是要注重从优秀共青团员中培养和发展党员，确保红色江山永不变色。

（习近平：《在庆祝中国共产主义青年团成立 100 周年大会上的讲话》2022-06-09，新华网，https://guancha.gmw.cn/2022-06-09/content_35799362.htm。）

2. 讨论题：

（1）你是如何理解青年追求政治进步的"人生三部曲"的？

（2）面对"希望寄托在你们身上"的期待，广大青年如何不负时代和使命？

3. 案例点评：

2022 年 5 月 10 日，习近平总书记在庆祝中国共产主义青年团成立 100 周年大会上发表重要讲话，在青年学生中引发热烈反响。大家纷纷表示，要成长为有理想、敢担当、能吃苦、肯奋斗的新时代好青年，争当伟大理想的追梦人，争做伟大事业的生力军，让青春在祖国和人民最需要的地方绽放绚丽之花。习近平总书记一直高度重视共青团工作、高度关心青年，对青年工作倾注了大量心血，推动青年发展事业实现全方位进步、取得历史性成就。习近平总书记在庆祝中国共产主义青年团成立 100 周年大会上重要讲话，为新时代青年成长成才指明了前进方向、为做好新时代共青团工作提供了根本遵循。新时代的中国青年，生逢其时、重任在肩，施展才干的舞台无比广阔，实现梦想的前景无比光明。

4. 使用说明：

本案例的教学目的是：让学生们深刻意识到，实现中国梦是一场历史接力赛，当代青年要在实现民族复兴的赛道上奋勇争先。

本案例的用途是：可用于第七章第三节关于"共产主义远大理想与中国特色社会主义共同理想"的学习，或者用于拓展知识阅读。

小　结

马克思主义是关于社会主义必然代替资本主义、最终实现共产主义的学说，是关于无产阶级解放、全人类解放和每个人自由而全面发展的学说，是无产阶级政党和社会主义国家的指导思想，是指引人民创造美好生活的行动指南。人无志则不立，个人同社会一样都不能没有理想，当代大学生应该把握历史发展的规律，树立中国特色社会主义共同理想和共产主义远大理想，以辩证思维把握和处理远大理想和共同理想的关系；积极投身新时代中国特色社会主义伟大事业，从自我做起，从现在做起，在追求崇高理想的过程中实现自己的人生价值，不负时代重任，在实现中华民族伟大复兴中国梦的生动实践中放飞青春梦想。

导　论　知识点自测

（为使读者便捷地完成自学，本自测试题依照教材顺序展开。）

1.【多选题】马克思主义是（　　　　）。

A. 由马克思和恩格斯创立并为后继者所不断发展的科学理论体系

B. 是关于自然、社会和人类思维发展一般规律的学说

C. 是关于社会主义必然代替资本主义、最终实现共产主义的学说

D. 是关于无产阶级解放、全人类解放和每个人自由而全面发展的学说

E. 是无产阶级政党和社会主义国家的指导思想

F. 是指引人民创造美好生活的行动指南

2.【多选题】马克思主义是一个博大精深的理论体系，其三个基本组成部分是（　　　　）。

A. 马克思主义哲学　　　　B. 马克思主义政治经济学

C. 科学社会主义　　　　　D. 空想社会主义

3.【多选题】我们可以从（　　　）的有机统一中，来学习和把握马克思主义基本原理。

A. 基本立场　　　　　B. 基本过程

C. 基本观点　　　　　D. 基本方法

4.【填空题】马克思主义的_____，是马克思主义观察、分析和解决问题的根本立足点和出发点。

5.【多选题】马克思主义的基本观点，是关于（　　　）发展一般规律的科学认识，是对人类思想成果和社会实践经验的科学总结。

A. 自然　　　　　　　　　　B. 客观世界

C. 社会　　　　　　　　　　D. 人类思维

6.【多选题】下列对马克思主义的基本方法表述正确的是（　　　　）。

A. 是解决问题的唯一教义

B. 是建立在唯心主义世界观和方法论基础上

C. 是建立在辩证唯物主义和历史唯物主义世界观和方法论基础上

D. 指导我们正确认识世界和改造世界的思想方法和工作方法

7.【多选题】马克思主义产生于 19 世纪 40 年代，创始人是（　　　　）。

A. 列宁　　　　　　　　　　B. 恩格斯

C. 黑格尔　　　　　　　　　D. 马克思

8.【多选题】马克思主义的产生具有深刻地（　　　　）。

A. 经济根源　　　　　　　　B. 社会根源

C. 阶级基础　　　　　　　　D. 思想渊源

9.【多选题】马克思主义的诞生的标志是 1848 年 2 月（　　　　）的公开发表。

A.《资本论》　　　　　　　　B.《德意志意识形态》

C.《神圣家族》　　　　　　　D.《共产党宣言》

10.【多选题】马克思主义产生于（　　　　）

A. 19 世纪 40 年代　　　　　B. 19 世纪 50 年代

C. 19 世纪 30 年代　　　　　D. 18 世纪 40 年代

11.【多选题】马克思主义的创立的直接的理论来源有（　　　　）。

A. 英法两国的空想社会主义　B. 德国古典哲学

C. 英国古典政治经济学　　　D. 美国政治经济学

12.【多选题】马克思主义具有鲜明的（　　　　）。

A. 科学性　　　　　　　　　B. 人民性

C. 实践性　　　　　　　　　D. 发展性

13.【多选题】下列对马克思主义是科学的理论表述正确的是（　　　　）。

A. 创造性地揭示了人类社会发展规律

B. 第一次创立了人民实现自身解放的思想体系

C. 指引着人民改造世界的行动

D. 不断发展的开放的理论，始终站在时代前沿

14.【单选题】人民至上是马克思主义的（　　　）。

A. 经济立场　　　　　　　　B. 政治立场

C. 文化立场　　　　　　　　D. 社会立场

15.【多选题】马克思主义是（　　　）的学说。

A. 从实践中来　　　　　　　B. 到实践中去

C. 在实践中接受检验　　　　D. 并随实践而不断发展

16.【单选题】马克思指出：哲学家们只是用不同的方式解释世界，而问题在于（　　　）世界。

A. 发现　　　　　　　　　　B. 创造

C. 认识　　　　　　　　　　D. 改变

17.【单选题】习近平总书记进一步提出："马克思主义具有鲜明的（　　　）品格，不仅致力于科学'解释世界'，而且致力于积极'改变世界'。"

A. 实践　　　　　　　　　　B. 政治

C. 经济　　　　　　　　　　D. 理论

18.【填空题】马克思主义是不断发展的学说，具有＿＿＿＿的理论品质。

19.【多选题】马克思主义的当代价值包括（　　　）。

A. 观察当代世界变化的认识工具

B. 指引当代中国发展的行动指南

C. 引领人类社会进步的科学真理

D. 指引资本主义社会未来发展的学科

20.【多选题】自觉学习和运用马克思主义需要（　　　）。

A. 努力学习和掌握马克思主义的基本立场、观点、方法

B. 努力学习和掌握马克思主义中国化的理论成果

C. 坚持理论联系实际的马克思主义学风

D. 自觉将马克思主义内化于心、外化于行

参考答案

1. ABCDEF　2. ABC　3. ACD　4. 基本立场　5. ACD　6. CD　7. BD　8. BCD

9. D　10. A　11. ABC　12. ABCD　13. ABCD　14. B　15. ABCD　16. D　17. A

18. 与时俱进　19. ABC　20. ABCD

第一章　知识点自测

（为使读者能够便捷地完成自学，本自测试题依照教材顺序展开。）

1.【多选题】马克思主义是一个博大精深的理论体系，包括（　　　　）。

A. 哲学　　　　　　　　　　B. 马克思主义哲学

C. 马克思主义政治经济学　　D. 科学社会主义

2.【多选题】习近平总书记指出，中国共产党人的初心和使命是（　　　　）。

A. 为中国人民谋幸福　　　　B. 为中华民族谋复兴

C. 为中国民族谋复兴　　　　D. 为中国公民谋幸福

3.【多选题】恩格斯总结和概括了哲学发展特别是近代哲学发展的历史事实，第一次明确哲学基本问题是（　　　　）。

A. 存在问题　　　　　　　　B. 思维问题

C. 思维和存在　　　　　　　D. 思维和存在的关系问题

4.【单选题】对于存在和思维、物质和意识谁为本原的问题，即何者为第一性的问题的不同回答，划分出（　　　　）。

A. 唯物主义和唯理论　　　　B. 主观唯心主义和客观唯心主义

C. 唯物主义和唯心主义　　　D. 可知论和不可知论

5.【单选题】对于存在和思维、物质和意识是否具有同一性的问题的不同回答，划分出了（　　　　）。

A. 唯物主义和唯心主义

B. 可知论和不可知论

C. 唯心主义可知论和唯物主义可知论

D. 唯心主义不可知论和唯物主义可知论

6.【多选题】20世纪初，列宁对物质概念作了全面的科学的规定。认为物质是（　　　）。

A. 标志客观实在的哲学范畴

B. 人通过感觉感知的，它不依赖于我们的感觉而存在

C. 人通过感觉感知的，它依赖于我们的感觉而存在

D. 为我们的感觉所复写、摄影、反映

7.【填空题】物质的根本属性是_____。

8.【多选题】下列对运动表述正确的是（　　　）。

A. 运动是标志一切事物和现象的变化及其过程的哲学范畴

B. 运动是绝对的，静止是相对的

C. 动中有静，静中有动

D. 是物质的存在方式

9.【多选题】物质的基本存在形式是（　　　）。

A. 运动　　　　　　　　B. 时间

C. 空间　　　　　　　　D. 历史

10.【填空题】时间是指物质运动的_____、_____，特点是_____，即时间的流逝一去不复返。

11.【填空题】空间是指物质运动的_____、_____，特点是_____，即空间具有长、宽、高三方面的规定性。

12.【单选题】地球上"最美丽的花朵"是（　　　）。

A. 物质　　　　　　　　B. 意识

C. 实践　　　　　　　　D. 真理

13.【多选题】下列关于意识的表述正确的是（　　　）。

A. 从意识的起源来看，一方面，意识是自然界长期发展的产物

B. 从意识的本质来看，意识是人脑这样一种特殊物质的机能和属性

C. 意识是客观世界的主观映象

D. 意识是物质的产物，又是物质本身

14.【多选题】意识的能动作用主要表现在（　　　　）。

A. 意识具有指导实践改造客观世界的作用

B. 意识具有创造性

C. 意识具有目的性和计划性

D. 意识具有调控人的行为和生理活动的作用

15.【多选题】主观能动性和客观规律性的辩证统一，要求（　　　　）。

A. 只有充分发挥客观规律性，才能正确认识和利用客观规律

B. 尊重客观规律是正确发挥主观能动性的前提

C. 尊重客观规律是正确发挥主观能动性的结果

D. 只有充分发挥主观能动性，才能正确认识和利用客观规律

16.【多选题】正确发挥人的主观能动性，其前提和条件是（　　　　）。

A. 从主观出发是正确发挥人的主观能动性的前提

B. 从实际出发是正确发挥人的主观能动性的前提

C. 实践是正确发挥人的主观能动性的根本途径

D. 从意识出发是正确发挥人的主观能动性的前提

17.【多选题】关于意识与人工智能的表述正确的是（　　　　）。

A. 人类的自然语言是思维的物质外壳和意识的现实形式，而人工智能难以完全具备理解自然语言真实意义的能力

B. 人工智能还在发展中，可以预见它在未来会获得和人类一样的意识

C. 人类意识是知情意的统一体，而人工智能只是对人类的理性智能的模拟和扩展，不具备情感、信念、意志等人类意识形式

D. 社会性是人的意识所固有的本质属性，而人工智能不可能真正具备人类的社会属性

18.【多选题】世界的统一性在于它的物质性，世界统一于物质表现在（　　　　）。

A. 自然界是物质的　　　　　　B. 人类社会本质上也是物质的

C. 人的意识统一于意识　　　　D. 人的意识统一于物质

19.【多选题】联系具有一系列特点包括（　　　　）。

A. 联系具有条件性　　　　　　B. 联系具有普遍性

C. 联系具有客观性　　　　　　D. 联系具有多样性

20.【单选题】矛盾是（　　　　）。

A. 是反映事物内部对立关系的哲学范畴

B. 是反映事物之间统一关系的哲学范畴

C. 是反映事物内部和事物之间对立统一关系的哲学范畴

D. 是反映事物相互联系的哲学范畴

21.【多选题】对立和统一分别体现了矛盾的两种基本属性是（　　　　　）。

A. 竞争性　　　　　　　　　　B. 统一性

C. 斗争性　　　　　　　　　　D. 同一性

22.【多选题】矛盾的普遍性是（　　　　）。

A. 指矛盾存在于一切事物中

B. 存在于一切事物发展过程的始终

C. 旧的矛盾解决了，新的矛盾又产生

D. 事物始终在矛盾中运动

E. 矛盾无处不在，矛盾无时不有

23.【单选题】矛盾体系中处于支配地位、对事物发展起决定作用的是（　　　　）。

A. 非主要矛盾　　　　　B. 主要矛盾

C. 矛盾的主要方面　　　D. 矛盾的次要方面

24.【单选题】要把主要矛盾和次要矛盾、矛盾的主要方面和次要方面的辩证关系运用到实际工作中，需要我们（　　　　）。

A. 坚持"两点论"

B. 坚持"重点论"

C. 坚持"两点论"和"重点论"的统一

D. 坚持"两点论"和"一点论"的统一

25.【填空题】_____是一事物区别于其他事物的内在规定性。

26.【填空题】_____是事物的规模、程度、速度等可以用数量关系表示的规定性。

27.【单选题】任何事物都是（　　　）的统一。

A. 量　　　　　　　　　　B. 量和质

C. 质　　　　　　　　　　D. 量、质和度

28.【多选题】下列关于度的表述正确的是（　　　　）。

A. 保持事物质的稳定性的数量界限

B. 即事物的限度、幅度和范围

C. 度的两端叫关节点或临界点

D. 超出度的范围，此物就转化为他物

E. 度这一哲学范畴启示我们，在认识和处理问题时要掌握适度原则

29.【多选题】量变和质变的辩证关系原理包括（　　　　）。

A. 量变是质变的必要准备

B. 质变是量变的必然结果

C. 量变和质变是相对独立

D. 量变和质变是相互渗透的

30.【多选题】量变质变规律具有重要的方法论意义，包括（　　　　）。

A. 当事物的发展处在量变阶段时，要踏踏实实做好日常工作，为未来重大改变做准备

B. 当事物的发展处在量变阶段时，不用特别在意

C. 当质变来临的时候，要果断地、不失时机地抓住机遇，促成质变，使工作迈上新台阶

D. 当质变来临的时候，顺其自然，不要干涉

31.【多选题】事物内部都存在（　　　　）。

A. 肯定因素　　　　　　　　B. 正确因素

C. 否定因素　　　　　　　　D. 错误因素

32.【多选题】唯物辩证法的否定观科学揭示了否定的深刻内涵，认为（　　　　）。

A. 否定是事物的自我否定

B. 否定是事物发展的环节

C. 否定是新旧事物联系的环节

D. 辩证否定的实质是"扬弃"

33.【多选题】事物联系和发展的基本环节包括（　　　　）。

A. 内容与形式　　　　　　　　B. 本质与现象

C. 原因与结果　　　　　　　　D. 必然与偶然

E. 现实与可能　　　　　　　　F. 过去与将来

34.【填空题】恩格斯指出："马克思的整个世界观不是教义，而是_____。它提供的不是现成的教条，而是进一步研究的_____和供这种研究使用的_____。"

35.【填空题】唯物辩证法本质上是_____和_____。

36.【填空题】唯物辩证法是_____与_____的统一。

37.【填空题】具体问题具体分析是_____。

38.【多选题】学习唯物辩证法，需要增强的思维能力有（　　　　）。

A. 辩证思维能力　　　　　　　B. 历史思维能力

C. 系统思维能力　　　　　　　D. 战略思维能力

E. 底线思维能力　　　　　　　F. 创新思维能力

参考答案

1. BCD　2. AB　3. D　4. C　5. B　6. ABD　7. 运动　8. ABCD　9. BC

10. 持续性、顺序性、一维性　11. 伸张性、广延性、三维性　12. B

13. ABC　14. ABCD　15. BD　16. BC　17. ACD　18. ABD　19. ABCD

20. C　21. CD　22. ABCDE　23. B　24. C　25. 质　26. 量　27. B

28. ABCDE　29. ABD　30. AC　31. AC　32. ABCD　33. ABCDE

34. 方法、出发点、方法

35. 批判的、革命的　36. 客观辩证法、主观辩证法　37. 马克思主义的活的灵魂

38. ABCDEF

第二章　知识点自测

（为使读者能够便捷地完成自学，本自测试题依照教材顺序展开。）

1.【填空题】_____是马克思主义理论区别于其他理论的根本特征。

2.【多选题】人与世界的关系主要包括两个方面，是（　　　　）。

A. 认识世界 　　　　　　　　B. 改造世界

C. 解释世界 　　　　　　　　D. 实践世界

3.【填空题】马克思主义认为：全部社会生活在本质上是_____的。

4.【单选题】实践是人类（　　　）。

A. 能动地改造世界的社会性的物质活动

B. 主动地改造世界的社会性的物质活动

C. 能动地改造客观世界的社会性的物质活动

D. 能动地改造世界的社会性的意识活动

5.【单选题】马克思指出："最蹩脚的建筑师从一开始就比最灵巧的蜜蜂高明的地方，是他在用蜂蜡建筑蜂房以前，已经在自己的头脑中把它建成了。"马克思的这句话体现了实践的（　　　）。

A. 客观实在性 　　　　　　　B. 自觉能动性

C. 直接现实性 　　　　　　　D. 社会历史性

6.【多选题】实践的基本结构包括（　　　　）。

A. 实践主体 　　　　　　　　B. 实践客体

C. 实践中介 　　　　　　　　D. 实践对象

7.【单选题】下列能够作为实践主体的是（　　　　）。

A. 人   B. 植物人

C. 刚出生的宝宝   D. 有一定的主体能力、从事现实社会实践活动的人

8.【多选题】实践的主体是（   ）。

A. 有一定的主体能力、从事现实社会实践活动的人

B. 是实践活动中自主性和能动性的因素

C. 担负着设定实践目的、操作实践中介、改造实践客体的任务

D. 指实践活动所指向的对象

9.【多选题】实践的客体可以划分为（   ）。

A. 天然客体和人工客体   B. 自然客体和社会客体

C. 物质性客体和精神性客体   D. 直接客体和间接客体

10.【多选题】实践的中介系统可分为（   ）。

A. 作为人的身体延长、感官延伸、体能放大的物质性工具系统

B. 语言符号工具系统

C. 智慧思维系统

D. 逻辑思维系统

11.【多选题】实践的主体和客体相互作用的关系包括（   ）。

A. 实践关系   B. 认识关系

C. 价值关系   D. 创造关系

12.【多选题】实践的形式可分为三种基本类型包括（   ）。

A. 物质生产实践   B. 社会政治实践

C. 科学文化实践   D. 精神文化实践

13.【多选题】实践对认识的决定性作用具体表现在（   ）。

A. 实践是认识的来源   B. 实践是认识发展的动力

C. 实践是认识的目的   D. 实践是检验认识真理性的唯一标准

14.【填空题】实践是人类能动地改造世界的_____的物质活动。

15.【单选题】辩证唯物主义认识论认为，认识的本质是（   ）。

A. 主体在实践基础上对客体的能动反映

B. 主体在实践基础上对客体的被动反映

C. 客体在实践基础上对客体的能动反映

D. 主体在认识基础上对客体的被动反映

16.【填空题】感性认识是人们在_____基础上，由感觉器官直接感受到的关于事物的现象、事物的外部联系、事物的各个方面的认识。

17.【多选题】感性认识包括（　　　）。

A. 感觉　　　　　　　　B. 知觉

C. 表象　　　　　　　　D. 直觉

18.【填空题】_____ 是感性认识的高级形式，是人脑对过去的感觉和知觉的回忆，是曾经作用于感觉器官的客观对象的形象再现。

19.【填空题】感性认识是认识的_____。

20.【填空题】从概念到判断再到推理，是_____由低级到高级的发展。

21.【填空题】_____ 是指人们借助抽象思维，在概括整理大量感性材料的基础上，达到关于事物的本质、全体、内部联系和事物自身规律性的认识。

22.【多选题】理性认识包括（　　　）。

A. 概念　　　　　　　　B. 判断

C. 推理　　　　　　　　D. 公理

23.【单选题】推理的结果是一个新的（　　　）。

A. 判断　　　　　　　　B. 推理

C. 概念　　　　　　　　D. 实践

24.【多选题】感性认识和理性认识的性质虽然不同，但二者的关系是辩证统一的。具体表现在（　　　）。

A. 理性认识依赖于感性认识

B. 感性认识有待于发展和深化为理性认识

C. 感性认识和理性认识相互渗透、相互包含

D. 感性认识和理性认识的辩证统一关系是在实践的基础上形成的，也需要在实践中发展

25.【填空题】认识活动是一个复杂的运动过程，表现为无论在感性认识中还是在理性认识中，都有_____的作用。

26.【填空题】非理性因素主要是指_____的情感和意志。

27.【单选题】认识的第二次能动飞跃，具体指的是（   ）。

A. 从理性认识回到实践   B. 从感性认识回到实践

C. 从感性认识回到理性认识   D. 从实践到认识

28.【单选题】认识世界的目的是（   ）。

A. 改造世界   B. 认识世界

C. 提升自己   D. 创造价值

29.【填空题】认识的真理性只有在_____中才能得到检验和发展。

30.【填空题】毛泽东强调："一个正确的认识，往往需要经过由物质到精神，由精神到物质，即由_____到_____，由认识到实践这样多次的反复，才能够完成。"

31.【填空题】认识辩证运动发展的基本过程，也是认识运动的总规律，表明认识是一个_____和_____的过程。

32.【填空题】真理是标志_____与_____相_____的哲学范畴，是对客观事物及其规律的_____反映。

33.【填空题】真理是不是客观的，这是真理观中的_____。

34.【填空题】真理的_____指真理的内容是对客观事物及其规律的正确反映，真理中包含着不依赖于人和人的意识的客观内容。

35.【填空题】_____是真理的本质属性，但是真理的形式又是_____，真理主要通过概念、判断、推理等主观形式表达出来。

36.【填空题】真理是客观的，凡真理都是_____，这是真理问题上的唯物论。

37.【填空题】真理的_____决定了真理的一元性。真理的一元性是指在同一条件下对于特定的认识客体的真理性认识只有一个，而不可能有多个。

38.【填空题】真理是一元的是针对真理的_____而言的，单从真理的主观形式看，真理的表现又是多样的。

39.【填空题】真理是一个_____。

40.【多选题】下列关于真理表述正确的有（   ）。

A. 真理的绝对性是指真理主客观统一的确定性和发展的无限性

B. 真理的相对性是指人们在一定条件下对客观事物及其本质和发展规律的正确认识总是有限度的、不完善的

C. 真理的绝对性和相对性的辩证统一

D. 真理的绝对性和相对性是两个真理

41.【填空题】真理的绝对性与相对性根源于人类认识世界能力的_____、_____的矛盾。

42.【填空题】马克思主义作为客观真理，是_____的统一。

43.【填空题】谬误，是同客观事物及其发展规律相违背的认识，是对客观事物及其发展规律的反映_____反映。

44.【多选题】真理和谬误是人类认识中的一对永恒矛盾，它们之间既对立又统一。具体表现在（   ）。

A. 真理与谬误相互对立

B. 真理与谬误在一定条件下能够相互转化

C. 真理总是同谬误相比较而存在、相斗争而发展

D. 真理与谬误没有明显的界限

45.【填空题】_____是检验真理的唯一标准。

46.【填空题】实践是检验真理的唯一标准，但实践对真理的检验不可能一次完成，实践检验真理是一个_____的发展过程。

47.【多选题】价值的基本特性包括（   ）。

A. 主体性   B. 客观性

C. 多维性   D. 社会历史性

48.【多选题】作为一种关于价值现象的认识活动，价值评价主要有以下特点，包括（   ）。

A. 评价以主客体的价值关系为认识对象

B. 评价结果与评价主体直接相关

C. 评价结果的正确与否依赖于对客体状况和主体需要的认识

D. 价值评价有科学与非科学之别

49.【多选题】价值评价（   ）。

A. 要以真理为根据

B. 要有利于人类主体的生存和发展

C. 与社会历史发展的客观规律相一致

D. 以最广大人民的需要和利益为根本

50.【多选题】下列对于核心价值观表述正确的有（　　　　）。

A. 是一个民族与国家，最持久、最深层的力量

B. 承载着一个民族、一个国家的精神追求

C. 体现着一个社会评判是非曲直的价值标准

D. 是一个国家的重要稳定器，构建具有强大感召力的核心价值观，关系社会和谐稳定，关系国家长治久安

51.【填空题】我国社会主义核心价值观的基本内容包括：_____、民主、文明、_____，_____、平等、公正、法治，_____、敬业、诚信、友善。

52.【填空题】任何实践活动都是在这两种尺度共同制约下进行的，任何成功的实践都是_____的统一，是_____的统一。

53.【多选题】关于真理尺度与价值尺度表述正确的有（　　　　）。

A. 任何实践活动都是在这两种尺度共同制约下进行的，任何成功的实践都是真理尺度和价值尺度的统一，是合规律性和合目的性的统一

B. 真理与价值或真理尺度与价值尺度是紧密联系、不可分割的辩证统一关系

C. 基于实践的具体性和历史性，真理尺度与价值尺度的统一也是具体的、历史的

D. 习近平新时代中国特色社会主义思想的伟大实践，充分体现了真理尺度与价值尺度的辩证统一

54.【填空题】_____和_____是人类创造历史的两种基本活动。

55.【填空题】认识世界和改造世界是一个充满_____的过程。

56.【填空题】认识世界的目的是改造世界，而改造世界又包括改造_____和改造_____。

57.【多选题】下列对自由表述正确的是（　　　　）。

A. 表示人的活动状态的范畴

B. 是指人在活动中通过认识和利用必然所表现出的一种自觉自主的状态

C. 对必然的认识和对客观世界的改造

D. 人不能摆脱必然性的制约，只有在认识必然性的基础上才有自由地活动

58.【多选题】下列对自由表述正确的是（   ）。

A. 任性不是自由　　　　　　B. 无知不能获得自由

C. 自由是有条件的　　　　　　D. 自由是无条件的

59.【填空题】认识必然和争取自由，是人类认识世界和改造世界的_____，是一个历史性的过程。

60.【填空题】_____是马克思主义认识论的根本要求。

61.【填空题】从实际出发，关键是要注重_____，从_____出发。

62.【填空题】马克思主义是以_____，而不是以可能性为依据的。

63.【填空题】_____是中国共产党思想路线的核心。

64.【多选题】对实事求是表述正确的有（   ）。

A.“实事”就是客观存在着的一切事物

B.“是”就是客观事物的内部联系，即规律性

C.“求”就是我们去研究

D. 从客观存在着的“实事”中找到事物运动发展的规律，把事物的客观之“理”转化为人的认识之“理”，即真理

65.【填空题】坚持实事求是，不仅要坚持一切从实际出发，还必须坚持_____。

66.【多选题】下列对实事求是表述正确的有（   ）。

A. 是中国共产党人的根本思想方法

B. 是中国共产党人的工作方法

C. 是中国共产党人的领导方法

D. 是党领导人民推动中国革命、建设、改革事业不断取得胜利的重要法宝

67.【填空题】人类认识世界和改造世界的过程，是一个包含着_____的发展过程。

68.【多选题】下列对于创新表述正确的是（   ）。

A. 创新就是破除与客观事物进程不相符合的旧观念、旧理论、旧模式、旧做法，在继承历史发展成果的基础上，发现和运用事物的新联系、新属性、新规律，

更有效地进行认识世界和改造世界的活动

B. 是社会发展的不竭动力，人类发展进步的历史就是不断创新的历史

C. 包含着知识创新、制度创新、科技创新、文化创新等各方面创新

D. 归结起来讲，主要是理论创新和实践创新两个基本方面，它们集中体现了人类在认识世界和改造世界中的创新活动

69.【多选题】实现理论创新和实践创新的良性互动表述正确的有（　　　　）。

A. 实践创新为理论创新提供不竭的动力源泉

B. 理论创新为实践创新提供科学的行动指南

C. 努力实现理论创新与实践创新的良性互动

D. 理论创新与实践创新的良性互动是自然而然实现的，而是需要人的努力才能实现。

参考答案

1.实践性　2.AB　3.实践　4.A　5.B　6.ABC　7.D　8.ABC　9.ABC　10.AB

11.ABC　12.ABC　13.ABCD　14.社会性　15.A　16.实践　17.ABC　18.表象

19.初级阶段　20.理性认识

21.理性认识　22.ABC　23.A　24.ABCD　25.非理性因素　26.认识主体

27.A　28.A　29.实践　30.实践　认识

31.反复循环　无限发展　32.主观　客观　符合　正确　33.首要问题　34.客观性

35.客观性　主观的　36.客观真理　37.客观性　38.客观内容　39.过程　40.ABC

41.无限性与有限性　绝对性与相对性

42.绝对性和相对性　43.歪曲　44.ABC　45.实践　46.永无止境　47.ABCD

48.ABCD　49.ABCD　50.ABCD

51.富强　和谐　自由　爱国　52.真理尺度和价值尺度　合规律性和合目的性

53.ABCD　54.认识世界　改造世界　55.矛盾　56.客观世界　主观世界

57.ABCD　58.ABC　59.根本目标　60.一切从实际出发

61.事实　事实　62.一切从实际出发　63.实事求是　64.ABCD　65.解放思想　66.ABCD　67.创新　68.ABCD　69.ABCD

第三章　知识点自测

（为使读者能够便捷地完成自学，本自测试题依照教材顺序展开。）

1.【单选题】社会历史观的基本问题是（　　　）。

A. 社会存在与社会意识问题　　B. 社会存在与社会意识的关系问题

C. 社会意识　　　　　　　　　D. 社会存在

2.【多选题】两种根本对立的历史观是（　　　）。

A. 唯物史观　　　　　　　　　B. 唯心史观

C. 可知论　　　　　　　　　　D. 不可知论

3.【填空题】在马克思主义产生之前，_____一直占据统治地位。

4.【填空题】马克思指出：物质生活的_____制约着整个社会生活、政治生活和精神生活的过程。不是人们的意识决定人们的存在，相反，是人们的社会存在决定人们的意识。

5.【多选题】社会存在是指社会物质生活条件，是社会生活的物质方面，主要包括（　　　）。

A. 自然地理环境　　　　　　　B. 人口因素

C. 物质生产方式　　　　　　　D. 生产力

6.【填空题】_____是指与人类社会所处的地理位置相联系的自然条件的总和，是人类社会生存和发展永恒的、必要的条件，是人们生活和生产的_____。

7.【填空题】社会意识是社会存在的反映，是社会生活的_____方面。

8.【多选题】根据不同的主体，社会意识可分为（　　　）。

A. 个体意识　　　　　　　　　B. 群体意识

C. 人的意识   D. 人类意识

9.【填空题】社会意识形式是_____的社会意识，社会意识形式有意识形态和_____之分。

10.【多选题】社会存在和社会意识是辩证统一的，具体变现在（   ）。

A. 社会存在决定社会意识

B. 社会意识是社会存在的反映

C. 社会意识决定社会存在

D. 社会存在受制于社会意识

11.【多选题】社会意识是（   ）。

A. 具体的   B. 历史的

C. 实践的   D. 时间的

12.【多选题】文化是社会意识的重要组成部分，文化对社会发展的重要作用主要表现在（   ）。

A. 文化为社会发展提供思想保证

B. 文化为社会发展提供精神动力

C. 文化为社会发展提供智力支持

D. 文化为社会发展提供凝聚力量

13.【多选题】人类社会基本矛盾是（   ）。

A. 生产力与生产关系之间的矛盾

B. 经济基础与上层建筑之间的矛盾

C. 物质和意识之间的矛盾

D. 社会存在与社会意识之间的矛盾

14.【填空题】人类要生存繁衍、追求美好生活、获得自身的解放和发展，首先必须解决衣食住行等_____问题。

15.【填空题】马克思认为，人类第一个历史活动就是生产满足这些需要的_____，生产力是人类社会生活和全部历史的_____。

16.【填空题】生产力是人类在生产实践中形成的改造和影响自然以使其适合社会需要的_____。

17.【填空题】_____是生产力中最活跃的因素，人类智慧和能力的发展决定着对物质资源开发的深度和广度。

18.【填空题】_____是生产力中的重要因素。

19.【填空题】经济基础是指由社会一定发展阶段的_____所决定的_____的总和。

20.【填空题】马克思主义依据国家的性质和政权的组织形式，相应地将国家分为_____和_____两个方面。

21.【填空题】生产力是人类在生产实践中形成的改造和影响自然以使其适合社会需要的_____。

22.【多选题】生产力是结构复杂的系统，其基本要素包括（　　　　）。

A. 劳动资料 　　　　　　　B. 劳动对象

C. 劳动者 　　　　　　　　D. 劳动工具

23.【多选题】依据生产资料所有制的性质，生产关系区分为两种基本类型（　　　　）。

A. 生产资料公有制 　　　　B. 生产资料私有制

C. 生活资料公有制 　　　　D. 生活资料私有制

24.【填空题】经济基础是指由社会一定发展阶段的生产力所决定的_____的总和。

25.【填空题】经济基础和上层建筑之间的内在联系构成了上层建筑一定要_____经济基础状况的规律。

26.【填空题】_____是唯物史观的重要范畴，指在一定历史条件下的现实的个人、群体、阶级、民族、国家之间在物质和精神上相互往来、相互作用、彼此联系的活动。

27.【多选题】交往是人类实践活动的重要组成部分，对社会生活有着重要的影响，具体表现在（　　　　）。

A. 促进生产力的发展 　　　B. 促进社会关系的进步

C. 促进文化的发展与传播 　D. 促进人的全面发展

28.【填空题】_____的发展变革是世界历史形成和发展的基础。

29.【填空题】世界历史的形成与发展为_____的实现提供了条件和路径。

30.【多选题】社会形态包括（　　　　）。

A. 经济形态　　　　　　　　B. 政治形态

C. 意识形态　　　　　　　　D. 文化形态

31.【多选题】依据经济基础特别是生产关系的不同性质，社会历史可划分为（　　　　）。

A. 原始社会　　　　　　　　B. 奴隶社会

C. 封建社会　　　　　　　　D. 资本主义社会

E. 共产主义社会

32.【填空题】社会主义社会是共产主义社会的_____，又称共产主义社会的初级阶段或低级阶段。

33.【单选题】生产力和生产关系、经济基础和上层建筑的矛盾是（　　　　）。

A. 社会基本矛盾　　　　　　B. 社会主要矛盾

C. 社会现实矛盾　　　　　　D. 社会表现矛盾

34.【填空题】社会基本矛盾是历史发展的_____。

35.【填空题】_____是社会进步的根本内容，是衡量社会进步的根本尺度。

36.【填空题】_____具有不同的表现形式和解决方式，并从根本上影响和促进社会形态的变化和发展。

37.【填空题】社会基本矛盾，即生产力和生产关系、经济基础和上层建筑的矛盾，贯穿并制约着社会发展的全过程，规定社会发展过程的_____。

38.【填空题】在社会发展过程的矛盾系统中，各种矛盾的地位和作用是_____的。

39.【填空题】社会主要矛盾不是一成不变的，它在一定条件下会发生_____。

40.【填空题】正确认识和把握_____，对于无产阶级政党正确判断形势和确立工作重心具有重要意义。

41.【填空题】阶级斗争是社会基本矛盾在阶级社会中的表现，是阶级社会发展的_____。

42.【填空题】离开了_____，就无法理解阶级社会的发展。

43.【填空题】_____ 是阶级斗争发展到一定阶段的产物，是推动社会发展的重要动力。

44.【多选题】阶级是（　　　　）。

A. 经济范畴　　　　　　　　B. 历史范畴

C. 政治范畴　　　　　　　　D. 时间范畴

45.【填空题】阶级斗争是阶级利益根本冲突的对抗阶级之间的对立和斗争。阶级斗争根源于阶级之间物质利益的根本对立，根源于_____ 的冲突。

46.【填空题】在阶级社会中，生产力和生产关系、经济基础和上层建筑的矛盾必然会通过_____ 表现出来。

47.【填空题】阶级斗争及其作用受一定_____ 的制约。

48.【填空题】马克思主义的阶级分析方法是认识阶级社会的_____。

49.【填空题】_____ 对社会发展起巨大作用。"革命是历史的火车头"。

50.【填空题】中国的社会主义改革是一场广泛深刻的伟大变革，从性质上看，它是社会主义制度的_____ 和_____。

51.【填空题】_____ 作为先进生产力的重要标志，是推动社会文明进步的重要力量。

52.【填空题】科技革命集中体现了科学技术在历史发展中的_____。

53.【多选题】每一次科技革命，都不同程度地引起了（　　　　）的深刻变化和社会的巨大进步。

A. 生产方式　　　　　　　　B. 生活方式

C. 思维方式　　　　　　　　D. 出行方式

54.【多选题】下列对科学技术表述正确的是（　　　　）。

A. 正确认识和运用科学技术，首要的就是有合理的社会制度保障科学技术的正确运用

B. 始终坚持使科学技术为人类社会的健康发展服务

C. 让科学技术为人类造福

D. 让科学技术为统治阶级服务

55.【填空题】唯物史观与唯心史观的对立，在历史创造者问题上表现

为_____与英雄史观的对立。

56.【填空题】马克思主义哲学产生以前，占统治地位的历史观是_____。

57.【多选题】英雄史观的产生有其深刻的（   ）。

A. 认识根源   B. 思想根源

C. 社会历史根源   D. 阶级根源

58.【填空题】与英雄史观相反，群众史观认为历史的创造者不是个别英雄，而是_____。

59.【多选题】人民群众是（   ）。

A. 科学技术的创造者   B. 社会变革的创造者

C. 历史的创造者   D. 社会历史的主体

60.【填空题】从量上看，人民群众是指一切对社会历史发展起_____的人。

61.【单选题】人民群众是一个（   ）。

A. 抽象范畴   B. 空间范畴

C. 时间范畴   D. 历史范畴

62.【填空题】在社会历史发展过程中，人民群众起着决定性的作用。人民群众是社会历史实践的主体，在创造历史中起_____的作用。

63.【单选题】（   ）对于人民群众创造历史的活动有着首要的、决定性的影响。

A. 地理条件   B. 政治条件

C. 经济条件   D. 历史条件

64.【填空题】坚持以_____的思想，鲜明地体现了马克思主义政党的政治立场和执政理念，体现了共产党人的价值取向和工作导向。

65.【填空题】唯物史观关于人民群众是历史创造者的原理，要求我们坚持马克思主义群众观点，贯彻党的_____。

66.【填空题】一切为了群众，一切依靠群众。无产阶级政党是最广大人民群众利益的最忠实代表，其宗旨就是_____，为人民谋取最大利益，实现人的全面发展。

67.【填空题】唯物史观从_____这一基本前提出发，既明确了人民群众是历史的创造者，也不否认个人在历史上的作用。

68.【单选题】(　　) 是历史人物中对推动历史发展作出重要贡献或起重要作用的人。

A. 历史人物　　　　　　B. 杰出人物

C. 普通个人　　　　　　D. 新闻人物

参考答案

1. B　2. AB　3. 唯心史观　4. 生产方式　5. ABC　6. 自然地理环境、自然基础　7. 精神　8. AB　9. 高层次、非意识形态　10. AB　11. AB　12. ABCD　13. AB　14. 物质生活资料　15. 物质资料　物质基础　16. 物质力量　17. 劳动者　18. 科学技术　19. 生产力　生产关系　20. 国体　政体　21. 物质力量　22. ABC　23. AB　24. 生产关系　25. 适合　26. 交往　27. ABCD　28. 生产方式　29. 共产主义　30. ABC　31. ABCDE　32. 第一阶段　33. A　34. 根本动力　35. 生产力　36. 社会基本矛盾　37. 基本性质　38. 不平衡　39. 转化　40. 社会主要矛盾　41. 直接动力　42. 阶级斗争　43. 社会革命　44. AB　45. 社会经济关系　46. 阶级斗争　47. 社会历史条件　48. 科学方法　49. 革命　50. 自我完善　自我发展　51. 科学技术　52. 杠杆作用　53. ABC　54. ABC　55. 群众史观　56. 英雄史观　57. ACD　58. 人民群众　59. CD　60. 推动作用　61. D　62. 决定性　63. C　64. 人民为中心　65. 群众路线　66. 全心全意为人民服务　67. 人民群众创造历史　68. B

第四章　知识点自测

（为使读者能够便捷地完成自学，本自测试题依照教材顺序展开。）

1.【单选题】商品经济的发展经历了（　　　）。

A. 初级商品经济　　　　　　B. 发达商品经济

C. 简单商品经济　　　　　　D. 高级商品经济

2.【单选题】商品经济是以（　　　）为目的而进行生产的经济形式，是一定社会历史条件的产物。

A. 生产　　　　　　　　　　B. 交换

C. 消费　　　　　　　　　　D. 分配

3.【多选题】商品经济得以产生的两个社会历史条件分别是（　　　　）。

A. 存在社会分工

B. 社会存在剥削

C. 社会存在劳动力商品

D. 生产资料和劳动产品属于不同的所有者

4.【填空题】所谓社会分工，是指_____划分和独立化为不同部门和行业。

5.【单选题】商品经济是社会经济发展到一定阶段的产物，商品经济出现于（　　　）。

A. 奴隶制社会早期　　　　　B. 封建制社会早期

C. 原始社会末期　　　　　　D. 原始社会早期

6.【多选题】商品是用来交换、能满足人的某种需要的劳动产品，具有（　　　）。

A. 价值   B. 价格

C. 使用价值   D. 自身价值

7.【填空题】商品使用价值和价值的_____。

8.【单选题】马克思指出："不论财富的社会的形式如何，（　　　）总是构成财富的物质的内容。"

A. 使用价值   B. 交换价值

C. 价值   D. 价格

9.【填空题】商品的使用价值和价值之间是_____的关系。

10.【多选题】商品是劳动产品，生产商品的劳动具有二重性，即（　　　　）。

A. 具体劳动   B. 商品劳动

C. 抽象劳动   D. 交换劳动

11.【单选题】生产商品的具体劳动创造商品的（　　　）。

A. 价值   B. 使用价值

C. 价格   D. 价钱

12.【填空题】商品的价值包括_____与量的规定两个方面。

13.【填空题】社会必要劳动时间是在现有的社会正常的生产条件下，在社会平均的_____和劳动强度下制造某种_____所需要的劳动时间。

14.【填空题】生产商品所需要的_____会随着劳动生产率的变化而变化。

15.【多选题】货币具有的主要职能有（　　　　）。

A. 价值尺度   B. 流通手段

C. 贮藏手段   D. 支付手段

16.【多选题】货币最基本的职能是（　　　　）。

A. 价值尺度   B. 流通手段

C. 世界货币   D. 支付手段

17.【单选题】（　　）是商品生产和商品交换的基本规律。

A. 交换规律   B. 价值规律

C. 剩余价值规律   D. 生产规律

18.【填空题】商品的价值是由生产商品的_____决定，商品交换以价值量为基础按照_____的原则进行。

19.【多选题】价值规律在市场配置资源过程中的作用表现在（　　　　）。

A. 自发地调节生产资料和劳动力在社会各生产部门之间的分配比例

B. 自发地刺激社会生产力的发展

C. 自发地调节社会收入的分配

D. 自发调整劳动力价值

20.【多选题】价值规律在对经济活动进行自发调节时，也会造成一些消极的后果包括（　　　　）。

A. 导致社会资源浪费　　　　　B. 阻碍技术进步

C. 导致收入两极分化　　　　　D. 导致劳动力相对过剩

21.【填空题】_____是人类历史上第一个阶级剥削社会。

22.【填空题】资本主义社会的经济结构不是从封建社会的经济结构中产生的。后者的解体使前者_____得到解放。

23.【多选题】资本主义产生的途径有（　　　　）。

A. 从贵族阶级转化而来　　　　B. 从高利贷者转换而来

C. 从小商品经济分化出来　　　D. 从商人和高利贷者转化而来

24.【填空题】所谓资本原始积累，就是以暴力手段使_____相分离，资本迅速集中于少数人手中，资本主义得以迅速发展的_____。

25.【多选题】资本原始积累的主要途径有（　　　　）。

A. 用暴力手段剥夺农民的土地

B. 用暴力手段掠夺货币财富

C. 利用国家政权的力量进行残酷的殖民掠夺

D. 用暴力的手段发动战争

26.【填空题】资本首先表现为一定量的货币，但货币本身并不就是_____。

27.【填空题】劳动力是指人的_____，是人的脑力和体力的总和。

28.【多选题】劳动力成为商品，要具备两个基本条件分别是（　　　　）。

A. 劳动者在法律上是自由人，能够把自己的劳动力当作自己的商品来支配

B. 劳动者没有任何生产资料

C. 劳动者没有任何生活资料，没有生活资料

D. 劳动者在法律上不是自由人，能够把自己的劳动力当作自己的商品来支配

29.【填空题】资本主义生产的直接目的和决定性动机，就是无休止地获取尽可能多的_____。这种不以人的意志为转移的客观必然性就是_____。

30.【多选题】资本主义生产过程具有二重性包括（　　　　）。

A. 生产物质资料的劳动过程　　　B. 生产剩余价值的过程

C. 生产货币财富的过程　　　D. 生产物质产品的过程

31.【单选题】资本是能够带来（　　）的价值。

A. 价值　　　　　　　　　B. 货币

C. 剩余价值　　　　　　　D. 利润

32.【填空题】资本在资本主义生产过程中采取生产资料和劳动力两种形态，根据这两部分资本在剩余价值生产中所起的不同作用，可以将资本划分为_____与_____。

33.【填空题】资本家提高对工人剥削程度的方法是多种多样的，最基本的方法有两种，即_____和_____。

34.【填空题】把剩余价值转化为资本，或者说，剩余价值的资本化，就是_____。

35.【填空题】资本积累的历史趋势是资本主义制度的_____和社会主义制度的_____。

36.【填空题】_____和_____之间的矛盾，是资本主义的基本矛盾。

37.【填空题】资本主义发展到一定阶段，就会发生以_____为基本特征的经济危机。

38.【填空题】资本主义经济危机具有_____，这是由资本主义经济危机自身发展的阶段性决定的。

39.【填空题】资本主义政治制度是在_____之上建立的，它反映了资本主义社会的经济关系，反映了政治上占统治地位的_____的要求。

40.【填空题】资本主义意识形态是在资本主义国家中占统治地位、反映了作为_____的_____的各种思想理论和观念的总和。

参考答案

1. BC 2. B 3. AD 4. 社会劳动 5. C 6. AC 7. 矛盾统一体 8. A 9. 对立统一 10. AC 11. B 12. 质的规定 13. 劳动熟练程度 使用价值 14. 社会必要劳动时间 15. ABCD 16. AB 17. B 18. 社会必要劳动时间 等价交换 19. ABC 20. ABC 21. 奴隶社会 22. 要素 23. CD 24. 生产者与生产资料 历史过程 25. ABC 26. 资本 27. 劳动能力 28. AB 29. 剩余价值 剩余价值规律 30. AB 31. C 32. 不变资本 可变资本 33. 绝对剩余价值的生产 相对剩余价值的生产 34. 资本积累 35. 必然灭亡 必然胜利 36. 生产社会化 生产资料资本主义私人占有 37. 生产过剩 38. 周期性 39. 资本主义经济基础 资产阶级 40. 统治阶级 资产阶级利益和要求

第五章　知识点自测

（为使读者能够便捷地完成自学，本自测试题依照教材顺序展开。）

1.【填空题】资本主义的发展经历了两个阶段：_____和_____。

2.【多选题】垄断代替自由竞争并占据统治地位，垄断资本主义得以形成，是在（　　　）。

A. 19 世纪末 20 世纪初　　　B. 19 世纪 70 年代以前

C. 从 19 世纪 70 年代开始　　D. 20 世纪 20 年代开始

3.【填空题】私人垄断资本主义是在_____和_____的基础上形成的。

4.【填空题】自由竞争引起生产集中和资本集中，生产集中和资本集中发展到一定阶段必然引起_____，这是资本主义发展的客观规律。

5.【多选题】所谓垄断，是指少数资本主义大企业为了获得高额利润，通过相互协议或联合，对一个或几个部门商品的（　　　）进行操纵和控制。

A. 生产　　　　　　　　　B. 消费

C. 价格　　　　　　　　　D. 销售

6.【多选题】垄断的产生有以下原因，主要包括（　　　）。

A. 当生产集中发展到相当高的程度，极少数企业就会联合起来，操纵和控制本部门的生产和销售，实行垄断，以获得高额利润

B. 企业规模巨大，形成对竞争的限制，也会产生垄断

C. 激烈的竞争给竞争各方带来的损失越来越严重，为了避免两败俱伤，企业之间会达成妥协，联合起来，实行垄断

D. 只有通过垄断才能消灭竞争

7.【多选题】垄断条件下竞争的原因包括（　　　　）。

A. 没有垄断就没有竞争

B. 社会生产是复杂多样的，任何垄断组织都不可能把包罗万象的社会生产全部包下来

C. 垄断必须通过竞争来维持

D. 垄断没有消除产生竞争的经济条件

8.【填空题】金融资本是由_____和_____融合在一起而形成的一种垄断资本。

9.【填空题】在金融资本形成的基础上，产生了_____。金融寡头是指操纵国民经济命脉，并在实际上控制国家政权的少数垄断资本家或垄断资本家集团。

10.【多选题】垄断利润的来源大体包括（　　　　）。

A. 通过对本国无产阶级和其他劳动人民剥削的加强获得更多利润

B. 由于垄断资本可以通过垄断高价和垄断低价来控制市场，使得它能获得一些其他企业特别是非垄断企业的利润

C. 通过加强对其他国家劳动人民的剥削和掠夺从国外获取利润

D. 通过资本主义国家政权进行有利于垄断资本的再分配，从而将劳动人民创造的国民收入的一部分变成垄断资本的收入

11.【单选题】垄断利润主要是通过垄断组织制定的垄断（　　　）来实现的。

A. 成本　　　　　　　　B. 价值

C. 价格　　　　　　　　D. 绩效

12.【多选题】垄断价格包括（　　　　）。

A. 垄断高价　　　　　　B. 垄断低价

C. 垄断差价　　　　　　D. 垄断底价

13.【填空题】国家垄断资本主义是_____和_____融合在一起的垄断资本主义。

14.【单选题】国家垄断资本主义的产生，是垄断资本主义生产关系在自身范围内的（　　　）。

A. 突变　　　　　　　　B. 度的变化

C. 量变　　　　　　　　　　　　D. 质变

15.【填空题】国家垄断资本主义的产生，标志着_____进入了新的阶段。

16.【多选题】国家垄断资本主义的主要形式有（　　　　　）。

A. 国家所有并直接经营企业

B. 国家与私人共有、合营企业

C. 国家通过多种形式参与私人垄断资本的再生产过程

D. 宏观调节

E. 微观规制

17.【填空题】国家垄断资本主义的出现并没有根本改变_____的性质。

18.【填空题】垄断资本向世界范围的扩展，反映了资本主义发展的必然_____，也反映了资本主义发展的_____。

19.【填空题】垄断资本在国内建立了垄断统治后，必然要把其统治势力扩展到国外，建立_____。

20.【多选题】垄断资本向世界范围扩展的主要经济动因是（　　　　　）。

A. 将国内过剩的资本输出，以便在国外谋求高额利润

B. 将部分非要害的技术转移到国外，以取得在别国的垄断优势，攫取高额垄断利润

C. 争夺商品销售市场

D. 确保原材料和能源的可靠来源

21.【多选题】垄断资本向世界范围扩展的基本形式有（　　　　　）。

A. 借贷资本输出　　　　　　　　B. 生产资本输出

C. 商品资本输出　　　　　　　　D. 劳动资本输出

22.【填空题】从输出资本的主体看，主要有两种：一种是_____，另一种是_____。

23.【填空题】帝国主义的实质，即垄断资本凭借垄断地位，获取_____。

24.【填空题】_____是指在生产不断发展、科技加速进步、社会分工和国际分工不断深化、生产的社会化和国际化程度不断提高的情况下，世界各国、各地区的经济活动越来越超出某一国家和地区的范围而相互联系、相互依赖的_____。

25.【多选题】经济全球化的动因包括（　　　　）。

A. 科学技术的进步和生产力的发展为经济全球化提供了坚实的物质基础和根本的推动力

B. 跨国公司的发展为经济全球化提供了适宜的企业组织形式

C. 各国经济体制的变革和国际经济组织的发展是经济全球化的体制与组织保障

D. 帮助落后国家发展本国经济

26.【多选题】经济全球化对发展中国家的积极作用主要表现在（　　　　）。

A. 经济全球化为发展中国家提供先进技术和管理经验

B. 经济全球化为发展中国家提供更多的就业机会

C. 经济全球化推动发展中国家国际贸易发展

D. 经济全球化落后国家获得发展的希望

27.【填空题】经济全球化也是一把"＿＿＿＿＿"，它在促进经济发展的同时也带来了一些负面影响。

28.【填空题】＿＿＿＿ 不是一部分国家的独角戏，而是世界各国、各民族共同实现发展的大舞台。

29.【填空题】要以共同构建＿＿＿＿的理念引领＿＿＿＿，"以文明交流超越文明隔阂、文明互鉴超越文明冲突、文明共存超越文明优越"，"推动经济全球化朝着更加开放、包容、普惠、平衡、共赢的方向发展"。

30.【多选题】第二次世界大战后资本主义的变化主要表现在（　　　　）。

A. 生产资料所有制的变化

B. 垄断资本形式的变化

C. 社会阶层和阶级结构的变化

D. 经济调节机制和经济危机形态的变化

E. 劳资关系和分配关系的变化

31.【多选题】虽然第二次世界大战后资本主义发生了一些变化，但是（　　　　）。

A. 这些变化并没有改变资本主义制度的本质

B. 并没有克服资本主义的基本矛盾

C. 也没有改变马克思主义关于资本主义的基本论断的科学性

D. 根源于资本主义基本矛盾的经济危机依然是资本主义不可克服的痛疾

32.【多选题】与封建社会相比，资本主义显示了巨大的历史进步性，表现在（　　　）。

A. 资本主义将科学技术转变为强大的生产力

B. 资本追求剩余价值的内在动力和竞争的外在压力推动了社会生产力的迅速发展

C. 资本主义的意识形态和政治制度作为上层建筑，战胜了封建社会自给自足的小生产的生产方式，推动了社会生产力的迅速发展，促进了社会进步

D. 资本主义社会消除了剥削

33.【多选题】资本主义的历史进步性并不能掩盖其自身的局限性，其表现在（　　　）。

A. 资本主义基本矛盾阻碍社会生产力的发展

B. 资本主义制度下财富占有两极分化，引发经济危机

C. 资产阶级支配和控制资本主义经济和政治的发展和运行，不断激化社会矛盾和冲突

D. 资本主义社会优越性日益凸显出来

34.【填空题】从人类社会发展的长河看，资本主义终究要被社会主义所取代，这是历史发展的_____。资本主义的内在矛盾决定了资本主义_____被社会主义所代替。

35.【填空题】资本主义经济危机的爆发正是_____发展的结果。

36.【填空题】国家垄断资本主义是资本社会化的更高形式，将成为_____的前奏。

参考答案

1. 自由竞争资本主义　垄断资本主义　2. A　3. 生产集中　资本集中　4. 垄断
5. ACD　6. ABC　7. BCD　8. 工业垄断资本　银行垄断资本　9. 金融寡头　10. ABCD
11. C　12. AB　13. 国家政权　私人垄断资本　14. D　15. 资本主义发展　16. ABCDE
17. 垄断资本主义　18. 逻辑　本质　19. 国际垄断统治　20. ABCD　21. ABC
22. 私人资本输出　国家资本输出　23. 高额垄断利润　24. 经济全球化　过程

25. ABC 26. ABC 27. 双刃剑 28. 经济全球化 29. 人类命运共同体 经济全球化 30. ABCDE 31. ABCD 32. ABC 33. ABC 34. 基本趋势 必然 35. 资本主义基本矛盾 36. 社会主义

第六章　知识点自测

（为使读者能够便捷地完成自学，本自测试题依照教材顺序展开。）

1.【填空题】社会主义代替资本主义是_____的必然趋势。

2.【单选题】从 16 世纪初期兴起的社会主义思潮算起，社会主义到现在已经有（　　）的历史。

A. 200

B. 500

C. 300

D. 800

3.【多选题】空想社会主义的发展经历了三个阶段，分别是（　　　）。

A. 16—17 世纪的早期空想社会主义

B. 18 世纪的空想平均共产主义

C. 19 世纪初期批判的空想社会主义

D. 19 世纪科学社会主义

4.【填空题】空想社会主义的开山之作是 1516 年英国人托马斯·莫尔所著_____一书。

5.【单选题】19 世纪初期空想社会主义三大家有（　　）。

A. 欧文

B. 莫尔

C. 圣西门

D. 傅立叶

6.【填空题】1871 年爆发的巴黎公社革命，是第一国际精神的产儿，是_____夺取政权的第一次伟大尝试。

7.【单选题】巴黎公社仅存在了（　　）天，就在国内外敌对势力的联合镇压下失败了。

A. 74 天　　　　　　　　　　　B. 72 天

C. 76 天　　　　　　　　　　　D. 73 天

8.【单选题】19 世纪末 20 世纪初，资本主义进入（　　　）阶段，各国经济政治形势出现了巨大变化。

A. 霸权主义　　　　　　　　　B. 法西斯主义

C. 殖民主义　　　　　　　　　D. 帝国主义

9.【单选题】20 世纪初，（　　　）成为帝国主义链条上的薄弱环节。

A. 德国　　　　　　　　　　　B. 俄国

C. 美国　　　　　　　　　　　D. 英国

10.【填空题】十月革命实现了社会主义从理想到现实的伟大飞跃，开辟了人类历史的新纪元。它从根本上推翻了人剥削人、人压迫人的制度，建立起世界上第一个人民当家作主的_____。

11.【填空题】在世界社会主义取得重大发展的时期，社会主义国家的人口曾占世界人口的_____，领土面积占世界陆地面积的_____。

12.【填空题】十月革命一声炮响，给中国送来了马克思列宁主义。在中国人民和中华民族的伟大觉醒中，在马克思列宁主义同中国工人运动的紧密结合中，1921年 7 月，_____应运而生，并成为中国社会主义运动的领导力量。

13.【填空题】中国产生了共产党，这是_____的大事件，深刻改变了近代以后中华民族发展的方向和进程，深刻改变了中国人民和中华民族的前途和命运，深刻改变了世界发展的趋势和格局。

14.【填空题】"资本主义必然灭亡，社会主义必然胜利"是_____的核心命题。

15.【填空题】社会主义的发展道路不是单一性的，而是_____的。

16.【填空题】探索社会主义发展道路，必须充分吸收人类一切_____。

17.【填空题】实践证明，不同国家试图用同样的"一条道路""一种模式"发展社会主义是行不通的，发展社会主义不能照搬苏联社会主义的模式，照搬别国模式从来不能成功，这是一个被历史反复证明了的颠扑不破的_____。

18.【多选题】为什么说，在实践中开拓前进是社会主义事业发展的必然要求？

(   )

  A. 社会主义是亿万人民群众的伟大实践

  B. 社会主义实践是一个不断探索的过程

  C. 实践探索中出现某种曲折并不改变社会主义的前进趋势

  D. 推进社会主义实践发展必须有开拓奋进的精神状态

参考答案

1. 人类历史发展   2. B   3. ABC   4.《乌托邦》   5. ACD   6. 无产阶级   7. B 8. D   9. B   10. 社会主义国家   11. 1/3、1/4   12. 中国共产党   13. 开天辟地   14. 科学社会主义   15. 多样性   16. 文明成果   17. 真理   18. ABCD

第七章 知识点自测

（为使读者能够便捷地完成自学，本自测试题依照教材顺序展开。）

1.【填空题】社会主义在实践中开拓前进必须遵循_____。

2.【填空题】社会主义经过长期的发展，在高度发达的基础上，最终将走向_____。

3.【填空题】实现_____是人类历史发展的必然趋势，是马克思主义最崇高的社会理想。

4.【多选题】"共产主义"一词主要含义有（　　　　）。

A. 指共产主义思想体系　　　　B. 指共产主义社会

C. 指共产主义运动　　　　　　D. 指空想社会主义

5.【填空题】_____，将是物质财富极大丰富，人民精神境界极大提高，每个人自由而全面发展的社会。

6.【填空题】_____的高度发展是共产主义社会本身的一个重要特征。

7.【多选题】人类社会从低级到高级的发展经历了（　　　　）。

A. 奴隶社会　　　　　　　　　B. 原始社会

C. 封建社会　　　　　　　　　D. 资本主义

8.【填空题】社会主义社会取代资本主义社会，社会主义社会经过长期发展进入共产主义社会，这是一个_____的历史进程。

9.【填空题】共产主义理想一定会实现，是以_____以及资本主义社会的基本矛盾发展为依据的。

10.【填空题】社会主义是共产主义的_____，也是实现共产主义的必由之路。

11.【填空题】_____ 是指引人们奋斗方向的航标，也是推动人们前进的强大精神动力。

12.【填空题】习近平总书记指出："实现_____是我们共产党人的最高理想，而这个最高理想是需要一代又一代人接力奋斗的。"

参考答案

1. 社会主义建设规律　2. 共产主义　3. 共产主义　4. ABC　5. 共产主义社会
6. 生产力　7. ABCD　8. 客观必然　9. 人类社会发展规律　10. 初级阶段　11. 理想
12. 共产主义

项目式学习任务单：01 我眼中的马克思

【驱动性问题】	你知道马克思吗？你了解马克思吗？
【项目概述】	我们将通过一份关于马克思的 20 个自问自答来走近马克思。请先行自我检测一下你对这 20 个问题的答案，再来看看，马克思的答案吧。当然，也可以看看我们周围同学、亲人是如何回答这 20 个问题的。看看他们眼中的马克思是什么样子的？
【项目时间】	约 45 分钟
【项目形式】	个人 + 小组
【里程碑 1：入项活动（个人）】	认识自己：回答 20 个快问快答
【里程碑 2：头脑风暴（小组）】	现场展示马克思的答案，学生头脑风暴——我眼中的马克思，小组交流分享，并提出 3 个问题。
【里程碑 3：资源拓展（个人）】	请同学们与 5 位自己亲人、朋友进行着 20 个问题的互动。注意选择对象的年龄、性别、职业因素，并如实记录对方的真实结果，并就小组讨论提出的问题征询受访者的看法。
【里程碑 4：总结汇报（小组）】	总结活动过程、发现问题及分析问题原因。 制作完成"我眼中的马克思"项目式学习成果。 （立体书、快闪、短视频、H5 微博推文等）
【项目反思】（个人 / 小组）	请就整个项目的实施效果，包括项目目标的达成情况、个人和团队的成长，以及如何改进未来的项目设计和执行进行复盘。

【项目点评】

这是一份马克思的女儿燕妮和表妹南尼达曾让马克思填写过的"调查表"，这份"调查表"后来成了闻名世界的马克思的"自白"。在这份自白中，马克思以真诚而深刻的笔触，阐述了自己的思想观点、人生信仰和情感态度。这份自白成为研究马克思生平和思想的重要文献，为我们提供了了解马克思内心世界的珍贵窗口。

通过阅读这份马克思的"自白"，我们可以从中感受到马克思的人格魅力和思想深度，他对女儿问题的回答充满了智慧和温情。通过马克思对其女儿20个问题的回答，读者从中了解马克思的思想感情等诸方面，认识马克思的高尚品德，进而提高自己的思想觉悟，指导自己如何处世做人、立身行事，通过学习马克思的思想和品德，读者可以更好地认识自己，明确自己的价值观和人生目标，为自己的生活和人生注入更多的智慧和力量。

【参考资料】

自白

卡尔·马克思

1865 年 4 月 1 日于扎耳特博默尔

1. 您最珍爱的一般人品德 ……………………………………… 纯朴

2. 您最珍爱的男人的品德 ……………………………………… 刚强

3. 您最珍爱的女人的品德 ……………………………………… 柔弱

4. 您的特点 ………………………………………… 目标始终如一

5. 您对幸福的理解 …………………………………………… 斗争

6. 您对不幸的理解 …………………………………………… 屈服

7. 您最能原谅的缺点 ………………………………………… 轻信

8. 您最厌恶的缺点 …………………………………………… 逢迎

9. 您讨厌的人 ……………………………………… 马丁·塔波尔

10. 您喜爱做的事 …………………………………………… 啃书本

11. 您喜爱的诗人 ……………………… 莎士比亚、埃斯库罗斯、歌德

12. 您喜爱的散文家 ………………………………………… 狄德罗

13. 您喜爱的英雄 ……………………………… 斯巴达克·开普勒

14. 您喜爱的女英雄 ………………………………………… 甘泪卿

15. 您喜爱的花 ……………………………………………… 月桂

16. 您喜爱的颜色 …………………………………………… 红色

17. 您喜爱的名字 ……………………………………………… 劳拉、燕妮

18. 您喜爱的菜 ……………………………………………………… 鱼

19. 您喜爱的格言 …………………………（ Nihil humani a me alienum puto. ）

人所固有的我无不具有。

20. 您喜爱的座右铭 ………………………（ De omnibus dubitandum. ）怀疑一切。

（《马克思恩格斯全集》第 31 卷，人民出版社 1972 年版，第 587 页。）

项目式学习任务单：02 我家乡的红色非物质文化遗产

【驱动性问题】	进入新时代，我们如何传承红色非物质文化遗产
【项目概述】	随着社会发展，非物质文化遗产的保护和传承日益重要。由于红色非物质文化遗产产生时间距今较短，产生于革命战争年代且缺少必要的整理和保存，所以红色非物质文化遗产的保护和传承尤为重要。请发现身边的红色非物质文化遗产，并设计一个保护和传承的方案。 有效地保护和传承红色非物质文化遗产，使其成为连接过去与未来、传统与现代的桥梁，是对革命先辈的敬意和对未来的责任。
【项目时间】	约 45 分钟
【项目形式】	个人＋小组
【里程碑 1：入项活动（个人）】	发现身边红色资源和红色元素，辨别哪些属于红色非物质文化遗产
【里程碑 2：头脑风暴（小组）】	学生头脑风暴——我身边的红色非物质文化遗产；小组交流分享，并提出 3 个问题。
【里程碑 3：资源拓展（个人）】	请同学们与 5 位自己亲人、朋友进行关于红色非物质文化遗产的交流互动。注意选择对象的年龄、性别、职业因素，并如实记录对方的真实结果，就小组讨论提出的问题征询受访者的看法。
【里程碑 4：总结汇报（小组）】	总结活动过程、发现问题及问题原因分析。 制作完成我家乡的红色非物质文化遗产项目式学习成果。 （立体书、快闪、短视频、H5 微博推文等）
【项目反思】（个人／小组）	请就整个项目的实施效果，包括项目目标的达成情况、个人和团队的成长，以及如何改进未来的项目设计和执行进行复盘。

【项目点评】

同学们对于非物质文化遗产，都非常熟悉，但对于红色非物质文化遗产这一概念比较陌生。

红色非物质文化遗产包括革命历史遗址、红色故事、革命歌曲、英雄人物传说、革命文献、红色标语、革命纪念活动等。这些红色非物质文化遗产产生于革命战争年代，在当时对传播革命思想、激发革命热情起到非常重要的历史作用。红色非物质文化遗产作为一段特殊历史时期的产物，承载着丰富的历史信息和革命精神，对于弘扬爱国主义、集体主义和社会主义核心价值观具有重要的教育意义。然而，由于种种原因，这些遗产可能面临被遗忘或损坏的风险。因此，作为新时代的大学生，我们确实肩负着保护和传承这些遗产的责任。

作为新时代大学生，有责任、有义务、有能力对自己家乡曾经产生的红色非物质文化遗产进行整理、提出保护意见和积极传播。让红色非物质文化遗产在群众中得到传播和弘扬，让更多的人从中获得信念和前行的力量！

项目式学习任务单：03 我眼中的传统风俗

【驱动性问题】	家乡是我们成长的地方，也是我们心灵的家园。家乡的风俗对我们有哪些影响呢？
【项目概述】	传统习俗是文化传承的重要组成部分，它们不仅承载着历史价值，也对现代生活产生着深远的影响。在全球化和社会现代化的背景下，保护和传承传统习俗显得尤为重要。 新时代，对于传承家乡风俗习惯有哪些具体的措施和建议，以确保这些习俗能够在当代社会中继续发挥作用。
【项目时间】	约 45 分钟
【项目形式】	个人 + 小组
【里程碑 1： 入项活动（个人）】	回忆一下记忆家乡有哪些风俗习惯，这些风俗习惯有哪些具体习俗和根源？
【里程碑 2： 头脑风暴（小组）】	学生头脑风暴——通过自己家乡的风俗习惯展开小组交流分享，最终选定其中一种风俗习惯进行详细了解，作为项目式学习的核心对象，并提出 3 个问题。
【里程碑 3： 资源拓展（个人）】	请同学们与 5 位自己亲人、朋友针对风俗习惯进行交流互动。注意选择对象的年龄、性别、职业因素，并如实记录对方的真实结果。 并就小组讨论提出的问题征询受访者的看法。
【里程碑 4： 总结汇报（小组）】	总结活动过程、发现问题及问题原因分析。 制作完成我眼中的传统风俗项目式学习成果。 （立体书、快闪、短视频、H5 微博推文等）
【项目反思】 （个人 / 小组）	请就整个项目的实施效果，包括项目目标的达成情况、个人和团队的成长，以及如何改进未来的项目设计和执行进行复盘。

【项目点评】

随着社会的发展，民风民俗也在不断变化，新的习俗和活动出现，旧的习俗可能被遗忘或改变。这些变化反映了社会结构、价值观念和生活方式的变迁。民风民俗也是个人和群体表达个性和特色的方式，其中的许多故事、传说和习俗都包含着丰富的教育意义，可以用来教育后人，传授道德观念、社会规范和历史知识。

这些风俗习惯是在特定的社会历史条件下产生和发展的，它们是社会存在和社会意识的反映。社会存在指的是人们的社会生活方式，包括生产方式、经济基础、社会结构等，而社会意识则是指人们在社会生活中形成的各种观念、信仰、价值观等。

家乡的风俗习惯不仅是我们的文化根基，也是我们情感和个性发展的土壤。它们在我们的成长过程中发挥着不可替代的作用，值得我们珍惜和传承。保护和传承这些风俗习惯，对于维护文化多样性、促进社会和谐和经济发展都具有重要意义。

项目式学习任务单: 04 我眼中的奢侈品

【驱动性问题】	生活中有很多奢侈品,你认为奢侈品是否符合价值规律?
【项目概述】	奢侈品是指那些在品质、设计、品牌历史和文化等方面具有卓越特点,价格相对较高的商品。它们通常代表着一定的社会地位、财富和品位。奢侈品包括但不限于高端服装、手表、珠宝、皮具、化妆品、香水、汽车等。你认为奢侈品是否符合价值规律?人们购买或者不购买奢侈品的原因是什么?
【项目时间】	约 45 分钟
【项目形式】	个人 + 小组
【里程碑 1:入项活动(个人)】	你认为什么是奢侈品?在你生活中,你认为什么是奢侈品。
【里程碑 2:头脑风暴(小组)】	学生头脑风暴——通过小组讨论交流周围同学对奢侈品的看法,并运用价值规律进行分析,并提出 3 个问题。
【里程碑 3:资源拓展(个人)】	请同学们与 5 位自己亲人、朋友进行什么是奢侈品的交流互动。注意选择对象的年龄、性别、职业因素。如实记录对方的真实结果,并就小组讨论提出的问题征询受访者的看法。
【里程碑 4:总结汇报(小组)】	总结活动过程、发现问题及分析问题原因。制作完成我眼中的奢侈品项目式学习成果。(立体书、快闪、短视频、H5 微博推文等)
【项目反思】(个人 / 小组)	请就整个项目的实施效果,包括项目目标的达成情况、个人和团队的成长,以及如何改进未来的项目设计和执行进行复盘。

【项目点评】

在某些社会环境中,奢侈品被视为一种社会地位的象征。随着社会的发展,奢侈品消费逐渐年轻化。大学生作为一个较为特殊的消费群体,他们的消费观念正在形成中，对奢侈品的需求可能会影响到他们的消费习惯和价值观。

　　大学生在消费奢侈品时可能会受到攀比心理、从众心理的影响，这可能会导致不理性的消费行为。大学生通常还没有稳定的经济来源，而奢侈品的价格较高，这可能会导致他们在经济上产生压力，甚至出现过度消费和负债的情况。大学生的消费能力有限，对奢侈品的追求可能会影响到大学生对待生活的态度。

项目式学习任务单: 05 我眼中的经济全球化

【驱动性问题】	经济全球化时代，对我们专业有哪些影响？
【项目概述】	请看看我们周围日常生活用品和网络上所接触到的新闻报道。有哪些你熟悉的国际品牌。它们在我们生活中扮演着怎样的角色。你会选择国产品牌还是国际品牌？不难发现，无论人们是否承认，我们已经进入经济全球化的时代。
【项目时间】	约 45 分钟
【项目形式】	个人 + 小组
【里程碑 1：入项活动（个人）】	你在什么时候感受到经济全球化？经济全球化对你和同学有什么影响？
【里程碑 2：头脑风暴（小组）】	学生头脑风暴——通过小组讨论交流周围同学对经济全球化看法，并提出 3 个核心问题。
【里程碑 3：资源拓展（个人）】	请同学们与 5 位自己亲人、朋友进行经济全球化的交流互动。注意选择对象的年龄、性别、职业因素。如实记录对方的真实结果，并就小组讨论提出的问题征询受访者的看法。
【里程碑 4：总结汇报（小组）】	总结活动过程、发现问题及问题原因分析。 制作完成我眼中的经济全球化项目式学习成果。 （立体书、快闪、短视频、H5 微博推文等）
【项目反思】（个人/小组）	请就整个项目的实施效果，包括项目目标的达成情况、个人和团队的成长，以及如何改进未来的项目设计和执行进行复盘。

【项目点评】

经济全球化是当今世界经济和科技发展的产物，现阶段，经济全球化和逆经济全球化浪潮同时存在。在一定程度上适应了生产力进一步发展的要求，促进了各国经济的较快发展。经济全球化也是一把双刃剑，它带来好处的同时，也存在一定的风险和挑战。

对于个人而言，经济全球化所带来的影响是全方位的。在享受经济全球化带来的便利和好处的同时，我们也应该认识到其潜在的风险和挑战，并采取适当的措施来应对。

同时，经济全球化对不同专业的影响是复杂多变的，既提供了新的机遇，也带来了新的挑战。因此，有意识地引导学生关注经济全球化对自身所学专业的影响，以培养学生的国际视野和跨文化沟通能力，能够适应经济全球化的挑战和机遇做好必要的准备。

项目式学习任务单: 06 我眼中的红色与革命

【驱动性问题】	为什么是红色？红色与革命是怎样紧密联系在一起的？
【项目概述】	红色基因、红色革命精神是中国共产党领导全国各族人民在长期的革命实践中形成的，代表着忠诚、牺牲、英勇、为民等崇高品质，是中国革命和建设的重要精神财富。其中包含着丰富的爱国主义、集体主义、社会主义和共产主义精神，以及坚定信念、艰苦奋斗、实事求是、群众路线等。 让我们一同探讨红色革命精神的起源，走进那个红色革命的历史画卷。
【项目时间】	约 45 分钟
【项目形式】	个人＋小组
【里程碑 1：入项活动（个人）】	你认为革命是什么颜色的？请回忆自己成长过程中了解到的红色故事和红色传统。
【里程碑 2：头脑风暴（小组）】	学生头脑风暴——通过小组讨论交流周围同学对红色与革命看法，并提出 3 个核心问题。
【里程碑 3：资源拓展（个人）】	请同学们与 5 位自己亲人、朋友进行红色与革命的交流互动。注意选择对象的年龄、性别、职业因素。如实记录对方的真实结果，并就小组讨论提出的问题征询受访者的看法。
【里程碑 4：总结汇报（小组）】	总结活动过程、发现问题及问题原因分析。 制作完成我眼中的红色与革命项目式学习成果。 （立体书、快闪、短视频、H5 微博推文等）
【项目反思】（个人/小组）	请就整个项目的实施效果，包括项目目标的达成情况、个人和团队的成长，以及如何改进未来的项目设计和执行进行复盘。

【项目点评】

　　红色与革命之间的关系是深远而广泛的，它不仅体现在历史、文化、政治等多个层面，而且成为激励人们为实现社会主义和共产主义理想而奋斗的重要精神力量。

通过对红色与革命历史进程的交流，引导同学们主动了解和传承中国革命历史中的重大革命事件、革命先烈的英雄事迹、革命斗争的历史经验等。红色革命传承是指将中国革命历史中的红色基因、革命精神和革命文化传承下去，使之成为激励人们为实现中华民族伟大复兴而奋斗的精神力量。

红色革命传承是新时代中国特色社会主义文化建设的重要组成部分，对于培养新时代公民、增强国家文化软实力、推动社会主义文化大发展大繁荣具有重要意义。通过传承红色革命精神，激发青年一代为实现中国梦而奋斗的动力。

项目式学习任务单：07 我眼中的共产主义

【驱动性问题】	共产主义有哪些特征？我们生活中有哪些维度展现出共产主义因素？
【项目概述】	共产主义对于我们每一位同学来说都是非常熟悉的一个词，那么我们知道它的来历吗？我们了解它具体包含哪些内容吗？一句"我们是共产主义接班人"把我们和共产主义紧紧地联系在一起。 那么，共产主义会是什么样子的呢？快来加入我们的头脑风暴吧。
【项目时间】	约 45 分钟
【项目形式】	个人 + 小组
【里程碑 1：入项活动（个人）】	请回忆一下自己对共产主义最初的记忆是什么样子的？你认为共产主义应该是什么样子的？
【里程碑 2：头脑风暴（小组）】	学生头脑风暴——通过小组讨论交流周围同学对共产主义的看法，并提出3 个核心问题。
【里程碑 3：资源拓展（个人）】	请同学们与 5 位自己亲人、朋友进行共产主义的交流互动。注意选择对象的年龄、性别、职业因素。如实记录对方的真实结果，并就小组讨论提出的问题征询受访者的看法。
【里程碑 4：总结汇报（小组）】	总结活动过程、发现问题及分析问题原因。 制作完成我眼中的共产主义项目式学习成果。 （立体书、快闪、短视频、H5 微博推文等）
【项目反思】（个人 / 小组）	请就整个项目的实施效果，包括项目目标的达成情况、个人和团队的成长，以及如何改进未来的项目设计和执行进行复盘。

【项目点评】

共产主义社会的基本特征是根据马克思、恩格斯等人的科学社会主义理论，对共产主义社会形态的设想和展望。主要包括三个方面，物质财富极大丰富、消费资料按需分配；社会关系高度和谐，人们精神境界极大提高；实现每个人自由而全面的发展，人类从必然王国向自由王国飞跃等方面。

共产主义信仰不是脱离实际的空想，而是经过一百多年无产阶级革命实践检验的科学真理，体现着无产阶级革命者的向往和追求，是无产阶级革命者强大的精神支柱。

共产主义社会的实现不是一蹴而就的。在社会主义中国，有很多包含共产主义基本特征的维度和现象。在生活中我们要留心它们发生在什么地方？什么领域？为什么达到什么程度？

确立了共产主义信仰，就要把在全人类实现共产主义作为自己终生奋斗的理想；就要用共产主义思想体系观察世界、观察社会、观察人生，树立科学的世界观和人生观；正确处理个人与社会、集体与他人的关系，培养高尚的道德品质。

拓展阅读

1. 马克思、恩格斯:《共产党宣言》,《马克思恩格斯选集》第1卷,人民出版社 2012 年版。

2. 恩格斯:《在马克思墓前的讲话》,《马克思恩格斯选集》第2卷,人民出版社 2012 年版。

3. 列宁:《马克思主义的三个来源和三个组成部分》,《列宁选集》第2卷,人民出版社 2012 年版。

4. 毛泽东:《改造我们的学习》,《毛泽东选集》第3卷,人民出版社 1991 年版。

5. 习近平:《在纪念马克思诞辰 200 周年大会上的讲话》,人民出版社 2018 年版。

6. 习近平:《在庆祝中国共产党成立 100 周年大会上的讲话》,人民出版社 2021 年版。

7. 习近平:《高举中国特色社会主义伟大旗帜 为全面建设社会主义现代化国家而团结奋斗——在中国共产党第二十次全国代表大会上的报告》,人民出版社 2022 年版。

推荐视频

1. 纪录片《不朽的马克思》(上下),学习强国—中央电视台。

2.《当马克思遇见孔子》(1—5),学习强国—湖南学习平台。

3.《播"火"——马克思主义在中国的早期传播》,学习强国—首都广播电视。

4.《马克思是对的》,学习强国。

图书在版编目(CIP)数据

马克思主义基本原理导学教程 / 戴雪丽等编著.

上海 ： 上海人民出版社，2024. -- ISBN 978-7-208
-19239-3

Ⅰ. A81

中国国家版本馆 CIP 数据核字第 2024T16N02 号

责任编辑　于力平
封面设计　零创意文化

马克思主义基本原理导学教程
戴雪丽 等 编著

出　　版　上海人民出版社
　　　　　（201101　上海市闵行区号景路 159 弄 C 座）
发　　行　上海人民出版社发行中心
印　　刷　上海景条印刷有限公司
开　　本　787×1092　1/16
印　　张　19
插　　页　2
字　　数　295,000
版　　次　2024 年 12 月第 1 版
印　　次　2024 年 12 月第 1 次印刷
ISBN 978 - 7 - 208 - 19239 - 3/A・163
定　　价　98.00 元